大学生就业指南

主　编　李　锋　张　鹤　王　娟

副主编　李　超　马路遥　缪　丹

编　者　（姓名拼音为序）

曹学光　陈建雯　陈　丽　程　银

侯　燊　雷行秋　李　旭　罗爱荣

欧阳元艳　施记萍　史碧薇　王红亮

肖　潇　杨　敏　杨智黎　张丽萍

西安电子科技大学出版社

内 容 简 介

大学生就业是全社会关注的热点和焦点问题。由于医学是一个有自己特殊行业标准的学科，对于医学院校来说，职业发展与就业指导课的开展应符合医学行业的要求和特点。为此，编者依据教学要求和教学要点，结合医学类大学生的就业指导实践，组织医学院校经验丰富的就业指导教师，编写了这本含有医学专业特色实践案例的《大学生就业指南》。

本书结合医学专业特色实践案例，完整阐述职业规划的方法与技巧，系统介绍自我认知和职业探索的方法，客观讲解大学生就业形势与政策，指导大学生求职技巧和能力储备，讲解就业法规政策和权益保护。

本书主要针对即将毕业的大学生，适用于医学类及医学相关类专业，对在校生及离校生有一定的指导作用。

图书在版编目(CIP)数据

大学生就业指南 / 李锋，张鹤，王娟主编. —西安：
西安电子科技大学出版社，2020.7(2022.7重印)
ISBN 978 - 7 - 5606 - 5758 - 5

Ⅰ. ①大…　Ⅱ. ①李…　②张…　③王…　Ⅲ. ①大学生－就业－高等学校－教材
Ⅳ. ①G647.38

中国版本图书馆 CIP 数据核字(2020)第 116366 号

策　　划　明政珠
责任编辑　明政珠　成毅
出版发行　西安电子科技大学出版社(西安市太白南路2号)
电　　话　(029)88202421　88201467　　邮　编　710071
网　　址　www.xduph.com　　　电子邮箱　xdupfxb001@163.com
经　　销　新华书店
印刷单位　陕西天意印务有限责任公司
版　　次　2020 年 7 月第 1 版　2022 年 7 月第 5 次印刷
开　　本　787 毫米×1092 毫米　1/16　印张 14
字　　数　329 千字
印　　数　6301～9300 册
定　　价　37.00 元
ISBN 978 - 7 - 5606 - 5758 - 5/G

XDUP 6060001 - 5

前　　言

在今天这个人才竞争的时代，职业生涯规划开始成为就业争夺战中的另一重要利器。对于每一个人而言，职业生命是有限的，如果不进行有效的规划，势必会造成时间和精力的浪费。作为当代的大学生，若是一脸茫然踏入这个竞争激烈的社会，怎能使自己占有一席之地？因此，要提前为自己拟定一份职业生涯规划，有目标才有动力和方向。所谓"知己知彼，百战不殆"，要在认清自己现状的基础上，认真规划自己的职业生涯。一个有效的职业生涯设计必须是在充分且正确认识自身条件与相关环境的基础上进行的，要审视自己、认识自己、了解自己，做好自我评估，包括自己的兴趣、特长、性格、学识、技能、智商、情商、思维方式等，即要弄清我想干什么、我能干什么、我应该干什么、在众多的职位面前我会选择什么等问题。因此，要想成功就要学会正确评价自己。

本书共十章，包括就业过程的各个环节，主要内容为职业与就业、大学生职业生涯设计、当前就业形势与政策分析、求职择业的基本程序、求职择业准备、求职技能指导、就业协议与毕业生就业权益保护、就业新路——自主创业、关注就业中的弱势群体、从校园到职场——寻求步入社会的成功之路。

本书以实用性为主，兼具指导性、衔接性。

实用性是指以学生在就业过程和职业发展中的实际需要为出发点，以学生的视角和语言为载体，穿插大量真实案例，为大学生的求职提供最为实际的指导。

指导性是指本书可以作为学生求职前、求职中、求职后的操作指南，不但可以帮助学生了解求职过程，而且还可以架起学习、就业和职业发展间的桥梁，指导学生科学定位职业目标，有效完成求职过程，合理进行职业选择。

衔接性体现在将职业生涯规划与就业结合起来，将职业生涯规划的理念具体运用到学生的就业与职业发展中。学生如何根据一些测评的结果对自己的就业和职业发展进行规划和选择，是本书的一大特色。本书将就业与步入职场进行衔接，以及将"大学生初入职场"作为重要的内容，从心态、技能、人际关系等方面具体论述应届大学毕业生应如何适应职场、融入职场、获得机会、快速成长。

本书由李锋、张鹤、王娟共同主编，第一章由李锋、肖潇负责编写，第二章由侯綮、肖潇负责编写，第三章由张鹤、杨智黎、张丽萍、李旭负责编写，第四章由王娟、王红亮、杨敏、罗爱荣负责编写，第五章由李超、陈建雯、雷行秋、施记萍负责编写，第六章由程银负责编写，第七章由史碧薇负责编写，第八章由马路遥、曹学光负责编写，第九章由欧阳元艳、缪丹负责编写，第十章由陈丽负责编写，全书由李锋、侯綮负责统稿。

我们向往美好的明天，所以一直为心中的那个梦想而奋斗。大学生职业生涯规划，换个角度理解，就是对我们心中那个蓝图的描绘。我们对自己进行了职业生涯规划设计，就是给自己的梦想插上了翅膀。远大的理想总是建立在坚实的土地上的，青春短暂，从现在起，就力争主动，好好规划一下未来的路，去谱写职业生涯精彩的篇章。

由于编写时间仓促，加上编者水平有限，书中难免有疏漏和不妥之处，恳请各位专家、学者、同行批评指正。

编　者

2020 年 4 月

目　　录

第一章　职业与就业

学习目标

　　知识目标：

　　1.职业的概念；

　　2.了解职业的特点和分类；

　　3.掌握职业发展的趋势；

　　4.大学生就业观；

　　5.大学生就业指导的意义。

　　能力目标：学习本章，使大学生按照职业对人才的要求提高自身的综合素质。

　　核心概念：职业的概念；职业发展；大学生就业指导；大学生就业观。

案例导入

　　大学生唐某，男，护理专业，毕业时，专业知识学习优秀，顺利通过国家护士执业资格考试，担任院学生会宣传部部长，有很好的人际沟通能力和管理组织能力，实习结束就被某省级三甲医院留下签订就业合同。谈到他的成功秘诀时，该生表示，大学期间除了要学好专业知识外，还要根据自己的能力、兴趣、爱好，制订学习计划，选修其他相关课程，尽可能扩大自己的知识面；充分利用学生会团委、社团等活动平台，努力锻炼和培养自己的管理、团结等各项能力，提升自己的综合素质，为毕业后更好地找工作、适应工作打下很好的基础。

　　想一想：

　　1.唐某为什么能找到好的工作岗位？

　　2.结合自己的现状，如何做好就业准备。

　　职业对于我们绝大多数人来说具有无可取代的意义。从我们踏入社会的第一份工作起，每天有三分之一的时间在职场度过。职业对每个人而言除了谋生，还具有更为重要的意义，它是证明我们社会存在、实现自我价值的一个重要平台，我们没有理由漠视它，而应以虔敬之心对待它，这就是敬业以及由敬业养成的一种精神力量。

　　就业就是一定年龄阶段内人们所从事的为获取报酬或经营收入所进行的活动，就业是靠近及获取职业的过程，人们为没有就业或失业而苦恼，年轻的大学生也在为就业而奔波忙碌，希望通过我们共同的努力实现顺利就业的梦想。

第一节　职业概述

　　谈起职业，我们并不陌生。想一想你的父母亲友，他们或是工人，或是农民，或是教师，或是医生，或是机关工作人员，或从事其他工作。他们每天奔波忙碌，辛勤工作，供你读书上学，维系着家庭的生活和幸福，这些工作就是职业。

职业由三个基本要素组成：劳动；有固定的报酬或收入；要承担一定的职责并得到社会的承认。

职业是职责、职权、利益的统一体，有多大的利益、职权，就相应地有多大的职责。比如，国家元首、政府首脑看起来很风光，但他们却要承担巨大的责任。只想追求更多的利益，拥有更多的职权，却不想承担相应的责任，这样的职业在社会上是没有的。所以，对职业的科学认识应当是：我愿意接受该职业面临的职责，并在自己的职位上追求属于自己的利益。

职业其实就是社会的劳动分工。大家要生存、发展，就必须创造相应的物质及精神财富，以维持人类文明的延续；要创造各种财富，就需要人们的劳动。通过劳动实践及思想家的理论研究，人们发现，社会分工及市场交换是创造和分配各种财富最有效率的手段。简单地说，就是社会上每个劳动者都从事自己最喜欢、最擅长的职业，然后其在各种职业上创造的价值再通过市场交换以使劳动者获得社会的肯定。所以，我们在考察各种类型的职业时，首先一定要考察它的职责是什么，需要什么样的能力素质及知识结构，需要我们在学业上做怎样的准备，等等；然后再看自己是否喜欢从事这一工作，自己是否有从事这一工作的潜力。如此，才能为我们将来顺利地确立职业理想、就业目标奠定较好的基础。

一、职业的历史渊源及内涵

职业是人类社会发展的产物。纵观人类社会发展史，在原始的部落或氏族中，生产力极度低下，人们在生产过程中只有自然分工的不同，如男子从事狩猎、捕鱼，女子在家饲养牲畜，老人照看孩子等，这是一种低级的、原始的、简单的、不固定的劳动分工，没有明显的职业区别，不是真正意义上的职业。真正的职业是在旧石器晚期，由于生产工具的改进、生产力水平的提高，开始出现社会分工后才产生的。恩格斯在《家庭、私有制和国家的起源》中认为，第一次社会分工是农业和畜牧业的分离，形成了专门从事农业、畜牧业的人员；第二次是手工业和农业的分离，出现了专门从事手工业的人员；第三次是从事交换的商人和商业的出现。三次社会分工，使不同的人从事不同的生产活动，从而产生了真正意义上的生产活动，也产生了真正的职业，有了不同职业的区分，职业才开始具有普遍性和专业性的特点。

职业的产生、消失和存在，主要是受生产力发展和科技进步的影响，还受到民族文化背景、社会制度、法律政策、风俗习惯、宗教等因素的影响。生产力的提高使职业的区分越来越细化、专业化和社会化，职业涉及面更加宽泛，并且科技发展越快，职业的变化速度也越快，尤其在科技发达的今天更是如此——许多传统意义上的职业正逐步消失，如修钢笔、补锅、卖凉开水、货郎等；与此同时，许多新的职业正在不断产生，如社会工作者、养老护理员、房地产经营中介员、室内装饰工程管理员、茶艺师、服装制版师、汽车美容装潢工、电子商务师、网页设计制作员、多媒体制作员、数码影像技术员等。

了解职业的历史，有助于我们形成正确的职业观念，用科学的思想指导我们去适应社会对自己的要求。

那么，到底什么是职业呢？不同的学者对此有不同的认识。

日本职业问题专家保谷六郎认为：职业是有劳动能力的人，为了生活所得而发挥个人能力，向社会贡献而连续从事的一种活动。

美国社会学家塞尔兹认为：职业的概念范畴主要是技术性、经济性和社会性。职业是一个人为了不断地取得收入而连续从事的具有市场价值的特殊活动，这种活动决定着从事它的人的社会地位。

我国学者普遍认为：职业是参与社会分工，利用专门的知识和技能，为社会创造物质和精神财富，获取合理劳动报酬，作为物质生活来源，并满足精神需求的工作。

综上所述，职业就是人们从事的有比较稳定的合法收入的工作。准确地说，职业是劳动者以获取经常性的收入为目的而从事的连续的、相对稳定的、合法的社会劳动。这个定义有以下三层含义。

（1）它表明并不是任何工作都能成为职业，某项工作只有变得足够重要、足够丰富以至能吸引劳动者长期稳定地投入其中才能够成为职业。并且，劳动者从事这项工作时还能够取得一定的经济收入，取得合理的劳动报酬，满足劳动者的物质需求。

（2）职业是劳动者获得的劳动角色，这个角色是劳动者获得的一种社会角色，劳动者必须要按照社会结构中这一社会角色规定的规范去行事。

（3）给劳动者一个体现个人价值的机会，职业使劳动者能进入一个成功的组织。职业无论对于个人还是社会的生存和发展，都具有十分重要的作用。

对大学生来说，职业有以下三层启示：

（1）对个人自身来说是一种生存方式。

（2）发展个性，或者说是发挥个人才能。

（3）参与社会劳动，承担社会义务，为他人提供服务。

职业与人类的社会生活息息相关，随着社会的发展而产生和发展。职业是一种具有报酬的社会劳动，具有社会性、稳定性、目的性、规范性、专业性、多样性、技术性、时代性八个基本特征。

职业的社会性首先表现在任何一种职业都不能独立存在，而只是整个社会生产、生活体系中的一个环节；其次，每个职业的从业人员都处在一定的社会环境中，从事着与其他社会成员相关联、相互服务的社会活动；最后，每一种职业都必须有一定规模的从业人数。

职业的稳定性是指某个职业的产生并不是基于社会某种临时性的需要，每种职业都有较长的生命周期。

职业的目的性也称为有偿性或经济性。任何一种职业劳动都能得到现金或实物回报，人们从事某种职业的一个重要目的就是谋生。通过自己的劳动，换取相应的经济报酬，并以此作为维持、丰富生活的主要收入来源。

职业的规范性也就是合法性：一是职业必须符合社会主流道德；二是职业必须符合国家规定。

职业的专业性也就是不同的职业在劳动内容、劳动方式、劳动手段等方面所具有的专业特点。例如汽车修理工要有汽车构造等方面的知识，并具备汽车故障分析诊断与维修能力。

职业的多样性是指职业存在于社会的政治、经济、文化、教育、军事、外交等一切领域，在每个领域中又有不同的种类，比如在文化领域中有演员、作家、编辑等，在教育领域有教师、工勤人员等。

职业的技术性是指不同的职业都有具体的知识、技能和技巧要求。技术性是一切职业的共有特性。在现代社会里要从事某些职业，必须经过一定时间的知识和技能培训。

职业的时代性是指职业随着时代的变化而变化。随着社会的发展进步，某些职业会消失，新的职业会不断产生，原有的职业也会获得新的时代内容。

二、职业的功能

无论从个人还是社会的角度考察，职业都具有重要的功能。

(一) 对于个人来说，职业是实现人生价值的最重要途径

职业具有三个功能：谋生的手段；为社会作贡献的岗位；实现人生价值的舞台。三者密不可分，其中"谋生"是基础，"奉献"是过程，"价值"是结果。

在人生旅途中，职业是幸福生活的源泉。美国标准石油公司第二任董事长阿基勃特成功的故事给了我们重要启迪。阿基勃特在出差住旅馆的时候，总是在自己签名的下方写上"每桶4美元的标准石油"，在书信及收据上也不例外，他因此被同事叫作"每桶4美元"，而他的真名倒没有人叫了。公司董事长洛克菲勒知道这件事后说："竟有职员如此努力宣扬公司的声誉，我要见见他。"于是他邀请阿基勃特共进晚餐。后来，洛克菲勒卸任时，阿基勃特成了第二任董事长。阿基勃特的职业精神为他的成功铺平了道路，他也在自己的职场中实现了自身的价值。

实现自身价值首先要有一定的知识和能力的储备。知识和能力不论多少，都是实现人生价值的条件。知识和能力是从事任何一种职业时所不可或缺的，除了在校学习时期不断储备知识和能力外，社会对于不断丰富知识和能力也起着非常重要的作用。有了一定的知识和能力的储备，在工作时我们才能做到得心应手，才能为我们实现人生价值助一臂之力。平台对于人生价值的实现有着更加具体、可视的作用，正确的人生价值观、健康向上的精神状态和奋斗精神、一定的知识和能力的储备以及正确的奋斗目标，不论多么正确和完美，如果不能给它们一个展示的平台，它们又怎样体现并起作用呢？给自己寻找一个合适的平台，通过自己的努力在这个平台上展示自己内心的种种想法，实现自己人生的价值，这个平台就是各种职业为我们提供的。

(二) 对社会来说，职业是社会赖以存在和发展的基础

从社会角度来看，职业的存在和职业活动构成了人类社会的存在和最基本的社会活动：职业劳动创造出社会财富，从而为社会的存在和发展奠定物质基础；职业的分工是构成社会经济制度运行的主体；职业也是维持社会稳定，实现社会控制的手段；职业的运动如职业结构的变化、职业层次间的矛盾的解决也是推动社会进步的一种动力。

第二节　我国的职业分类及发展趋势

一、我国的职业分类

(一) 按劳动的性质和层次分类

按脑力劳动和体力劳动的性质、层次进行分类，可分为蓝领、白领、灰领和金领工作人员四类。

蓝领一词初见于20世纪40年代的美国，是指以实际动手能力为判定标准，具有丰富

的操作经验、高超的操作技能，能够传授操作技巧的人才。如工矿工人、建筑工人、码头工人、仓库管理员等，他们干活时所穿的工作服一般为蓝色，故称之为蓝领。

白领一词最早出现在 20 世纪 20 年代初的美国，是指受过良好的教育，受雇于人而领薪水的非体力劳动者，如政府公务员、各种机构里坐办公室的职员、教师、商业销售人员、企业管理人员等。他们在工作上能独当一面，上班时懂得把自己打扮得体，穿着白领衬衣和西装，因而有人称之为白领。

灰领一词也来源于美国，原指负责维修电器、上下水道、机械的技术工人。而现在的灰领被赋予了新的定义，即掌握一定现代科学知识的有较高操作技能水平的复合型人才。

金领是指受过良好的教育，有丰富的工作经验、经营策划能力、专门技能和一定的社会关系资源的人才，是社会的精英。他们不一定拥有生产资料所有权，但拥有一个公司或企业最重要的技术和经营权。

（二）按产业和行业分类

产业是指生产具有同类性质产品的生产单位所构成的生产群体，或是有同类社会经济职能的社会经济单位所组成的群体。产业是国民经济活动最基本的类型。国家统计局 1985 年根据联合国的划分标准，把我国的产业分为三大类型：第一产业、第二产业、第三产业。三大产业是相互依赖、相互制约的关系：

（1）第一产业为第二、三产业奠定基础；

（2）第一、二产业为第三产业创造条件，第三产业发展促进第一、二产业的进步；

（3）第二产业是三大产业的核心，对第一产业有带动作用。

表 1-1 所示为各产业的划分。

表 1-1　产业划分

产业类别	行业类别
第一产业	农业、林业、牧业、渔业、水利业
第二产业	工业、建筑业
第三产业	服务业：生产服务、文化科学教育、社会公共服务 流通业：批发、零售、餐饮和物流业四个大的流通分支

行业是指从事相同性质的所有单位的集合。采用经济活动的同性质原则划分国民经济行业，即每一个行业类别都按照同一种经济活动的性质划分，而不是依据编制、会计制度或部门管理等划分。《国民经济行业分类》国家标准于 1984 年首次发布，分别于 1994 年和 2002 年进行修订，2011 年第三次修订，2017 年第四次修订。该标准（GB/475—42017）由国家统计局起草，国家质量监督检验检疫总局、国家标准化管理委员会批准发布，并于 2017 年 10 月 1 日实施。

（三）按职业分类

我国现行的职业分类标准是以 1999 年 5 月正式颁布的《中华人民共和国职业分类大典》为依据，2010 年逐步启动了各个行业的修订工作。2015 年 7 月 29 日，国家职业分类大典修订工作委员会召开全体会议审议、表决通过并颁布了新修订的 2015 版《中华人民共和国职业分类大典》（以下简称《大典》）。

《大典》参照国际标准职业分类，从我国实际出发，按照工作性质统一性的基本原则，对中国社会职业进行了科学划分和归类，全面客观地反映了现阶段我国社会职业结构状况。国家职业分类客观地反映国家经济、社会、科技等领域的发展和结构变化，为国民经济信息统计和人口普查规范化提供依据，是劳动力科学化、规范化、现代化管理的基础，同时为职业教育与培训和就业服务提供条件，是完善国家职业资格证书制度的重要基础。《大典》将我国的职业划分为 8 个大类、75 个中类、434 个小类、1481 个细类（职业），具体如表 1-2 所示。

表 1-2　2015 年最新版我国职业分类

大　　类	含中类数	含小类数	含细类数
第一大类：党的机关、国家机关、群众团体和社会组织、企事业单位负责人	6	15	23
第二大类：专业技术人员	11	120	451
第三大类：办事人员和有关人员	3	9	25
第四大类：社会生产服务和生活服务人员	15	93	278
第五大类：农、林、牧、渔业生产及辅助人员	6	24	52
第六大类：生产制造及有关人员	32	171	650
第七大类：军人	1	1	1
第八大类：不便分类的其他从业人员劳动者	1	1	1
小计：8 大类	75	434	1481

随着时间的推移和技术的进步，客观反映经济发展和科技进步的职业结构也发生了相应的变化，产业结构的调整在职业领域也引起了相应的反响。一批新职业（如电子商务师、项目管理师等）如雨后春笋涌现；一些传统职业在新技术引进后其职业活动内容发生了很大的变化。《大典》中的职业定义、工作内容表述以及职业的归类都有待修改和更新。

认识职业分类可以帮助我们了解国情、了解社会、了解职业、了解自己的发展方向和培养个人的身心特点，来适应社会和职业的要求；使我们能够自觉地根据社会需要和个人特点去选择职业、准备职业和获得职业。

国民经济的发展是有计划的，社会劳动力的配置和人才的培养也是有计划地进行安排。只有我们了解了社会的需要，了解各种职业对工作人员素质的不同要求，才能有针对性地发展自己的职业兴趣、职业能力和职业性格，促进个性的健康发展与完善，尽可能地达到职业与人的"优化组合"。

二、我国职业的发展趋势

随着社会的发展、科技的进步和城市化的推进，第一产业的从业人数将加快向二、三产业转移，与第三产业有关的职业将得到继续发展，新的职业将不断产生，一些旧的职业会被淘汰。

第三产业的发展规模，是衡量一个国家经济发展程度的重要标志之一。发达国家第三产业的产值占国民生产总值的比例为 60%～70%，中等发达国家的比例也在 50% 以上，而我国目前为 50％左右。随着我国产业结构的调整，第三产业将有较大发展空间，提供的职业岗位会越来越多，很多新兴职业也将在这一领域出现。

职业的种类与一个国家的经济、科学、社会发展密不可分。随着社会、经济发展和科技进步，新的职业不断产生，比如房地产业、保险业、咨询服务业、金融投资业等都是在改革开放后产生和发展起来的，随之也就产生了一批如房地产和证券经纪人、评估师、理赔师、证券分析师、商务策划师、保险代理、专利代理、信息咨询师、职业指导师等职业。近几年，劳动和社会保障部每年都要公布一批新增职业。当然有些职业也在随着社会的发展而逐渐消失，比如猎手、巫师、杂耍艺人、报幕员等。

据有关部门和专家预测，未来一二十年，我国热门的职业主要集中在以下十大类别：
① 信息产业类；② 金融类；③ 经贸类；④ 建设类；⑤ 加工制造类；⑥ 科技类；⑦ 文化艺术教育类；⑧ 保健类；⑨ 服务类；⑩ 社会管理类。

开始于 20 世纪 50 年代的第三次工业革命，使得电子计算机、原子能、空间技术等新科技广泛应用，标志着人类进入了自动化时代。今天我们面临着新技术革命的挑战，有人把它称为"第四次工业技术革命"，超大规模集成电路、航天技术、遗传工程、生物工程等新领域里的新技术、新成果将人类带入了信息时代，产生了如专业软件编制员、互联网管理员、电子报刊编辑、多媒体软件设计师等新兴职业。

整体来看，我国的职业呈现如下发展趋势：职业分类的频率逐渐加快；职业分工越来越精细；职业活动的内容不断更新；职业呈现专业化、综合化和多元化趋势；第三产业对职业发展的作用突现。

随着中国改革开放进程的进一步加强和综合国力的进一步提升，工业化、现代化、城市化进程不断加快，借助经济转型和民族复兴的东风，未来的中国，必将在与工业化、现代化、城市化相关联的服务行业和新兴行业产生一大批新的职业，这些职业的出现，也定能为我们大学生实现充分就业打开广阔的空间。

第三节　就业及就业指导的意义

一、就业与职业的关系

职业和就业的定义是不一样的。职业的定义我们在上面已经介绍了，根据《汉语词典》的解释，就业是指得到工作机会、参加工作。从字面看，职业是静态的，就业是动态的。

那么职业和就业有什么联系呢？

职业是就业的前提和基础，没有职业就没有工作可寻找，也就没有就业的可能，就业就成为一句空话；职业也离不开就业，职业岗位的设立，是为了有合适的人员从事相关的任务，如果没有相关的人员来从事相应的工作，职业也就失去了意义和可能。这两者是相互依存、缺一不可的。

对在校大学生而言，职业经历大多是空白的，对就业形势及相关政策的了解也不是很清楚。进入 21 世纪，象牙塔里的莘莘学子突然发现，找工作对于他们来说不再是一件容易的事情，2018 年，云南省高校毕业生平均就业率为 97.4％，昔日被誉为"国之栋梁""天之骄子"的大学生有部分人出现了"毕业就失业"的情况。然而，我国大学生就业形势绝非一片黯淡，只要政府关心并制定适宜的就业政策，只要大学生能正确分析和认识自身存在的问题，找准自己的职业定位，大学生就业难的问题也就有望解决。大学生处在一个从学生转变为职业人的过程，如何让这个过程更顺利一点，这是本书要介绍的内容，它需要大学生在大学学习的几年中做有心人，为将来的就业做好准备。

二、大学生就业的不足之处

大学生就业难已经是不争的事实了。仔细研究一下，到底是什么造成了大学生就业难？原因无非是两方面的：客观上的因素，如经济形势、就业政策等对大学生就业都有着重要影响；主观上不知大家有没有考虑过？国内一著名企业人力资源部负责人曾说过这样的话：我不认为大学生就业难，我公司就需要大学生，但是能达到我公司要求的大学生太少了，我们愿意给本科毕业生第一年开六万元的工资，但是还招不满，许多求职者的自身条件太低了。这话或许绝对了一些，但是扪心自问，抛开缺乏职业经历、求职技巧不足等因素，我们大学生自身难道就没有问题吗？之所以就业难，是因为我们大学生自身存在着以下的软肋。

（一）缺乏职业目标

个人事业的成败，很大程度上取决于有无正确适当的目标。没有目标如同驶入大海的孤舟，四野茫茫，没有方向，不知道自己走向何方。只有树立了目标，才能明确奋斗方向，目标犹如海洋中的灯塔，引导你避开险礁暗石，走向成功。许多大学生缺乏自己的职业目标，一直到了大四，临近毕业，还不知道自己会干什么、能干什么、什么职业是适合自己的，以致到人才市场找工作时仍一头雾水，看看这个职业好像自己能做，瞧瞧那个职业自己也行。整个大学阶段，缺乏对职业目标的认识，缺乏对自己的职业倾向的了解，缺乏有针对性的准备，既没有相关职业知识的积累，也没有相应能力的锻炼，到毕业时匆忙去找工作，和有准备的同学相比较，差距不言自明，也难怪工作不好找了。

在应聘过程中，对自己的职位没有明确目标的申请者，是最容易被淘汰的对象。因此，毕业生在简历中应该明确职业目标。职业目标是指个人在选定的职业领域内未来时间上所要达到的具体目标，包括短期目标、中期目标和长期目标。

相当大的一部分大学生对于自己将来的职业没有一个非常明确的定位，不知道自己将来要做什么。他们从学校走向社会，许多人一开始根本没有考虑到事业发展会怎么样，在找工作时首先是看哪个单位的牌子大，其次就是哪个单位能出国，最后就是挑哪家单位待遇高，而并没有考虑到自身的发展问题。因此，进行职业规划，针对个人特点，确立未来发展方向，对一个人的一生来说，显得格外重要。但职业怎么发展，是有一系列科学方法的。大学生要根据职业生涯规划理论与原则以及职业成功的标准，掌握正确的职业生涯设计方法，准确进行自我定位，合理规划职业人生，列出具体措施和日程，通过具有前瞻性的职业生涯设计，减少人生路上的徘徊、犹豫，避免浪费时光，为主动迎接未来职业发展的挑战做好充分准备。

大学生制订明确的职业目标，有利于自我定位、认识自我、了解自我，明确自己的发展方向，明确自己的人生目标。他们在进行职业目标规划的时候，就会问："我想干什么？我能干什么？现在准备什么？就业环境如何？"这样，有助于在校生的个性化发展和创新人才的培养。在全球化的竞争之下，每个人都要发挥出自己的特长。从事热爱的工作，这样的人才是最幸福和最快乐的人，他们也容易在事业上取得成功。

当然，在人生的发展阶段，由于社会环境的巨大变化和一些不确定因素的存在，会使我们与原来制订的职业目标与规划有所偏差，这时就需要对职业目标与规划进行评估和做出适当的调整，从而更好地适应自身发展和社会发展的需要。职业生涯规划的评估与反馈过程是个人对自己的不断认识过程，也是对社会的不断认识过程。

在具体操作中，毕业生应在联系方式下表述职业方向定位，主要陈述自己的职业理想是什么，然后用一两句话从专业、技能、经验、兴趣等方面简单分析自己的目标职位的由来。

（二）缺乏职业能力

职业能力是指顺利完成某种职业活动所必需的并影响活动效率的个性心理特征，包括一般职业能力和特殊职业能力。一般职业能力是指与岗位各项任务和各种岗位、各种职业有关的共同能力，诸如自学能力、语言文字表达能力、社交与活动能力、外语和计算机应用能力等；特殊能力是指人从事某种专业活动所具体需要的能力。

在金融危机的形势下，许多招聘单位对大学生的工作经历、能力越发看重了，往往不招没有工作经验的应届生。我们知道，应届生的确是没有什么工作经验，虽然高校给每位大学生在毕业前都安排了必要的实习，而且实习环节也作为相应的专业课程计入了大学生的在校成绩，然而，许多学校的实习却往往沦为形式。结果，到了招聘现场，大学生才知道职业经验是多么的重要。

职业能力不足，除了反映在知识结构不健全、专业知识不系统、不扎实、综合技能水平不高(尤其是科研能力、创新能力和解决实际问题的能力低)、缺乏一专多能的水平等方面。更重要的是体现对职业和自我缺乏深刻认识，具体表现在以下几个方面。

（1）缺乏对自我客观、系统、科学的认识，常出现高估自己能力的现象。表现为择业期望值很高，把待遇是否优厚、交通是否便利、住房是否宽敞等作为选择标准，不愿承担艰苦的工作，不愿到经济欠发达地区和基层去工作。

（2）在选择就业单位的过程中，明显表现出被动和随意性，缺乏科学性和主动性；主要表现为对自身的素质和就业竞争能力评价过低，不敢主动向用人单位推销自己，不敢主动参与就业竞争，陷入不战自败的困境之中。

（3）获得职业信息的能力和职业目标的筛选能力还不强，虚荣心和侥幸心理往往使他们改变原有的目标而采取不切实际的从众行为。

（4）职业规划能力还比较欠缺，很少有人对自己做出详细的探查，明确自己的素质、实力、个人特点、能力、兴趣和学习、工作方式以及对工作环境的喜好，并依此做出决定和计划。

目前，几乎所有用人单位在对应聘大学生进行评价时，都会觉得"硬能力"还不错，但"软能力"不足。所谓"硬能力"，是指知识、经验、技能等比较容易评估的素质；所谓"软能力"，是指创新、团队精神、当众讲话、人际关系、形象礼仪、心理素质等不太容易评估但又非常重要的素质。据一些用人单位介绍，许多刚毕业的大学生像花瓶一样，听起来是大学生，可实际工作能力却比不上高中毕业但实际工作能力很强的老员工。

优秀人才应该不同于学校评选的优秀大学生，当然学习成绩好说明这个人可能非常能吃苦，也可能非常聪明，这一点也是优秀人才不可缺少的，但并不能说明这个人在工作中就是一个优秀人才。比如市场营销岗位，也许一个课程学得非常好的大学生，并不具备作为优秀营销人员的基本素质，它包括表达能力、说服能力、交际能力等多方面的素质。因此，一个优秀的市场营销人才，不能单纯从考试成绩上来体现，而是综合素质和实践经验的总和。

企业每年都要招聘大学生，他们的选择标准主要有以下几个：① 要喜欢自己的职业，爱岗才能敬业；② 注重团队精神，因为很多工作要求员工通力合作，特别是现代企业讲求集团式经营，更注重团队合作精神；③ 心理素质要好，面对失败不泄气、敢于承担风险；④ 具有优秀品质，善于与自己竞争，而不是考虑怎样击败对手。

现在比较大的问题是，高校很少关心大学生的"软能力"培养。特别是大学生在求职前，究竟应当具有什么样的素质和能力并不清楚。大学生培养问题，特别是工作态度、职业道德以及人际关系的处理等"软能力"培训，是当前高等教育中的一个突出的问题。提高大学生的"软能力"是一个长期的过程，起码应从大一就开始抓"软能力"培训。

我国目前的高等教育重理论、轻实践，这成为很多大学生就业时的软肋，虽然不少大学生满腹经纶，但是一到操作层面就不知所措，这样的毕业生是不能称之为"人才"的。

（三）缺乏科学的职业态度

职业态度是一个综合的概念，包括一个人自我的职业定位、职业忠诚度以及按照岗位要求履行职责，进而达成工作目标的态度和责任心。职业态度是个人职业选择的态度，包括选择方法、工作取向、独立决策能力与选择过程的观念。

所有的学生生涯都是以职业作为终点。大学生还没有开始工作，但是培养职业心态已经是一项非常重要的任务。个人的职业态度，对其职业选择的行为有所影响，观念正确、心态阳光的人，对职业的选择较积极、慎重，做出正确选择的机会较大；相反地，观念不正确、心态不好的人，对职业的选择具有推诿搪塞、轻率及宿命论的倾向。因此，正确职业态度的养成是不容忽视的课题。

当前大学生普遍缺乏科学合理的职业态度，具体表现在大学生身上是就业的思想保守、观念陈旧、眼高手低。高要求的工作不能做，简单的工作不愿做，不愿意从基层做起、从小事做起，甚至有人认为先找一份工作干干，不行了就跳槽。认为自己是"人才"，走到哪儿都有人要，这山望着那山高，只看见远处的山，而忽略了脚下美丽的风景，从而使得一些机会从自己的手里流失。当然，这种不科学的职业态度也不能只怪大学生，其中既反映了大学教育缺乏相关职业课程培训，也折射出了市场经济初期整个社会浮躁的心理。

正确的职业态度是积极、乐观的，对生活充满希望，热爱自己的职业。有了这样的态度以后，你就会在工作时充满激情，永远不会感觉苦与累。因为你已经将你的人生和你的事业做了捆绑，激情将永远为你走向成功而存在。职业态度是不断提高和充分发挥职业技术的重要保证，甚至可以说，职业态度是职业技能的组成部分之一。这里的职业态度，不是指人们对于某一职业本身的看法，而是指人们对自身职业劳动的看法和采取的行动。树立积极主动的劳动态度，首先必须有主人翁的责任感。当前，职场竞争的压力越来越大，如果不能持续学习提升，随时都有被淘汰的可能。当然，也有很多人，不能沉下心来把一件事情做好，遇到困难，就退缩、就想逃避；遇到不顺心的事情就想换工作。还有一些人，不能很好地平衡工资与工作意义的关系，眼里只看到钱，给多少钱干多少活的打工心态非常严重。他们经常拿自己的工资和同学朋友比，而且只喜欢比高的，看到人家拿着高薪，过得自在，就向往得不得了，就抱怨企业对己不公，就想着自己也能找到一个既可以拿高薪，又可以轻松自在的工作，于是，他们一年之内多次跳槽。

在竞争日益激烈的今天，大学生一定要认识到科学合理的职业态度不仅是走向职场的关键，也是将来自己能否取得成功的重要保证。

三、大学生就业观的误差

认识了我们自身的不足之外，还要再看看我们对就业的不正确的认识。

大学生就业过程中常有以下几种认识误区。

（一）认为文凭越高越好就业

许多大学生认为，工作不好找是自己的学历太低，只有提高学历才会好找工作。因此，许多大学生就抱定了硕士或博士毕业后再找工作的想法，把所有的精力和希望都放在考研上，期待自己今后能找到更理想的职业。其实，学历高不一定等同于能力高，许多的跨国公司如家乐福、麦当劳、沃尔玛等在招聘人才时对中专生、大专生也很欢迎，比尔·盖茨、乔布斯都是大学没有毕业的人，但最终都取得了成功。

（二）认为工作稳定才算就业

受到计划经济观念的影响，许多大学生总希望能找到一个比较稳定、风险小、收入高、位置好的职业，试图一辈子能过着衣食无忧的生活。这是一个美好的愿望，但是这在市场经济时代是很难实现的，市场越发达，这样的可能性就越小。随着科学技术的迅猛发展，职业市场的新热点不断产生，新的职业不断产生，热门的职业不断变换，在市场大潮中，人作为一种资源也必将随着经济大潮的变化而流动。既要待遇好、又要"保险"的职业几乎是没有的，市场的经验告诉我们，好的职业总是和风险成正比的，适合自己个人特点、自己比较满意的职业，往往是需要自己花费一定的时间和精力在市场这样的大海中去淘的。因此，我们应当确立这样的观念，职业的稳定是相对的，变化是绝对的，绝对不能指望依靠一种职业从大学毕业干到退休，那样的想法是愚蠢的。发达国家每一个人的一生中有4～5次的职业转换的现象在我国部分地区已经成为现实。

（三）认为专业对口才是就业

经过大学的学习，大学生已经具有一定的专业理论基础和专业技能，如果能找到专业对口的工作岗位，对其事业发展无疑是有利的。但是，不是所有的大学生都能找到专业对口的工作。随着就业市场的竞争，专业不对口的工作也需要大学生来做。大学生年纪轻、观念新、综合素质高、适应能力强，即使从事了专业不对口的工作，经过刻苦学习和努力，同样也能够成为内行，做出优异的成绩。事实上，相关的职业能力需要在学中干、干中学。

作为新时期的大学生，就业要与时俱进，不要抱着陈旧的观念，而要主动接受就业指导，积极主动适应社会的发展变化。

四、大学生就业指导的意义

大学生就业指导的意义主要体现在以下几个方面。

（一）大学生就业关系到社会稳定

自 1998 年高等学校扩大招生规模以来，高校在校生人数增长迅速。2018 年，全国共有普通高校 2663 所(含独立学院 265 所)。其中,本科院校有 1245 所,高职(专科)院校有 1418 所。另有研究生培养单位 815 个。各种形式的高等教育在学人数总规模为 3833 万人。2019 年,全国高校毕业生有 834 万人。每年有几百万大学生需要就业,给国家、社会带来的就业压力是空前的。大学生具有一定的知识层次、活动能力强、社会影响大,其就业工作做好了,他们会成为社会发展的动力,反之,会使他们缺乏安全感、归属感,心理失衡,容易给社会稳定留下隐患。此外,从家庭的角度来说,现在读大学,家庭要承担并不轻松的费用,子女上大学,实际上是家庭的一种教育投资,父母对此也寄予了无限的希望。如果花费了数万元读大学,结果仍不能就业,会导致家庭成员心理失衡,挫伤他们对教育的热情,使他们产生对社会的不满心理,也容易埋下社会不稳定的隐患,同时也可能使读书无用论思想抬头,影响科教兴国战略。因此,提供就业指南,开展就业指导,具有维护社会稳定、保证社会良性运转的作用。

(二)大学生就业有利于高等教育事业的发展

为国家的经济建设和社会发展服务是高等学校的一项重要任务,高等教育是否适应这一要求,通常可以通过社会对毕业生的评价得到反映。如果把毕业生比成产品,高等学校就是工厂,"产品"质量如何,是否适销对路是事关学校生存的大事。毕业生的质量好,得到社会的承认和接受,会促进学校事业的发展;反之,则会使学校的声誉受损,给学校事业发展带来不利影响。市场经济高度发达国家的高等学校,都把毕业生的就业率作为衡量学校办学质量和水平的重要标志之一,我国现在也有越来越多的高校和教育行政部门把学生就业率作为考核学校办学的重要因素之一。这些年,我国的高等教育事业得到了长足的发展,办学的空间扩大了,办学水平提高了,许多影响办学的不合理因素已经或正在被清理。但是如果毕业生就业问题不能得到有效的解决,将会影响学校的招生、教学、管理和专业建设等一系列工作,势必对学校的发展产生巨大的不良影响,高等教育经过多年的改革发展所取得的成果也会毁于一旦。加强对大学生的就业指导,有利于学校更贴近市场,明确培养目标,改革教育机制,提高办学效益,培养出更多符合社会和市场需要的合格人才。

(三)大学生就业指导有利于大学生规划自己的职业生涯

以往经常看到这样的情景:一些即将毕业的大学生说,要是能让我再读一遍大学多好啊!为什么不止一个学生这么说?因为他们直到上大四了,面临找工作了,才发现自己还有那么多的欠缺;不知道自己能从事什么职业,不知道什么样的工作适合自己,不知道自己有什么特长……不知道的事情太多了,等到自己发现问题的时候已经迟了,都临近毕业了,没有时间再好好补一补这些欠缺,只能带着遗憾离开校园,步入社会。这一切的发生是因为缺乏科学的职业生涯规划,在欧美国家这项工作在中学或大学一年级就进行了,但是我国的高校目前只有少数学校有这样的课程和指导。职业生涯规划的价值还远远没有被人们重视。

(四)大学生就业指导有利于大学生规划大学学业

就业指导能够对大学的学业提出指导意见。学业决定着职业的可能和潜力。大学的学习怎么安排才能有利于实现自己的生涯规划,如何构建自己的知识结构,如何合理安排所学的必修课和选修课,如何构建自己的能力结构,怎样培养自己的能力、提高综合素质等,都是学业规划需要解决的问题，这个问题只有在学业规划中得到解决，才能使大学学习生活不留遗憾。

（五）大学生就业指导有利于大学生的成功就业

就业指导不仅给大学生提供职业规划和学业指导，它还可根据教育教学改革的需求、市场对人才的要求等因素对大学生的职业生涯规划和学业规划进行动态的调整，可以指导大学生掌握求职技巧、职业角色转换知识、劳动法规知识、创业知识等，为大学生顺利走出校园、走向工作岗位提供指导。

 **知识拓展**

未来最具前景的职业

经济的发展是由生产力和生产关系的相互作用推动的。展望未来，又有什么新兴行业将走入我们视野呢？下面为大家盘点未来最具前景的新兴行业。

1. 云计算

企业向云端迁移是大势所趋。公有云和私有云市场增长齐头并进，不是零和博弈。国内云计算市场还处在萌芽期，市场"蛋糕"正变得越来越诱人。

2. 大数据

"大数据＋"几乎已经透到所有行业，如"大数据＋零售""大数据＋医疗""大数据＋房地产"等。

3. 虚拟现实

目前全球虚拟现实行业经过近百年的发展仍处于早期起步阶段，供应链及各类配套设施还在摸索。然而虚拟现实的发展前景引人想象，具备广泛的应用空间，如游戏、影视、教育、体育、星际探索、医疗等。当前各大咨询机构均看好虚拟现实，认为在未来5年将实现超高速增长。

4. 人工智能

根据预测，2024年人工智能市场规模将增长至111亿美元。初步的技术积累和数据积累已经在过去有了比较显著的规模效应，因而人工智能重塑各行各业的大潮即将到来，并引发新一轮IT设备投资。未来3～5年智能化大潮将带来万亿级市场。

5. 3D技术

经过过去几年3D打印的投资热，3D打印技术步入到了一个新的阶段，但应用市场仍有待突破。专家预测中国3D打印机市场规模将扩大到100亿元。

6. 无人技术

无人技术目前主要应用在无人机、无人驾驶汽车等领域。预测全球无人机市场规模2024年将达到115亿美元，发展迅猛。无人驾驶汽车至今仍未揭开面纱，但预测2025年该领域将会有2000亿美元到1.9万亿美元的产值，届时中国无人驾驶汽车产值空间至少也在万亿规模，潜力无限。

7. 机器人

中国人口老龄化问题日益突出、人工成本急剧上升以及整体经济结构面临转型，机器人未来的崛起及其巨大的市场规模已经被各大机构认可。未来无论短期或是长期，机器人行业的投资机遇巨大，从工业机器人、协作机器人到服务机器人均有十分可观的市场规模。

8. 新能源

中国是最大的新能源市场，发展新能源产业是改变我国的能源结构、降低对石化能源的依赖度，同时减少环境污染的必然选择。大力度的财政补贴推动新能源产业快速走向成熟，蕴含丰富的投资机会。

9. 新材料

新材料是新经济的基石，我国在军工、高铁、核电、航天航空等尖端制造领域的快速发展均离不开基础材料领域的突破。随着基础化学、基础材料、纳米技术等方面的科研实力不断积累，新材料领域的创新点将不断涌现，新材料将创造数万亿产值的市场。

10. 医疗服务

2016 年医疗服务行业的驱动因素来自药品行业景气度持续下滑，以及药品价格形成机制的变化。在分级诊疗和医生多点执业的推动下，公立医院借助民营资本盘活存量资产创造增量价。医疗服务业务为新技术提供了商业化的出口，而新技术给医疗服务业务提供了高附加值的项目。

11. 生物技术与生命科学

随着基因组学、分子生物学等基础学科的发展，生物制剂与生命科学技术正在治疗中发挥越来越重要的作用：生物制剂方面，越来越多的单抗药物对肿瘤、糖尿病等疑难杂症产生突破性疗效，"重璃炸弹"级新药频出。生命科学方面，全球范围内基因测序市场快速增长；细胞免疫疗法等新兴技术也日渐成为重要的治疗方法。

12. 医疗器械

医疗器械市场在国内起步较晚，但发展迅速。2001 年至 2014 年，我国医疗器械市场规模从 173 亿元增长至 2556 亿元，增长近 15 倍，复合增速达到 23％。但从医疗器械市场规模与药品市场规模的对比来看，全球医疗器械市场规模大致为全球药品市场规模的 40％，而在我国这一比例低于 15％，说明医疗器械市场发展潜力巨大。

13. 互联网医疗

信息技术的高速发展引发各个行业的巨大变革，也为医疗行业带来巨大机遇。随着大数据、云计算、物联网等多领域技术与互联网的跨界融合，新技术与新商业模式快速渗透到医疗各个细分领域，预防、诊新、治疗、购药都将全面开启一个智能化时代。

14. 健康养老

健康养老产业受需求迫切和政策鼓励双向驱动，将迎来发展机会。未来我国政府和个人将面对很大的养老压力。到 2020 年老年人口将增至 2.6 亿。同时，养老作为"健康中国"的一部分已上升到国家战略高度。我们将根据国家提出的建设以居家为基础、社区为依托、机构为补充的多层次养老服务体系挖掘投资机会。

15. 体育

在过去的一年，中国各路巨头开始瞄准海外优质体育标的资产，渐渐向成熟体育盈利模式靠拢，如门票、媒体转播权、赞助和体育衍生品等。因此，拥有优质赛事资源和广大受众的体育行业将会持续受到资本的追捧。

16. 文化娱乐

消费升级使得国人的消费习惯逐渐向文化娱乐进行倾斜,消费人群和消费金额也越来越低龄化和增长化。2015 年也是独立 IP 火热的一年,一大波影视剧热播,一系列电影也不断刷新国内电影票房纪录。

此外,伴随游戏、动漫衍生而来的二次元文化兴起,生产数字化、碎片化、娱乐化内容的自媒体大爆发,都将聚集大量新一代年轻用户,引发新的商业模式和机会。

17. 教育

国内的民办教育市场费用超过 6000 亿元,而在线教育五分之一的市场份额吸引了无数资本和创业者关注。经过过去一两年的洗礼,教育 O2O 举步维艰,不仅没有革了传统教育的命,还在盈利模式的探索上不知所措。而传统线下教育培训机构除了拥有稳定的线下资源和师资以外,也在互联网+的攻势下顺应时代发展做出了很多改革。

思 考 与 讨 论

1. 简述职业的内涵及其历史渊源。
2. 简述我国的职业分类及其发展趋势。
3. 当代大学生就业存在哪些方面的不足?
4. 就业指导的作用体现在哪些方面?

本 章 小 结

本章主要介绍了职业的概念、特点和发展趋势;我国职业分类;大学生就业观念、就业不足之处;开展大学生就业指导的重要意义。

第二章　大学生职业生涯设计

学习目标

知识目标：

1. 职业生涯发展；

2. 职业生涯规划原则；

3. 职业生涯规划方法；

4. 职业生涯规划特点；

5. 职业生涯规划意义。

能力目标：通过学习本章，大学生应该对职业生涯规划有进一步了解。

核心概念：职业生涯发展；职业生涯规划原则；职业生涯规划方法；职业生涯规划特点；职业生涯规划意义。

案例导入

白某，女，21岁，学历专科，基本情况为：卫生职业学院临床医学专业，应届毕业生。同学评价：刻苦，有上进心，性格坚强，学习能力强。职业目标：优秀临床医生。收到医科大学临床医学专业专升本通知书；同时收到XX医院聘用合同，白某必须做出选择。先升学或先就业。

想一想：

1. 白某会选择就业还是会选择升学。

2. 结合自己的实际情况，想想自己会如何选择。

白某在先就业与先升学之间面临选择，无论是先就业，还是先升学，最终的目的都是希望有更好的职业发展前景。是升学更有利于将来职场发展，还是先就业更有于职业发展，这应该是每一个面临类似情况的毕业生都应该仔细考虑的问题。作为刚刚毕业的大学专科生，选择合适的职业发展方向尤为重要，人生精力有限，必须选准方向，强化发展。职业方向的确定必须结合个人特长，兴趣所在并综合考察行业前景来确定。在这一点上，大学生有疑问时，可以求助学校的就业指导老师或者专业的职业顾问。应届毕业生，表面上看是就业的问题，而实际上是择业的问题，择业就是要作选择，选择适合自己的职业发展方向，集中目标，强化发展，通过若干年的工作，实现从无经验者到行业人才的提升。同理，应届毕业生选择升学，也要以职业发展为指导，选择合适的升学途径，在学历资质上提高自己的含金量，为职场前途做好准备！

第一节　职业生涯概述

一、职业生涯

职业生涯（Career）是一个人一生所有与职业相连的行为与活动以及相关的态度、价值观、愿望等连续性经历的过程，也是一个人一生中职业、职位的变迁及职业目标的实现过程。简单地说，一个人职业发展的状态、过程及结果构成了个人的职业生涯。一个人对其职业发展有一定的控制力，他可以利用所遇到的机会，从自己的职业生涯中最大限度地获得成功与满足。

根据中国职业规划师协会定义：所谓职业生涯，是指人的一生中的职业历程。人的职业生活是人生全部生活的主体，在其生涯中占据核心与关键的位置。人们一生的职业历程，有着种种不同的可能：有的人从事这种职业，有的人从事那种职业；有的人一生变换多种职业，有的人终身位于一个岗位上；有的人不断追求、事业成功，有的人穷困潦倒、无所作为。造成人们职业生涯的差异，有个人能力、心理、机遇方面的问题，也有社会环境的影响。

生涯，英语是"career"，"生"，即"活着"；"涯"，即"边界"。广义上理解，"生"，自然是与一个人的生命相联系；"涯"，则有边际的含义，即指人生经历、生活道路和职业、专业、事业。人的一生，包含少年、成年、老年三个阶段，成年阶段是最重要的时期。这一时期之所以重要，是因为这是人们从事职业生活的时期。

职业生涯（Career）这个概念的含义曾随着时间的推移发生过很多变化。在 20 世纪 70 年代，职业生涯专指个人生活中和工作相关的各个方面。随后，又有很多新的意义被纳入到"职业生涯"的概念中，其中甚至包含了生活中关于个人、集体以及经济生活的方方面面。

从经济的观点来看，职业生涯就是个人在人生中所经历的一系列职位和角色，它们和个人的职业发展过程相联系，是个人接受培训教育以及职业发展所形成的结果。

职业生涯是以心理开发、生理开发、智力开发、技能开发、伦理开发等人的潜能开发为基础，以工作内容的确定和变化，工作业绩的评价，工资待遇、职称、职务的变动为标准，以满足需求为目标的工作经历和内心体验的经历。

职业生涯是人一生中最重要的历程，对人生价值起着决定性作用。

职业生涯就是一个动态的过程，是指一个人一生在职业岗位上所度过的、与工作活动相关的连续经历，并不包含在职业上成功与失败或进步快与慢的含义。也就是说，不论职位高低，不论成功与否，每个工作着的人都有自己的职业生涯。

职业生涯，是一个人一生的工作经历，特别是职业、职位的变动及工作理想的整个过程。

职业生涯管理，就是具体设计个人合理的职业生涯计划。

二、职业生涯发展理论

职业生涯规划这个概念是从西方国家引进的，对我们大多数人来说是一个新名词，虽然我们对这个理论知之甚少，但我们大多数人的职业生涯发展过程还是按照这个理论在进行。

实践如果没有理论做指导，往往就会走很多弯路，而有理论做指导的实践往往会达到事半功倍的效果。这里主要讲美国生涯规划大师舒伯的生涯发展五阶段理论。

舒伯把一个人的生涯发展从出生到死亡分为五个阶段，分别是成长阶段、探索阶段、确立阶段、维持阶段和衰退阶段。

生涯发展的每一个阶段都有其特征和任务，如果前一个阶段的任务没有完成好，就必然会影响到下一个阶段的发展，从而给自己的职业发展带来阻碍。下面就分别来说说这五个阶段。

（一）成长阶段

成长阶段是指从出生到 14 岁，如果按照 7 岁开始上学，14 岁也就是到了初中二年级，成长阶段是一个人生涯的准备阶段，虽然这个阶段看似和职业没有关系，但却是最重要的阶段。

因为到了 14 岁时，一个人的大脑发育基本已经完成，自我概念也基本形成，行为习惯也已经养成，学习能力也已经体现了出来。而自我概念、行为习惯以及学习能力对一个人以后的发展是至关重要的。

这个阶段的主要任务就是身心得到很好的成长，建立自我概念，形成良好的行为习惯。

这个阶段也是一个人天赋展现和兴趣发展的重要阶段，尤其是艺术和运动天赋都是在这个阶段展现出来的，在这些领域取得成就的人都是在这个阶段被发现和培养的。比如周杰伦、郎朗、丁俊晖等。因此，作为家长，一定要在这个阶段注意观察孩子是否有某一方面的天赋，如果发现了就要给孩子创造条件，好好去培养。

当然，对大多数人来说，基本上没有某一方面突出的天赋，我们都是普通人。家长要做的就是让孩子的身心得到健康发展，养成良好的学习习惯，形成健全的人格。

（二）探索阶段

这个阶段从 15 岁到 24 岁，大概是从初三到刚参加工作。在五个阶段中，这个阶段的时间最短，但对职业生涯来说却是极为重要的一个阶段。

如果说成长阶段是一个人身体成长最快的阶段，那么这个阶段就是一个人能力成长最快的阶段。

24 岁时，对一般人来说，已经大学毕业，刚参加工作两三年。这个阶段要经历学习的最重要两个阶段，就是高中和大学，同时要经历工作的开始，而工作开始两三年是一个人职业发展最关键的时期。

这个阶段的主要任务就是选择适合自己的职业，并为职业的发展打下良好的基础，快速提升自己的能力。

从职业生涯的角度来说，这个阶段是一个人职业发展期间困惑最多的时期。面临着高考完志愿的填报，专业的选择；大学毕业时，面临着职业的抉择。这两大选择对一个人的职业发展有着巨大的影响。

虽然有部分大学毕业以后会从事和自己专业不相关的工作，但仍有大部分人一生都从事着与自己所学专业相关的工作。

因此，大学专业的选择对大部分人来说是至关重要的，但是因为我们国家职业生涯规划并没有普及，大家根本就没有这方面的意识，因此在选择专业时往往有着很大的盲目性，从而造成很多人上了大学以后或者工作以后才发现根本不喜欢自己的专业，从而对自己的职业发展造成很大影响。

西方国家对职业生涯的研究有很多现成的理论，比如基于荣格性格类型理论的 MBTI

性格类型测试、霍兰德的职业兴趣测试等。

这些理论已经经过多年的验证，证明其具有很好的适用性。在我国的一线城市，职业生涯规划也得到了很多人的认可，并得到了很好的发展，解决了很多人的职业选择问题。

因此，对于面临大学专业选择和职业发展困惑的人来说，花一点钱寻求专业帮助不但是非常必要而且是非常值得的。

（三）确立阶段

这个阶段从 25 岁到 44 岁，是一个人最终确定自己的职业到稳定发展的阶段。这个阶段又分为修正阶段和安定阶段。

修正阶段从 25 岁到 30 岁，这个阶段一般是刚入职不久，处于职业的不稳定期，跳槽现象发生比较频繁。对于大部分没有职业规划的人来说，这个阶段还处于职业探索期，他们通过不断变换工作来判断自己到底适合什么职业。

这个时期越短越好，因为这个时期是一个人职业能力发展最快也是最为关键的时期，如果到了 30 还没有确定自己的职业发展方向，就会对你的未来产生严重的不利影响。

安定阶段从 31 岁到 45 岁左右，这个阶段，职业已经基本确定，剩下的就是怎么更好地来发挥自己的能力，取得职业上的成就。

安定阶段是一个人职业发展的黄金时期，这个时期，身体机能处于良好的状态，职业能力也达到了很高的水平，一个人是否有成就关键就看这个阶段。

（四）维持阶段

这个阶段从 46 岁到 60 岁左右，经过 10 多年的奋斗，一般人已经在职业的发展上到达了顶峰，这个阶段的任务就是维持职业发展的成果，为退休做好准备。

这个阶段，人的身体已经开始走下坡路，精力已经不能和年轻人比了，再加上上有老下有小，需要分配更多的精力来照顾父母、关注子女的教育。

（五）衰退阶段

60 岁以后属于衰退期，对绝大多数人来说，这个时候已经离开了工作岗位，职业活动已经停止，开始安享晚年。

虽然很多人 60 岁以后就离开了工作岗位，但随着人类寿命的延长，大部分人的人生还有 20 年左右的时间，20 年对人的一生来说还是很长的一段时间，我们完全可以很好地利用这段时间，让自己的生命活得更有意义。

60 岁以后，子女也已经成人，不用再操心；工作的压力也没有了，时间都由自己来安排了，我们就可以用这段时间发展自己的业余爱好，甚至实现自己没有实现的梦想。

当然，舒伯的职业生涯五个阶段的划分是针对一般情况来说的，现实生活中每个人的职业发展并不一定受到这五阶段的限制，而且年龄的划分也是相对的。

在现实生活中，不同的职业发展的轨迹也会完全不同，比如运动员在 20 多岁就到了职业发展的顶峰，而医生、科学家、投资家等有些职业到了 60 岁还处于事业发展的黄金阶段。有些人 30 岁已经事业有成，有些人 50 岁以后才开始创业，这样的例子在生活中也非常常见。

我们学习职业生涯发展理论，就是要明白一个人在自己人生的不同阶段有不同的任务，只有把不同阶段的任务完成好了，自己的职业生涯才会有好的发展，人生才能过得有意义。

对我们一般人来说，职业生涯最重要的是成长阶段和探索阶段，在成长阶段，家长应该承担主要责任，而到了探索阶段，就要以孩子自己为主了。

最好的职业就是自己喜欢的、能发挥自己长处的、和自己的价值观相符合的。而要找到这样的职业，就需要对自己有深入的了解，也就是认识自己。而认识自己不是一件容易的事情，因此，我们每个人都需要了解一些职业规划方面的知识，以免在职业发展上走弯路。

第二节　职业生涯规划

一、职业生涯规划概述

职业生涯规划指个人和组织相结合，在对一个人职业生涯的主客观条件进行测定、分析、总结研究的基础上，对自己的兴趣、爱好、能力、特长、经历及不足等各方面进行综合分析与权衡，结合时代特点，根据自己的职业倾向，确定其最佳的职业奋斗目标，并为实现这一目标做出行之有效的安排。

二、职业生涯规划的意义

职业规划的意义：提升应对竞争的能力。

当今社会处在变革的时代，到处充满着激烈的竞争。物竞天择适者生存。职业活动的竞争非常突出，尤其是我国加入WTO后。要想在这场激烈的竞争中脱颖而出并保持立于不败之地，必须对自己的职业生涯做好规划。这样才能做到心中有数，不打无准备的仗。

而不少应届大学毕业生不是首先坐下来做好自己的职业生涯规划，而是拿着简历与求职书到处乱跑，总想着撞到好运气找到好工作。结果是浪费了大量的时间、精力与资金，到头来感叹招聘单位有眼无珠，不能"慧眼识英雄"，叹息自己英雄无用武之地。

这部分大学毕业生并没有充分认识到职业规划的意义与重要性，认为找到理想的工作，只需要满足学识、业绩、耐心、关系、口才等条件，认为职业规划纯属纸上谈兵，简直是耽误时间。这其实是一种错误的理念，实际上未雨绸缪，先做好职业规划，磨刀不误砍柴工，有了清晰的认识与明确的目标之后再把求职活动付诸实践，这样的效果要好得多，也更经济、更科学。

从人力资源的角度出发，企业用人单位非常看重新进员工的职业生涯规划是否透明，是否与公司的发展一致。只有少数求职者会写出自己的未来发展规划。这些规划，让人觉得求职者的求职意向是经过深思熟虑的，即使其生涯规划只有五年甚至更短的时间为本企业工作，用人单位也乐意聘请这种目标明确、规划透明的人。

据宝洁北京市技术有限公司高级人力资源经理透露，该公司在中国每年招聘应届毕业生100名左右，凡是职业生涯规划早的人，现在大多数都已成为总监、副总监或高级经理。因此，职业规划应该尽早开始培养、引导和训练，以便为学生未来一生的职业发展打下坚实的基础。

三、职业生涯规划的原则

下面简述十个职业生涯规划的基本原则仅供参考。

(1) 清晰性原则：考虑目标措施是否清晰明确？实现目标的步骤是否直截了当？

(2) 变动性原则：目标或措施是否有弹性或缓冲性？是否能依据环境的变化而调整？

（3）一致性原则：主要目标与分目标是否一致？目标与措施是否一致？个人目标与组织发展目标是否一致？

（4）挑战性原则：目标与措施是否具有挑战性，还是仅保持其原来状况而已？

（5）激励性原则：目标是否符合自己的性格、兴趣和特长？是否能对自己产生内在激励作用？

（6）合作性原则：个人的目标与他人的目标是否具有合作性与协调性？

（7）全程原则：拟定生涯规划时必须考虑到生涯发展的整个历程，做全程的考虑。

（8）具体原则：生涯规划各阶段的路线划分与安排，必须具体可行。

（9）实际原则：实现生涯目标的途径很多，在做规划时必须要考虑到自己的特质、社会环境、组织环境以及其他相关的因素，选择确定可行的途径。

（10）可评量原则：规划的设计应有明确的时间限制或标准，要进行评量、检查，使自己随时掌握执行状况，并为规划提供参考的依据。

四、职业生涯规划的方法

许多职业咨询机构和心理学专家进行职业咨询和职业规划时常常采用的一种方法就是有关5个"W"的思考模式。从问自己是谁开始，然后顺着问下去，共有5个问题。

第一个问题"我是谁？"应该对自己进行一次深刻的反思，有一个比较清醒的认识，优点和缺点，都应该一一列出来。

第二个问题"我想干什么？"是对自己职业发展的一个心理趋向的检查。每个人在不同阶段的兴趣和目标并不完全一致，有时甚至是完全对立的。但随着年龄和经历的增长而逐渐固定，并最终锁定自己的终身理想。

第三个问题"我能干什么？"则是对自己能力与潜力的全面总结，一个人职业的定位最根本的还要归结于他的能力，而他职业发展空间的大小则取决于自己的潜力。对于一个人潜力的了解应该从几个方面着手去认识，如对事的兴趣、做事的韧力、临事的判断力以及知识结构是否全面、是否及时更新等。

第四个问题"环境支持或允许我干什么？"这种环境支持：在客观方面包括本地的各种状态比如经济发展、人事政策、企业制度、职业空间等；在人为主观方面包括同事关系、领导态度、亲戚关系等。两方面的因素应该综合起来看。有时我们在职业选择时常常忽视主观方面的东西，没有将一切有利于自己发展的因素调动起来，从而影响了自己的职业切入点。而在国外通过同事、熟人的引进找到工作是最正常也是最容易的。当然我们应该知道这和一些不正常的"走后门"等歪门邪道有着本质的区别。这种区别就是这里的环境支持是建立在自己的能力之上的。

明晰了前面四个问题，就会从各个问题中找到对实现有关职业目标有利和不利的条件，列出不利条件最少的、自己想做而且又能够做的职业目标，那么第五个问题有关"自己最终的职业目标是什么"自然就有了一个清楚明了的框架。最后，将自我职业生涯计划列出来，建立形成个人发展计划书档案，通过系统的学习、培训，实现就业理想目标：选择一个什么样的单位，预测自我在单位内的职务提升步骤，个人如何从低到高逐级而上。例如从技术员做起，在此基础上努力熟悉业务领域、提高能力，最终达到技术工程师的理想生涯目标；预测工作范围的变化情况，不同工作对自己的要求及应对措施；预测可能出现的竞争，如何相处与应对，分析自我提高的可靠途径；如果发展过程中出现偏差，如果工作不适应或被解聘，如何改变职业方向。

根据个人需要和现实变化，不断调整职业发展目标与计划。

职场上常说，计划赶不上变化。对于自己碰到的问题和环境，需要及时调整。发展规划，一成不变的发展计划有时形同虚设。根据职业方向选择一个对自己有利的职业和得以实现自我价值的单位，是每个大学生的良好愿望，也是实现自我的基础，但这一步的迈出要相当慎重。就人生第一个职业而言，它往往不仅是一份单纯的工作，更重要的是它会初步使你了解职业、认识社会，在一定意义上它是你的职业启蒙老师。最后，提醒毕业生们，人生成功的秘密在于机会来临时，你已经准备好了！机遇对于任何人来说都是平等的，千万别在机遇面前说抱歉！

规划制订好一系列的职业发展规划后，如何将其最终落实是每个规划制订者所必须考虑并面对的一个问题。做一个好的计划若没有实施上的细则，就无法保证计划顺利进行。应对职场纷繁信息和变动选择的成功法则就是必须建立有效的信息整理、分析和筛选系统，再结合自身竞争力合理规划职业生涯。这样才能在职业发展过程中凭借良好的职场敏感度到达职业成功的彼岸。

五、职业生涯规划与社会发展的关系

对于职业生涯规划，当前很多高校对其并未予以重视，在很大程度上还处于相当薄弱的状态，没有为学生提供完善的指导服务。以致多数大学毕业生在面对如此严峻的就业形势时，对就业和未来发展没有意识，缺乏规划。当他们步入社会，更是觉得无所适从，没有明确的职业方向感，走向职场的时候显得力不从心、竞争力不强，选择工作时存在盲目心理。这些种种，究其原因，仍然是由于职业规划工作做得不足。

因此，进行职业生涯规划就显得意义重大。一个科学合理的生涯规划是每个大学生就业前的必要工作，也是每个大学生职业生涯发展过程的必然要求，大学生进行职业规划将有助于大学生寻找适合自己的职业，实现个体与职业的匹配，从而实现成功就业。更何况，综合素质高的大学毕业生是社会发展的中坚力量，进行大学生职业规划也有利于和谐社会的建设，促进社会的全面进步。

1. 实施战略举措，经营美好未来

职业生涯本身就是一个动态的不断发展的变化过程。职业规划不是应变之策，而是经营未来。有效的职业规划，有利于明确人生未来的奋斗目标。一个人的事业究竟应向哪个方向发展，可以通过制订职业生涯规划明确起来。"目标之所以有用，仅仅是因为它能帮助我们从现在走向未来。"只有有了明确的目标，才能激励人们去奋斗，并积极创造条件去实现目标，以免漫无目标四处漂浮，随波逐流。

2. 把握自己，争取成功

职业生涯规划是以人的认识为基础，又要解决目标问题的，这些问题解决好了，也就把握住了自己。如何从一个学生转变成一个精明的从业人员，对于我们来说，还有很长的一段路要走。现实竞争的残酷，并不允许你慢慢地成长，它要求每个人不仅要看清自己，还要看清前方，快速地成长起来。对于年轻人来说，可以有困惑，可以有迷茫，但绝不允许

自己放弃努力。

3. 先给一个高度，经过努力会跳得更高

职业生涯规划，就是我们每一个人根据自己的实际工作能力和专业知识，大致设计好一个自己将要为之奋斗的目标，即自己以后要走的路。在前进的道路上，先给自己定下一个合适的高度，然后再通过自己一步一步地努力朝着那个方向前进，直至达到既定高度后再设新的高度，渐行渐高，那个前方的高度就是我们的未来。

4. 没有规划的人生注定要失败

亚里士多德曾经说过："人是一种寻找目标的动物，他生活的意义仅仅在于是否正在寻找和追求自己的目标。"完全没有规划的职业生涯是注定要失败的。

从企业的角度来说，职业生涯管理是现在企业人力资源管理的核心内容；职业生涯规划是满足人才需求，留住人才之手段。搞好员工职业生涯规划可以最大限度地发挥企业员工的才华与潜能，提高企业经济效益。处理好员工职业生涯规划与企业发展的关系，使员工个人目标与企业整体目标统一，有利于企业的长远发展，有利于社会和谐发展。

第三节　大学生职业生涯规划

一、大学生职业生涯规划的意义

当今，大学生的职业生涯规划是个时髦的话题，许多大学开设了相关的课程或是专题报告与讲座，一时间职业生涯规划成了大学毕业生最为关注的热点之一。但不少大学毕业生还没有真正理解职业生涯规划的确切含义，对职业生涯规划的重要意义认识不足，不了解职业生涯规划的程序，缺乏进行规划的具体技巧。也有不少大学生对职业生涯规划或冷眼相对，或茫然无所适从，或使规划流于形式，或不顾主客观条件任意随自己的兴致来"规划"，这都会导致职业生涯规划的应有作用不能充分发挥。大学生职业生涯规划对于大学生具有重要意义，具体体现在以下几个方面。

1. 职业生涯规划可以提升应对竞争的能力

当今社会处在变革的时代，到处充满着激烈的竞争。物竞天择，适者生存。职业活动的竞争非常突出，尤其是我国加入 WTO 后。要想在这场激烈的竞争中脱颖而出并保持立于不败之地，必须设计好自己的职业生涯规划。这样才能做到心中有数，不打无准备之仗。但不少应届大学毕业生不是首先坐下来做好自己的职业生涯规划，而是拿着简历与求职书到处乱跑，总想撞到好运气找到好工作。结果是浪费了大量的时间、精力与资金，到头来感叹招聘单位有眼无珠，不能"慧眼识英雄"，叹息自己英雄无用武之地。这部分大学毕业生没有充分认识到职业生涯规划的意义与重要性，认为找到理想的工作靠的是学识、业绩、耐心、关系、口才等条件，认为职业生涯规划纯属纸上谈兵，简直是耽误时间，有那时间还不如多跑两家招聘单位。这是一种错误的理念，实际上未雨绸缪，先做好职业生涯规划，磨刀不误砍柴工，有了清晰的认识与明确的目标之后再把求职活动付诸实践，这样的效果要好得多，也更经济、更科学。

2. 职业生涯规划有突破障碍、开发潜能和自我实现三个积极目的

一个人最大的幸福，是能以自己选择的方式生活。择其所爱，爱其所择的结果，会使一个人以己为荣，并呈现出圆融、丰足、喜悦、智慧和充满创造力的气质。人的一生有四大领域需要规划：工作、学习、休闲、家庭。各个环节相互关联，每个环节都需要花费心思、科学规划。当一个人拥有明确的规划时，面对重要选择时才不会受他人左右。什么是自己想要的，哪个方向离目标更近，才心中有数，不会走弯路。清楚地认识到自己的人生目标和每个阶段的重心，才能成为一个真正掌握自己命运的人。借助职业生涯规划，把握每一个可能成功的机遇，认识自我，发展自我，完善自我，培养个人的素质和修养，设计一生职业发展的最优路径。

3. 职业生涯规划有利于自我觉醒

职业生涯规划是一个意识问题，能唤醒大学生主动的自我探索意识，让大学生掌握和搜索更多的信息。家长和大学生在高中阶段将"上大学"视为人生的最大目标，因此，我们进入大学之后就失去了未来生活的目标，也失去了学习的动力，而大学阶段是一个为今后从事某一职业的积累和准备阶段，促使大学生去考虑将来成为一名职业人所需的能力和素质，有目的地去汲取知识、加大学习动力。

4. 职业生涯规划有利于自我定位

你今天站在哪里并不重要，但是你下一步迈向哪里却很重要。职业生涯规划的重要前提是认识自我。只有认识自我、了解自我，才能有针对性地明确职业方向，而不盲目。认识自我是对自我深层次的解剖，了解自己能力的大小，明确自己的优势和劣势，根据过去的经验、经历，选择未来可能的工作方向，从而彻底解决"我想干什么"和"我能干什么"的问题。在此基础上，通过了解行业的特性、所需的能力、就业渠道、工作内容、工作发展前景、行业的薪资待遇等外部环境，理性地确定自己所具备的资本。这是人生所有规划和行动得以成功的基本依据，正所谓"知己知彼，百战不殆"。

5. 职业生涯规划能帮助大学生找到实现理想的通道

职业生涯规划让我们拥有明确的目标，会围绕目标去学习和提升，即使目标不够明确，也会沿着既定的方向前行，这就是实现理想的通道。实现目标的强烈意愿对于个人而言是非常重要的，意愿越大，成功的机会也就越大，通过意愿变成超强的行动力，行动力的根源来自于意愿，意愿强烈才可以实现目标。只有在发现和确定了人生奋斗的大目标之后，围绕这个中心，我们平常的行为才会更有效率和价值，进而职业生涯规划才能成为实现理想的通道。职业生涯规划为我们的人生之旅设定了导航仪，指引我们走向成功。

6. 职业生涯规划能够实现人与职业的和谐发展

职业生涯规划以促进自身持续、健康、协调的全面发展进步为根本目标，在人与职业匹配的基础之上，将人的发展与职业的发展有机结合，使职业成为实现自我人生价值、自我人生幸福的工具和内容，让个人的发展成为推动促进职业发展和进步的主力，达到自我与职业的双赢，从而实现人与职业的和谐发展。

哈佛大学的一项追踪研究表明，只有 4% 的人能获得成功，而他们成功的共同点在于，他们为自己的职业生涯早早确定了明确的目标，并且始终坚持。

二、大学生职业生涯规划的特点

处于不同职业生涯发展阶段的人，所面对的环境要求不同，自身素质的积累也不同，因此，个人的职业生涯规划，应根据其规划时的所处阶段、职业发展现状而进行。大学生正处于职业的学习、准备和起步阶段，因此，与已工作过一段时间的职业者的职业生涯规划相比较，大学生的职业生涯规划有其一定的特点，在总体原则和操作步骤大体一致的情况下，两者的规划内容和侧重点不尽相同。

大学生职业生涯规划与一般职业生涯规划的区别主要体现在以下几方面。

（一）设定目标不同

一般的职业生涯规划总体目标是为了获取一定的职业地位或取得一定的职业成绩。比如规划自己 35 岁前要进入某企业的高级管理层，或为自己定下两年内销售业务量成为公司之冠的业绩目标。一般职业生涯规划的阶段目标划分也并不明晰，视个人的总体目标和现实差距而定。大学生的职业生涯规划，其最根本也最现实的目标是初次就业成功，能拥有一个与自己的兴趣、爱好、能力等相匹配的职业岗位。比如规划自己毕业后进入某大公司的人力资源部门。大学生职业生涯规划的阶段目标可以十分明确。比如一年级应该达到什么要求，二年级应该完成什么计划，毕业年要实现什么目标等。

（二）规划年限不同

职业生涯规划按时间类型可以分为短期规划、中期规划、长期规划和人生规划四种。一般的职业者可以按照自身的条件和客观环境的特点，制订期限可长可短的职业生涯规划。大学生活是一个完整和固定的阶段，其时间维度上有一个标准的划分方法——大学的学制为大学生活的起止时限。大学生职业生涯规划中最现实、最典型的中期规划，其规划年限一般是与学生的毕业年限相同的。比如说医学院的本科学制为五年，如果一个新生从入学之初开始进行职业生涯规划，则其规划的起止年限为五年；如果是从二年级下学期开始进行职业生涯规划，则其规划的起止年限为两年半。虽然大学生的职业生涯规划中也有长期规划或人生规划的做法，但并不具有代表性。

（三）实施策略不同

一般的职业生涯规划，其实施策略主要是根据职业发展目标，制订一定职业范围内的学习培训、专业技能培训、职场人际关系沟通、企业文化融合等行动计划。大学生处于职业的准备阶段，其职业生涯规划的实施策略主要是了解和探索职业，完成与未来可能从事职业相关的学习、培训任务，提高职业生活的基本能力和素质，行动计划必须与大学生本身的学习任务和校园活动密切联系。

三、大学生职业生涯规划的类型和内容

根据大学生职业生涯规划的特点以及一般职业生涯规划的时间维度划分方法，我们可以把大学的职业生涯规划大致分为以下两种类型。

（一）远期规划

远期规划是指规划年限在 5 年以上的大学生职业生涯规划，即一般职业生涯规划中的长期规划和人生规划。对职业生涯进行远期的规划，能够使大学生明确各个阶段的职业目标，

保持整个职业生涯发展的连贯性和持续性，使总体目标（比如希望最终成为某上市公司的董事）更容易循序渐进地完成和实现，进而产生最大的职业动力。大学生如果有条件的话，应该进行这种远期的职业生涯规划，激励自己为达到各个阶段的目标而不懈努力。不过，时间跨度较长的职业生涯规划要求对自我、对职业有比较充分的认识，同时对社会形势和客观环境有敏锐的观察力和超前的预测能力，需要花费较长的时间对职业目标和职业要求进行深入的研究、调查、论证，并制订比较切实可行的完整的实施方略。如果是凭空想象的总体规划，虽然内容是完整的，但由于脱离了自身条件和环境要求，只能是海市蜃楼，中看不中用。同时，由于远期规划的时间跨度较长，实施过程中会受到个人和环境不断变化的影响，规划目标的实现难度非常大。另外，大学生尚处于职业生涯的探索阶段，对社会、对职业的了解都极为有限，有可能导致远期规划缺乏可行的操作性而过于理想化。

（二）近期规划

近期规划是规划时间年限与大学生涯年限基本符合的大学生职业生涯规划，即一般职业生涯规划中的短期规划和中期规划，这种规划一般在 5 年以内。大学时期正处于职业准备和探索阶段，职业生涯探索阶段的主要目的，就是通过选择、尝试与磨合，找到最适合自己的职业。大学生的职业生涯近期规划，就是大学生根据这个阶段的主要特点和任务要求，在确定总目标之后，以实现就业为阶段目标，对自己的大学学业生涯制订相应的行动计划和实施策略。近期规划的特点是主要以大学学制为阶段进行目标分解和策略实施，其最根本的目的是为了实现总体目标而在学业上做好准备，顺利毕业并进入目标职业。近期规划的侧重点在于以就读期间的职业学习和职业准备为主要内容，规划期限基本以大学生涯的终止为结束。从性质上看，这种规划属于职业准备期和职业早期的生涯规划。

对大学生而言，近期规划更具针对性，也更具可操作性。通过近期规划，大学生可以在认识自我、了解职业的基础上，从自身的条件和社会的需求出发，确定职业发展的方向，确定职业目标，制订大学期间的学习、培训、实践计划，不断地挑战自我、超越自我，为将来迈出校门、走出社会做好准备，为总体目标的实现打下良好的基础。由于规划时间的跨度不长，因此近期规划也比较易于评估和修正，当学业生涯中各个分阶段（多数为各学年）的目标未能达成时，大学生可以适时调整实施的策略，不断修正并完善。由于近期规划能与大学阶段的学习和生活紧密相连，因此，我们提倡大学生在规划自己的职业生涯时采用这种目的和策略极为明确可行的规划类型。当然，近期规划也有一定的缺陷。这种规划由于是以求职择业为阶段目标，具有较大的局限性，对中期目标和长期目标缺乏详细系统的规划，难以与总体目标完整衔接，缺失的规划部分只能等到真正进入职业生涯后再根据内部和外部的环境因素重新制订。

职业生涯规划是对个人职业发展道路进行选择和设计的过程，规划的内容和结果应该在规划过程中及规划后形成文字性的方案，以便理顺规划的思路，提供操作指引，随时评估与修正。结合有关专家学者的观点和建议，我们认为，一个完整有效的职业生涯规划文案应该包括以下八项内容。

（1）标题。标题包括姓名、规划年限、年龄跨度、起止时间。规划年限不分长短，可以是半年、三年、五年，甚至是二十年，视个人的具体情况而定。

（2）确定目标。确定职业方向、阶段目标和总体目标。职业方向即从业方向，是对职业的选择；阶段目标是职业规划中每个时间段的目标；总体目标即当前可预见的最长远目标，也是在特定规划中的终极目标。在确定总体目标时，如果能适当地看得远些，定得高点，则有助于最大限度地激发规划者的潜能。

（3）个人分析结果。个人分析结果包括对自己目前的状况分析和自己将来的基本展望，同时也包括对自己职业生涯有一定影响的角色建议。

（4）社会环境分析结果。社会环境分析结果指对政治、经济、文化、法律和职业环境等社会外部环境的分析。

（5）组织（企业）分析的结果。这主要是对职业、行业与用人单位的分析，包括对用人单位制度、背景、文化、产品或服务、发展领域等的分析。

（6）目标分解与目标组合。分析制订、实现目标的主要影响因素，通过目标分解和目标组合的方法作出果断明确的目标选择。目标分解是根据观念、知识、能力、心理素质等方面的差距，将职业生涯中的远大目标分解为有一定时间规定的阶段性分目标；目标组合是将若干阶段性目标按照内在的相互关系组合起来，达成更为有利的可操作目标。

（7）实施方案。首先找出自身观念、知识、能力、心理素质等方面与实现目标要求之间的差距，然后制订具体方案逐步缩小差距以实现各阶段目标。

（8）评估标准。设定衡量此规划是否成功的标准，如果在实施过程中无法完成制订的目标或要求，应当如何修正和调整。

需要注意的是，文案内容的顺序与规划的步骤不是完全一致的。职业生涯规划的第一步就是要进行自我评估，其次是进行外部环境分析，然后才是职业目标的建立；而文案内容的顺序是先写出职业方向和总体目标，然后再写出自我分析和外部环境分析的结果。其实，这并不矛盾。因为文案的形成是建立在按正常步骤进行规划的基础之上的，将职业方向与目标提前，是为了阅读上的方便，突出核心主题——规划的目标，并有利于与实施方案进行对照、检查和修订。

大学生的职业生涯规划应该根据这些要求，按标题、目标确立、个人分析结果、社会环境分析结果、组织分析结果、目标分解与目标组合、实施方案、评估修正的大致顺序，依次写下职业生涯规划具体的内容。

 **知识拓展**

职业生涯规划书范文

一、×××学院（专科）毕业后的十年规划（2020～2030 年，20 至 30 岁）

美好愿望：事业有成，家庭幸福。

方向：主管护师。

总体目标：完成本科的学习，进入××医院，成为主管护师。

进行情况：读完本科，进入一家公立医院，想继续攻读硕士学位。

二、社会环境规划和职业分析

1. 社会一般环境

如今正处于国家医疗事业的改革时期，作为医护人员，应遵循单位业务管理规范，积极参与改革措施的制订。为国家医疗改革贡献一份力量。护理事业是劳累与艰辛的，但同时也是神圣的。

2. 管理职业特殊的社会环境

由于中国的管理科学发展较晚，管理知识大部分源于国外，中国的企业管理还有许多不完善的地方。中国急需管理人才，尤其是经过系统培训的高级管理人才。因此企业管理职业市场广阔。

要在中国发展企业，必须要适合中国的国情，这就要求管理的科学性与艺术性和环境动态适应相结合。因此，受中国市场吸引进入的大批外资企业都面临着本土化改造的任务。这就为准备去外企做管理工作的人员提供了很多机会。

三、行业环境分析和企业分析

1. 行业分析

当前世界医疗卫生事业发展的趋势，已由以医疗为主转为更加重视预防和保健工作。在"2000年人人享有卫生保健"的目标逐渐实现的世纪之交，WHO针对亚太地区提出21世纪的目标——健康新地平线。世界银行在1993年的世发展状况报告中指出"大部分初级卫生保健工作应该由护士和助产士承担，在未来的一段时间里这趋势将逐渐扩大……"由此可见，护士是卫生保健的主要力量。护理人员已经开始走出医院，面向社会，关注每个人和每个人群的健康状况，围绕健康的生理、心理、社会三方面开展工作，为社区老人、妇女、儿童、慢性病患者等重点人群提供诸如中老年人保健、妇幼保健、青少年保健、慢性病护理、职业病防治、心理咨询等健康保健服务，并开放家庭病床、满足院外患者的基本治疗和护理需求；护理人员还要与医生、社区公共人员、社会性工作者共同合作，开展社会卫生服务。护理工作在医疗保健方面日益显示其特有的作用。由此可见，护理的职能从单纯的护理病人延伸到预防疾病、维持健康的更广阔的领域，这既是时代的挑战，也是护理专业本身发展的要求。

2. 企业分析

说起创业，人们都不陌生。在当代，创业似乎已经成为一种潮流，越来越多的人选择创业，护士也不例外。那么护士又是如何创业的呢？护士行业与众不同，既有技术方面也含有服务方面，因此在项目选择上大有余地，所以很多护士在各行各业进行创业，虽然成功的大有人在，但是失败率依然不低。那么，有没有什么方法能降低创业的失败率呢？据调查，在自己熟悉的领域进行创业，成功率会提升很多，由此而得出护士创业，从事护理等行业会更合适。

那么，美容行业怎么样呢？回答是十分肯定的，作为护士，首先，护理知识掌握得都很不错，加上美容行业的前景与利润空间，护士创业选择美容项目是非常适合的。那么，目前的美容行业发展如此迅速，各种各样的美容项目和产品层出不穷，我们又该如何选择呢？

四、个人分析与角色建议

1. 个人分析

1）自身现状

医学专业扎实，精通经贸知识；具有较强的人际沟通能力；思维敏捷，表达流畅；在大学期间长期担任学生干部，有较强的组织协调能力；有很强的学习愿望和能力。

2）测评结果

（略）

2. 角色建议

父亲："要不断学习，能力要强"；"工作要努力，有发展，要在大城市，方便我们退休后搬来一起居住生活。"

母亲："工作要上进，婚姻不要误。"

老师："聪明、有上进心、单纯、乖巧""缺乏社会经验"。

同学："有较强的工作能力"。

五、职业目标分解与组合

职业目标：主管护师

1. 2020—2023 年

成果目标：通过实践学习，加强专业技能。

学历目标：本科生毕业，取得学士学位；取得护士从业资格。

职务目标：护士。

能力目标：熟练掌握专业技能，多请教，多学习。

经济目标：年收入 5 万元。

2. 2020—2025 年

职务目标：护士长。

能力目标：熟练处理各种病症，加强护理专业技能，有一定的管理能力。

经济目标：年薪 10 万。

3. 2020—2030 年

职务目标：主管护师。

能力目标：熟练处理各种病症，具备应付突发事件的心理素质和能力，有较强的管理能力。

经济目标：年薪 10 万。

六、成功标准

我的成功标准是个人事务、职业生涯、家庭生活的协调发展。只要自己尽心尽力，能力也得到了发挥，每个阶段都有了切实的自我提高，即使目标没有实现(特别是收入目标)我也不会觉得失败，给自己太多的压力本身就是一件失败的事情。

为了家庭牺牲职业目标，我认为是可以理解的。在 28 岁之前一定要有自己的家庭。

七、职业生涯规划实施方案

差距：医学理念和医学的管理经验缺乏；作为主管护师所必备的技能；快速适应能力欠缺；身体适应能力有差距；社交圈太窄。

八、缩小差距的方法

1. 教育培训方法

(1)毕业前在校学习的时间，为自己补充所需的知识和技能。包括参与社会团体活动、广泛阅读相关书籍、选修、旁听相关课程、报考技能资格证书等。时间：在校期。

(2)充分利用医院给员工提供的培训机会，争取更多的培训机会。时间：长期。

(3)攻读护理硕士学位。时间：五年以内。

2. 讨论交流方法

(1)在校期间多和老师、同学讨论交流，毕业后选择和其中某些人经常进行交流。

(2)在工作中积极与直接主管沟通、加深了解；利用校友众多的优势，参加校友联谊活动，经常和他们接触、交流。

3. 实践锻炼方法

（1）锻炼自己的注意力，在嘈杂的环境里也能思考问题，正常工作。在大而嘈杂的办公室里有意识地进行自我训练。

（2）养成良好的锻炼、饮食、生活习惯。每天保证睡眠 6～8 小时，每周锻炼三次以上。

（3）充分利用自身的条件扩大社交圈、重视同学交际圈、重视和每个人的交往，不论身份贵贱和亲疏程度。

四、影响大学生职业生涯规划的主、客观因素

大学生的职业规划主要受个人条件、家庭、社会及学校等因素影响，而且同一个人在不同的环境下所作出的职业选择也是有差异的。分析大学生职业规划的影响因素，有助于实现个性与职业的匹配，有助于帮助他们在迅速变化的环境中，不断调整自己的职业期望与目标。

（一）自身因素影响

1. 知识能力方面的因素

职业学习理论提出学习对培养学生在角色转换中所需要的就业技能、工作习惯、信念、兴趣和价值观具有重要意义，社会认知理论认为知识经验是提高自我效能的主要效能来源。个人的知识能力水平越高，未来选择职业的机会就越多，知识水平与学历往往是成正比的，而经验与工作年限有关，工作时间越长经验越丰富、工作技能越娴熟，大学生在角色转换中能把知识成功地转化为工作技能会有助于个人职业生涯的顺利发展。一种职业往往需要多种知识和能力的综合运用，这就要求大学生在进行职业规划时必须充分评估自己的知识、能力的优势与劣势所在。

2. 性格气质方面的因素

性格有内向与外向之分，气质有胆汁质、多血质、黏液质和抑郁质之分。按照霍兰德的人格与职业匹配理论，人的性格气质与职业匹配类型有实际型、研究型、艺术型、社会型、企业型和传统型。人格类型理论表明不同类型的人格需要不同的职业环境，个人的性格气质与职业环境之间相互匹配，是职业满意度和职业稳定的基础。因此，每位大学生在校期间需要进行自我人格测试，以充分了解自身的优点与不足，通过积极参与学校的社团活动、社会实践等矫正自己的个性缺陷，不断增强自身的人格魅力，帮助大学生在角色转换中寻找到与自己人格相匹配的职业。

3. 职业兴趣方面的因素

兴趣是个体积极探索某种事物的认识倾向，如果他对某种工作产生兴趣，会在工作中表现出高度的自觉性和积极性。按照一般社会认知理论的观点，人们不会选择去生产线或到煤矿之类的地方去做工，因为他们被迫在这样的工作中会把兴趣消耗殆尽。可见，兴趣对于克服工作学习中的困难具有重要作用。职业兴趣的培养应该从小时候开始，在欧美国家小学生通过参加职业日活动、中学生通过参加兼职活动，来培养他们早期的职业意识和职业兴趣，学校的职业辅导老师根据其表现进行有效引导，达到以兴趣定职业的目的。中国大学生在角色转换过程中，根据自己的职业计划进行早期的职业探索，需要考虑自己的职业兴趣，将职业兴趣与职业计划及目标联系起来，会有助于个人职业生涯的发展。不过，有时人们也会把自己的职业兴趣牺牲给像高薪、工作安全等外在因素，这样他们就不得不

去从事令他们不感兴趣的职业。

4. 健康状况方面的因素

社会认知理论认为，自我效能信念的效能信息来源除了性别、民族、遗传、知识经验外，还受到个人健康状况的影响。由于个人性别不同、民族不同，体质体能也就不同。现代社会生活节奏越来越快，人们的工作节奏也在加快、工作生活压力逐渐加大，这些变化对现代年轻人的身体素质提出了越来越高的要求。尤其是近几年，过劳死现象以及工作过程中产生的抑郁、焦虑、失眠等问题不同程度地影响了年轻人的健康，影响了个人的职业发展。因此，大学生应加强锻炼，合理膳食，努力提高身体素质和心理素质。

5. 职业理想方面的因素

职业发展理论提到职业计划与探索，职业学习理论讨论了职业计划问题，社会认知理论通过目标设定技能帮助学生制订具体可行的阶段性目标以提高其执行力，可见，个人选择什么职业，以及为什么选择某种职业，通常与其职业理想有关。职业理想是人们对未来从事何种职业的意识和计划，它建立在知识、能力和兴趣的基础上，为学生选择并准备从事某种职业提供了动力与方向。个人早期的职业意识可能从很小的时候就产生了，随着学习经历和社会实践的积累，学生的职业意识逐渐清晰化，成为明确的理想，学校应通过科学合理的职业生涯辅导教育帮助学生把职业理想具体化，也就是将职业理想固化为具有可操作性的职业目标，为了职业目标的实现，我们需要帮助学生订立学习计划。

（二）学校因素影响

职业学习理论论述了学习经历对个人职业生涯的必要作用。在中国，学生具有大学的学习经历，对其未来的职业生涯的确起到了指示器作用，而且大学开设的专业教育如果符合社会经济与科技发展需求，在一定程度上会影响学生未来的择业要求与职业规划。现在很多高校开始重视大学生的职业生涯教育辅导课程，因为大学生在校期间的学习与未来的职业计划、职业探索、职业选择、职业调整以及进入职场后的组织融合、职位表现、同事关系、工作习惯与态度等密切相关。但目前中国高校的职业辅导师资力量还比较薄弱，职业辅导是一门专业性很强的学问，要求职业辅导老师具有相当高的专业能力、技术水平与实践经验。据统计，美国 1999 年就有 16 万名职业规划师，而中国取得职业指导师资格的仅有 1 万人，因此，加快职业规划指导师的培养迫在眉睫。

（三）社会因素影响

中国大学毕业生 2019 年已达到 834 万，预计 2020 年有 874 万，目前累计未就业大学生数量很大，学生就业压力丝毫未减，就业形势十分严峻。大学文凭作为一种社会筛选符号本该使人才资源配置更加合理，但是如果文凭的发放超过了社会吸纳水平，就会造成文凭贬值，甚至出现教育过渡性失业，在目前中国大学生就业已出现困难的情况下，很多学生仍然"随行入市"，参加人才招聘会准备不足，漫无目的，全靠运气，结果处处碰壁，信心受挫。可见，做好职业规划在学生的角色转换过程中十分重要。

当然，争取社会支持，尽可能减少职业选择中的障碍，会有助于大学生职业规划的顺利实施。

社会认知理论认为在职业兴趣与目标之间建立联系十分必要，但是他们也承认有时人们也会把职业兴趣牺牲给像高薪、工作安全性等外在因素。随着中国经济结构调整和产业结构升级，对于高能耗、高污染的夕阳产业来说，面临着生产成本与环境保护的双重压力，大学生在选择职业时一般不愿进入这些经济收入不高的行业发展；而生产环保、节能产品的朝阳产业，高科技企业、金融机构及垄断性行业相对来说经济收入较高，是大学生择业的首选目标。因此，大学生在职业探索与选择过程中需要充分考虑究竟是选择自己感兴趣的职业，还是选择经济收入较高但自己并不感兴趣的职业。从地域分布看，中国东部沿海地区较中西部地区来说，经济更发达，企业密集度更高，就业机会多，收入水平高，这也是造成大学生在职业定位与选择过程中出现"孔雀东南飞"，纷纷追求大城市、大企业、大单位的重要原因。

在中国传统社会，职业按照"士、农、工、商"排列，官员和文人社会地位最高，商人社会地位最低。但随着中国社会主义市场经济的发展，工业化社会的普遍主义价值已经成为中国社会的主流价值观，评价职业社会地位的价值标准开始多元化。研究表明，现在人们通常使用教育和收入两个指标衡量职业声望，根据中国职业声望调查数据显示，教育与职业声望的相关性高于收入与职业声望的相关性。大学生在做职业选择与规划时，希望自己将来能够从事社会声望高的职位，如高级领导干部、企业高层管理人员、高级知识分子（如科学家、大学教授等）；其次选择的职位是各类专业技术人员及政府部门或金融机构办事人员，可见，职业声望的高低也是影响大学生职业选择与规划的因素之一。

（四）社会价值观影响

职业学习理论认为学习在角色转换中对人们价值观的培养具有重要意义。中国正处在经济转型与时代变革时期，传统的文化价值观、西方的文化价值观及网络文化的激烈碰撞对当代大学生的价值观、人生观都产生了潜移默化的影响，这种多元文化并存的格局在学生职业选择与规划的意识中已经有所反映。人们不再拘泥于传统意义上的工作形式，他们借助互联网的强大功能远距离办公或在家办公，甚至有些大学生在校期间已经开始考虑与谋划自主创业，而不是像父辈所希望的那样找个安稳的职业谋求生计。因此，在这个变化迅速的信息时代，社会文化宣传应该把握正确的舆论导向，引导大学生树立正确的社会价值观和人生观，敢于挑战，讲究奉献，帮助学生在人生的职业旅途中扬帆起航，实现自我价值。

（五）家庭因素影响

社会认知理论认为，学生能否将自己的兴趣转化为目标以及把目标转化为行动的能力和意愿将会受到包括家庭在内的社会支持的影响。父母受其教育、经济状况及社会价值观念等因素影响，往往希望子女进入他们喜欢或看重的行业发展，并不断地对子女施加影响，甚至代为择业。此外，还有亲人劝告、其他长辈支持等因素对处于角色转换中的大学生职业规划同样具有不同程度的影响。

 **知识拓展**

卫生技术人员职称

卫生技术人员根据业务性质，可分为四类。

（1）医疗防疫（含中医，西医，卫生防疫，寄生虫、地方病防治，工业卫生，妇幼保健等)人员的技术职称：主任医师、副主任医师、主治(主管)医师、医师(住院医师)、医士(助产士)、卫生防疫员(妇幼保健员)。

(2) 药剂(含中药、西药)人员的技术职称：主任药师、副主任药师、主管药师、药师、药剂士、药剂员。

(3) 护理人员的技术职称：主任护师、副主任护师、护师、护士、护理员。

(4) 其他技术(含检验、理疗、病理、口腔、同位素、放射、营养、生物制品生产等)人员的技术职称：主任技师、副主任技师、主管技师、技师、技士、见习员。

说明：

(1) 正、副主任医师(或相当职称，下同)为技术职称，正、副科室主任为行政职称。科室主任一般应由主任医师担任，但在没有主任医师或由于主任医师担任科室主任有困难的情况下，也可由下一级医师担任。

(2) 护士长、科护士长、护理部主任(总护士长)为行政职务。

(3) 本条例中的医士、助产士、药剂士、护士和技士统称为中级卫生技术人员，卫生防疫员、妇幼保健员、药剂员、护理员和见习员统称为初级卫生技术人员。

1. 简述职业生涯规划的内涵，以周杰伦成功的例子阐述职业生涯规划的意义。

2. 简述职业生涯规划的原则和方法。

3. 大学生职业生涯规划有何特点？

4. 影响大学生职业生涯规划的主客观要素有哪些？

本　章　小　结

本章主要介绍了职业生涯发展、职业生涯规划原则、职业生涯规划方法、职业生涯规划特点、职业生涯规划意义。

第三章　　当前就业形势与政策分析

学习目标

知识目标：

1.了解国内就业形势严峻的特点；

2.熟悉影响就业的因素；

3.掌握国家促进大学毕业生就业的主要政策。

能力目标：学习本章，使学生具有分析就业形势，作出正确定位的能力。

核心概念：就业形势；就业率；劳动力市场供需；就业政策。

案例导入

小陈是一所专科学校医学检验技术专业的毕业生，目前在云南省某乡镇卫生院工作，不到三年时间，就一人承担了该院的化验室、医学影像室的工作，成为医院的业务骨干。

说起小陈，毕业之初受聘于昆明一所民营医院，但一心有所作为的他并不满足于现状，而是想通过招考进入国家事业单位。于是利用业余时间，积极备考，在毕业当年通过考试进入某乡镇卫生院工作，一个人承担起医院化验室的全部工作。此时，他又发现医院没有医学影像人员，病人的医学影像检查要到几十千米外的县城进行，既不方便病人，有时又还会延误病情。他找到院领导，请求派他去学习，学习费用个人承担。通过半年的学习，他基本掌握了B超等医学影像设备的基本操作。在以后的时间里，医院通过努力，建起了医学影像室，小陈同时承担了化验室、医学影像室的全部工作，成为医院离不开的业务骨干。目前，他已能熟练地进行医学影像技术操作，并已取得医学影像技术的从业资格，同时也取得医学检验的成人本科毕业证书。下一步小陈想通过成人教育获取临床医学的高等学历，进而取得执业医师证书，以便在医学更广阔的领域内放飞理想。相信，有着坚定人生目标的小陈，一定会走出一条创业成功之路。

想一想：

1.小陈年纪轻轻为什么能成为医院的骨干？

2.影响大学毕业生就业的因素有哪些？

3.结合本省的就业政策，说一说你毕业后的就业打算。

近年来，就业难是一个现实问题，更是一个社会问题。中国在就业方面面临着巨大的压力，最主要的矛盾是总量的压力和结构性的矛盾并存。所谓总量压力就是城镇需要安排的就业人数庞大，其中超过一半是青年就业者，也就是大中专毕业生，还要有900万到1000万农村富余劳动力的转移就业，所以总量的压力是非常大的。另一方面就是结构性的矛盾。所谓结构性矛盾就是招工难和就业难并存。招工难主要体现在技工和一线普工同样短缺，就业难主要是大学生就业难。

随着我国高等教育改革的不断深入和经济社会的不断发展,高等教育得到了跨越式发展,办学规模扩大,招生人数逐年上升,高等教育已经由精英化向大众化转变。因此,高校毕业生的就业形势发生了极大的变化。

总体来说,大学毕业生具有较高的人力资本水平,是劳动力市场上的优势群体。但随着全球化的发展与知识经济的冲击,青年初次与持续就业所需的能力门槛逐年提高,大学生必须具备能够满足新经济要求的核心就业能力才能成功发展,但现有教育培训体系缺乏必要的就业市场需求导向,缺乏对创业行为的深入研究,高等教育培养出来的大学生在知识和技能结构上与人才市场的需求存在脱节,大学生就业的结构性矛盾日益突出。

近年来,知识型劳动力规模越来越大。2017年大学毕业生为795万人,2018年大学毕业生已到820万人,2019年接近834万人。大学毕业生数量的大幅增加,使得人才供给与社会需求的矛盾日益显现。

党和国家以及地方各级政府对就业工作高度重视,把就业作为民生之本,作为保障和改善民生的头等大事,作为经济社会发展的优先目标加以考虑,并出台了一系列促进就业的相关政策,为保证大学生顺利实现就业营造了良好的环境。虽然就业的政策每年都有新内容,但是一些基本的政策是不会有大变化的,及早了解,有助于大学生未来的就业。

第一节 当前大学毕业生面临的就业形势分析

一、当前大学毕业生的宏观就业形势分析

高校毕业生就业形势从整体来看是愈来愈严峻,就业竞争愈来愈激烈,就业压力不断加大。从宏观上看有以下几方面就业形势问题。

(一)供求矛盾突出

我国高校自1999年开始大规模扩招以来,毕业生人数逐年大幅度增加,2019年全国高校毕业生人数近834万,约是20年前1999年毕业生人数的10倍。据统计,近几年我国每年新增劳动力近1000万人,加上城镇再就业劳动力,全国每年需要就业的劳动力达2000多万人。从岗位需求来看,如果我国经济增长速度保持在9%,每年能够安排1200万左右的新增劳动力就业,这样我国每年可供就业的岗位缺口约在800万以上。这些数据表明,求职人数与岗位需求间的突出矛盾,直接导致了高校毕业生就业难,预计这种供需矛盾将会在较长一段时间内持续存在。

(二)结构性矛盾明显

长期以来,我国东西部发展差距较大,东部发展速度大大高于中西部地区,在就业市场上表现为"孔雀东南飞"现象,大学毕业生不断涌向发达地区,导致这些地区就业竞争加剧。相反,欠发达的中西部地区则面临人才紧缺问题,少数地区甚至出现需求岗位数大于求职人数。于是在我国出现了明显的就业区域结构性矛盾。高校专业设置和社会需求专业间也存在明显的结构上的矛盾,部分专业的毕业生人数远大于社会需求人数,而有一些岗位需要的毕业生却不能得到满足。

(三)社会对人才标准的要求不断提高

出现社会对人才标准要求高的现象主要有两方面的原因:一方面是一些用人单位因自

身发展需要，急于储备高级人才，以应对产业升级对产品研发、生产和管理提出的更高要求，故多选择高学历的专门人才；另一方面也有一些用人单位片面认为所招收人员的条件越高，就越能展示企业的形象，提升自身实力，于是盲目提高招聘标准。此外，还有一些用人单位过于强调招聘人员的实际工作经验和实践能力等。这些因素都加大了大学毕业生的就业难度。

（四）经济发展走势的影响

一个国家的经济发展情况直接关系到该国的就业状况，经济发展得好就业需求就旺盛，相反，就业形势就严峻，就业压力增大，甚至导致众多劳动力失业。未来若干年，如果我国经济一直保持良好的增长速度，则基本上能解决每年大学毕业生等新增劳动力就业问题。因此，国民经济的健康发展是缓解大学毕业生就业压力的根本保障。

除上述因素外，还有国际经济形势等因素直接或间接地影响着大学毕业生的就业状况。随着中国改革开放程度的不断加强，中国与世界经济的联系日益紧密，2008 年美国的金融风暴和近两年的欧债危机，导致毕业生就业形势越来越严峻。在严峻的就业形势面前，大学毕业生要迎接许多挑战，作为解决就业问题的"主人"必须了解和掌握所面临的就业政策，这样可以促使自己明了就业环境、明晰就业定位、明确就业途径，进而早规划、早准备、早行动，以积极主动的姿态适应社会的需要，为顺利就业打下坚实的基础。

二、从大学毕业生的就业率审视当前的就业形势

2011 年 3 月 8 日上午 9 时，十一届全国人大四次会议新闻中心在梅地亚中心多功能厅举行主题为"就业和社会保障体系建设"记者会。人力资源和社会保障部部长尹蔚民接受媒体采访。以下是尹蔚民部长对大学毕业生的就业率审视以及当前的就业形势的分析，仅供大学生参考。

尹蔚民认为："从当前整个的就业形势来看，还是供大于求的矛盾比较突出，同时结构性的矛盾也比较突出。我们有一个基本的判断，就是就业的形势越来越复杂。从今年城镇的就业情况来看，大概需要安排的城镇劳动力有两千四百万左右，其中青年学生（也就是高校毕业生、技校的学生、初中高中毕业以后不再继续升学的学生）加起来近一千四百万人，所以应该讲就业压力是比较大的。另一方面，我们还要继续转移农村富余劳动力，大约有八百万人。针对这种情况，我们将采取一系列的措施，包括进一步把就业政策和产业政策相结合，扩大就业的岗位，加大就业的公共服务，加强创业的引导。我相信，通过一系列的措施，整个就业形势一定会保持一个比较好的状态，也就是保持基本的稳定。

大学毕业生就业的问题，在大城市工作比较难找，生活成本也比较高；到中小城市或者基层，工作比较好找，但是相应的薪酬待遇也比较低一点。从总体的情况来看，我们的大学生就业形势还是比较好的，近几年的数据显示，高校毕业生初次就业率，也就是说每年毕业生离开高校时就业率在 70%～75% 之间，年底就业率基本上能够达到 90% 以上。2019 年高校毕业生有 834 万人，所以总量的压力是非常大的。

在高校毕业生的择业方面，我们非常希望高校毕业生能够到基层、中小企业、中西部地区就业，因为那些地方需要人才，有大量的工作岗位，有大量的创业机会。还有一个问题，就是高校毕业生的就业方面，确实存在着一些结构性的矛盾，也就是说部分高校毕业生的专业背景、知识结构和岗位不相匹配。下一步，我们仍然会按照党中央、国务院的要

求，把高校毕业生的就业工作放在整个就业工作的首位，主要有以下这样几个措施。

（1）努力拓宽就业渠道，特别是随着产业结构的调整，随着新兴产业的发展，努力扩大和挖掘一批适合高校毕业生就业的工作岗位。比如说服务外包企业，去年我们国家就新增了3700多家服务外包企业，容纳了70多万人就业。70多万人里近50万人是高校毕业生。这是一个根本性的措施。

（2）鼓励、引导高校毕业生到中小企业、到城乡基层、到中西部地区就业，当然我们会采取一系列的相关扶持政策。比如说现在有4个国家项目："大学生村官"计划、"三支一扶"计划、"教师特岗"计划和"西部志愿者"计划，这四个国家大学生下基层项目计划，每年大约能够吸纳20万人。当然，这只是示范性的、引领性的。我们还是希望更多的高校毕业生能够走这条道路。因为基层需要人才，而且我们也特别强调，大学生到基层去，经过一段时间实践锻炼、磨炼、经验的积累，逐步再把这些人才向其他岗位再进行输送。

（3）鼓励、引导大学生创业。从目前大学生创业比例来看，还是非常低，我们已经采取了一系列的措施。前不久几个部门又刚发了一个文件，就是在大学生创业的税收、费用、场地、创业辅导等方面，出台了一些新的政策。

（4）进一步加强公共服务能力，为大学生就业提供更好的服务、更高效率的服务。

人力资源和社会保障部部长尹蔚民以上的这段话，是对当前就业形势的基本判断。

三、从劳动力市场的供需现状分析当前的就业形势

高校毕业生能否顺利就业，取决于劳动力市场的供需平衡。

根据中国劳动力市场信息网全国部分城市劳动力市场职业供求信息统计数据，对2003年第三季度、2008年第三季度高校毕业生供需情况进行比较分析得出：

在劳动力市场对大专以上文化程度求职者的需求比例方面，2003年为17.7%，2008年为22.7%，上升了5个百分点。第三季度需求人数从47万人上升到100多万人，说明劳动力市场对高校毕业生具有较大的吸纳能力。

在大专以上文化程度求职者占整个劳动力市场求职人数的比例方面，2003年为23.7%，2008年为28.4%，上升了近5个百分点。第三季度求职人数从近70万人上升到近140万人，说明进入劳动力市场求职的高校毕业生有了较大幅度的增加，与劳动力市场对大专以上文化程度求职者的需求同步增长。

不同层次高校毕业生求职情况比较。

2014年，劳动力市场对大专文化程度求职者的需求人数与进入劳动力市场的大专文化程度求职者人数之比为0.65，本科生则为0.71，研究生为1.19。

2019年三者分别为0.77、0.77和0.96，说明劳动力市场对专科、本科毕业生的容纳能力在增强，高职院校学生（主要是专科）就业形势稍好。对研究生而言，虽然劳动力市场需求有所下降，但整体上就业形势相对较好。

但是，随着大学毕业生人数逐年增多，毕业生呈大幅上升的趋势，就业率近年来开始呈下降趋势，基本形成供大于需的局面。研究表明，随着学历的增加，城乡之间的差距逐渐拉大——在城市，高中、中专、大专、本科、研究生学历人口的比例分别是农村的3.5倍、16.5倍、55.5倍、281.55倍和323倍（国家教育科学"十五"规划课题"我国高等教育公平问题的研究"课题组发布的一项调查研究结果）。

中国青年报社会调查中心通过民意中国网和互动百科网，对 1718 名公众的在线调查显示，80.1％的人认为现实生活中存在明显的学历门槛。求职招聘、评定职称和职位晋升，成为学历门槛最明显三大领域。在上市公司中，公司高管是高收入人群，统计数据显示：公司高管本科以上学历占到了七成以上，高层管理人员学历与月薪成正比。劳动者对高学历的预期是有根据的，高学历的劳动者在职业生涯中获得晋升的机会更多，更有可能得到更高的边际收益。

相对于农村家庭来说，城镇家庭的整体收入较高，投资教育对家庭负担较轻，虽然大学生就业状况不如之前，但在职业生涯中，投资高等教育比未接受高等教育的劳动者在职业生涯中的边际收益会越来越高。在整个生命周期中分析，城镇居民在投资教育的负担相对较轻的情况下，出于对未来收益的预期，会更多的选择接受高等教育。

这种局面导致大学生尽管面临巨大的就业压力，但大学生的人数却有增无减。

因此，在未来若干年内，我国的就业压力依然很大，主要表现在：① 长期性就业压力依然过大。目前我国仍处于劳动力资源增长的高峰期，在城镇新增就业群体、累积的下岗失业人员和农民进城务工人员等要求就业的总规模每年在 2500 万人左右，而新增就业机会不足 1000 万人。② 2005 年经济增长率的回落，将对就业形成短期压力。③ 大学毕业生大规模集中释放将继续加大就业供需矛盾。再加上以前毕业无法就业的学生，累积的就业矛盾会越来越大。

四、影响大学毕业生就业因素分析

（一）高校毕业生专业需求程度分析

近年来，受第二产业就业增长的拉动，特别是制造业的需求，劳动力市场对工学类专业毕业生需求旺盛，使工学类专业毕业生就业率在所有 11 个一级学科中最高。2004—2007 年，工学类专业普通本专科毕业生规模分别为 81.21 万人、109.1 万人、134.17 万人、159.41 万人，相应的就业率分别达到 91.55％、90％、92.39％、90.57％。

根据对接受教育部直属高校和中央其他部委所属高校本科毕业生最多的 10 个省市统计，计算机科学与技术、机械设计制造及其自动化、电子信息工程、电气工程及其自动化、土木工程、自动化、通信工程、法学、会计学、英语、工商管理、国际经济与贸易、金融学、软件工程等专业毕业生就业率近年来一直保持较高水平。

（二）高校毕业生就业地区分析

当前，地方高校毕业生是大学生就业的主体，主要在本省范围内就业。

2018 年，教育部直属高校和中央其他部委所属高校本科毕业生中到东部 11 个省市就业的比例为 58.5％，到中部地区就业的比例为 20.2％，到西部 12 个省区就业的比例为 21.2％。

2018 年，接收教育部直属高校和中央其他部委所属高校本科毕业生数量最多的 10 个省市是广东、江苏、湖北、上海、北京、山东、四川、陕西、辽宁、浙江。

（三）大学生就业流向分析

根据对教育部直属高校和中央其他部委所属高校毕业生流向分析，2007 年毕业生就业流向主要为：考取研究生占 23.26％；国有企业占 13.23％；三资企业占 8.48％；其他企业占 18.75%；出国升学占 3.32%；机关占 2.03%；中初级教学单位占 1.91%；科研设计单位占 1.14%；还有一部分毕业生到高校、医疗卫生单位就业。其中，到机关、高校以及医疗卫生等事业单位的比例在逐年下降。

近年来，一部分大学毕业生选择了自主创业。根据对教育部直属高校和中央其他部委所属高校毕业生统计，2004—2007 年自主创业毕业生的比例分别为 0.31%、0.28%、0.75%、0.33%。

根据我们的综合分析，认为造成大学生就业难最重要的因素体现在三个方面：

（1）大学生需求增长速度赶不上大学毕业生增加的速度；

（2）大学生的预期收入与用人单位提供的工资之间存在匹配上的困难；

（3）大学生大多选择在发达地区、大城市、高薪部门就业，愿意到欠发达地区、基层、低收入部门工作的较少。

五、人才市场需要什么样的大学毕业生

根据今后几年我国急需专业人才信息，教育科学研究院最近做了权威预测。预测结果表明，今后几年对人才需求将有较大变化，急需的人才主要有以下 9 大种类。

（1）高新技术人才。以电子技术、生物工程、航天技术、海洋利用、新能源、新材料为代表的高新技术人才。

（2）信息技术人才。在信息社会，知识和信息能更快、更有效地转变为物质财富。哪个国家在信息技术上占有优势，哪个国家就会高速、高效地发展。目前，我国的信息产业尚处在起步阶段，从事信息服务业的人员较少，信息产业还比较落后。信息产业的振兴，需要大量信息技术人才。

（3）机电一体化人才。机电一体化是当今世界及未来机械工业技术发展的必由之路。然而，我国现有的机械专业人员的知识结构与当今机械工业的发展极不相称。学机械专业的，对电子、自动控制技术懂得较少；学电子专业的，对机械专业知识掌握得也不多，不能将机械与电子进行有机的结合。此外，由于近 20 年科学技术的迅猛发展，多数机械专业人员知识老化，对新知识、新技术了解甚少，难以从事机电一体化产品的设计与开发。因此，除现有机械专业人员需知识更新，解决机电一体化人才短缺的部分问题外，急需大批量培养这类人才。

（4）农业科技人才。人口增加，耕地减少，中国人将来吃什么已是国内外普遍关心的一个重大问题。据统计，1978 年后，我国耕地以平均每年 460.5 万亩的速度递减。进入 20 世纪 90 年代，开始向每年减少 1000 万亩挺进，据国家统计局测算，我国人口 2030 年将突破 16 亿。我国土地对人口的合理承载量为 8 亿，最大理论承载量为 15 亿至 16 亿，合理的安全界线早在 1969 年就被打破，形成了高于世界平均水平 3.4 倍的人口密度。也就是用世界上 7% 的耕地，养活了占世界 22% 的人口。要解决这个问题，只有靠科学技术，靠科技人才，向科学技术要粮，这是唯一出路。我国现有的农业高等院校每年仅毕业 2 至 3 万名专业人才的状况应当尽快改变。

（5）环保技术人才。20 世纪以来，生产技术的迅速发展既创造了有史以来最辉煌灿烂的经济和文明奇迹，也带来了空前严峻的环境和生态问题，削弱了地球养育人类的能力。人类为了生存，必须致力于环境的保护。目前，我国环保产业存在的主要问题之一，是环

保技术人才的严重不足，现有的环保技术人才难以满足国民经济的发展。如果按照德国 20 世纪 90 年代初期环保产业就业人员比例计算，我国需要环保产业人员 1000 万人。如果环保技术人员按环保从业人员的 5％计算，将需要 50 万人。而我国现有的环保技术人员离实际需求相差甚远，培养环保技术人才的任务十分艰巨。

(6) 生物工程研发人才。众所周知，生物技术是目前世界上最活跃、最令人鼓舞的科学前沿，在工业、农业、医学、环保领域都具有很大的经济前景。生物技术的发展不仅可以为人类提供新的产业，而且将为解决人类所面临的食物、能源和环境三大危机发挥重要作用。因此，近几十年来工业发达国家都在大力发展生物技术，培育、招揽生物技术人才。随着生物技术人才身价的提高，生物产业也在迅速发展。21 世纪，生物技术将是最热门的产业之一。我国的生物技术研究虽取得了一定的科研成果，但尚未形成产业化格局。在生物技术及产品的开发和产业队伍方面，均与发达国家有较大的差距。无论是生物技术的研究人员，还是生物技术产品开发的人才，都有严重不足的问题，未来一段时期我国对生物技术人才有极大需求。

(7) 国际经贸人才。企业竞争国际化，是一个不可避免的发展趋势。随着该趋势的发展，在我国已经加入世界贸易组织(WTO)的背景下，我国的国际经贸人才在数量上严重不足，在业务上、素质上符合国际经贸人才条件的人数也不多，使企业的国际化经营受到一定的制约。在 21 世纪，大批量地培育国际经贸人才已成为我国人才培育工作所面临的一项重要任务。

(8) 律师人才。我国当前律师人才十分缺乏。据不完全统计，目前我国取得律师资格的专职律师还不到两万人，聘请律师的企业也只占全部企业的千分之几，无论是数量还是质量都远远不能适应社会的需求。由此可见，我国律师人才的供需矛盾十分突出。我国的律师人才与发达国家相比，就显得更少。如何大批量培养法律人才，是我们当前亟待解决的又一个重要问题。

(9) 保险业精算师。精算师称得上保险业的"精英"，而在 13 亿中国人中目前却只有几十名精算师。精算师是集数学家、统计学家、经济学家和投资学家于一身的保险业高级人才，不仅要具备保险业的专门知识，而且还要具有预测未来发展方向的能力。我国的保险法规定，经营保险公司必须聘用一名金融监管部门认可的精算师。但至 1997 年底，全国只有 300 多人参加考试，仅有 40 余人取得了相关证书。据中国保险学会介绍，目前我国 13 亿人中只有 1 人称得上是严格意义上的保险业精算师，其他 40 余人只能称为"准精算师"或"具有一定资格"，这种状况显然无法适应我国保险业迅猛发展的需要。据预测，在未来几年内，我国精算师的市场需求量将在 4000 名左右。

我们再将市场急需的人才加以归类，可以得出以下分析结果。① 从类型上看：社会急需学术技术带头人才；高新技术复合型创新人才；高级管理人才；高级技术技艺人才。② 从行业上看：社会急需与新技术革命浪潮有关的人才；与入世有关的参与国际市场竞争的人才；与产业结构调整、发展相关的人才；与现代社会发展有关的人才。③ 从人才本身应具有的特质上看：社会急需诚信敬业、一专多能、创新意识强、具有团队精神、各方面全面发展的人才。

第二节　当前大学毕业生就业政策分析

一、当前国家促进大学毕业生就业的主要政策

当前，国家促进大学毕业生就业的主要政策见附件一至附件五。

附件一

普通高等学校毕业生就业工作暂行规定

第一章　总　　则

第一条　为做好普通高等学校（含研究生培养单位）毕业生（含毕业研究生）就业工作，更好地为经济建设和社会发展服务，维护毕业生和用人单位的合法权益，根据国家的有关法律和政策，制定本规定。

第二条　普通高等学校毕业生凡取得毕业资格的，在国家就业方针、政策指导下，按有关规定就业。

第三条　毕业生是国家按计划培养的专门人才，各级主管毕业生就业部门、高等学校和用人单位共同做好毕业生就业工作。毕业生有执行国家就业方针、政策和根据需要为国家服务的义务。必要时，国家采取行政手段，安置毕业生就业。

第四条　毕业生就业工作要贯彻统筹安排、合理使用、加强重点、兼顾一般和面向基层，充实生产、科研、教学第一线的方针。在保证国家需要的前提下，贯彻学以致用、人尽其才的原则。国家采取措施，鼓励和指导毕业生到边远地区、艰苦行业和其他国家急需人才的地方去工作。

第五条　国家教委归口管理全国毕业生就业工作，国务院其他部委（以下简称部委）和各省、自治区、直辖市（以下简称地方）负责本部门、本地方的毕业生就业工作。

第二章　职责分工

第六条　国家教委的主要职责：

1. 制定全国毕业生就业工作的法规和政策，部署全国毕业生就业工作；

2. 组织研究并指导实施全国毕业生就业制度改革；

3. 收集和发布全国毕业生供需信息，组织指导和管理毕业生就业供需见面、双向选择活动；

4. 编制全国普通高等学校毕业生就业计划，制订国家教委直属高校毕业生就业计划和部委、地方所属高校抽调计划；

5. 负责全国毕业生就业计划协调工作，管理全国毕业生调配工作；

6. 指导、检查毕业生就业工作，授权各省、自治区、直辖市调配部门派遣本地区高校毕业生；

7. 组织开展毕业教育，就业指导和人员培训工作；

8. 开展毕业生就业工作的科学研究和宣传工作；

9. 检查毕业生的使用情况。

第七条 国务院有关部委主管部门的主要职责：

1. 根据国家的有关方针、政策和国家教委的统一部署，提出本部门毕业生就业的具体工作意见；

2. 及时向国家教委报送所属院校毕业生就业计划和本部委需求信息；

3. 组织协调所属院校的毕业生供需信息交流活动；

4. 制订并组织实施所属院校的毕业生就业计划；

5. 组织开展所属院校毕业生教育、就业指导工作；

6. 负责本部门毕业生的接收工作，了解和掌握毕业生的使用情况；

7. 开展有关毕业生就业工作改革的研究和宣传工作。

第八条 省、自治区、直辖市主管部门的主要职责：

1. 根据国家的有关方针、政策和国家教委的统一部署，提出本省、自治区、直辖市毕业生就业的具体工作意见；

2. 负责本地区毕业生的资源统计工作，并按时报送国家教委；

3. 收集本地区毕业生的需求信息并及时报送国家教委；

4. 制订本地区所属院校毕业生的就业计划并及时报送国家教委；

5. 组织管理本地区毕业生就业供需见面和双向选择活动；

6. 受国家教委委托组织实施本地区高校毕业生的资格审查，并负责毕业生的调配派遣和接收工作；

7. 组织开展毕业教育、就业指导工作；

8. 检查、监督本地区用人单位和高等学校的毕业生就业工作；

9. 开展毕业生就业制度改革的研究和宣传工作；

10. 完成国家教委交办的其他工作。

第九条 高等学校的主要职责：

1. 根据国家的就业方针、政策和规定以及学校主管部门的工作意见，制订本学校的工作细则；

2. 本校毕业生的资格审查工作，及时向主管部门和地方调配部门报送毕业生资源情况；

3. 集中需求信息，开展毕业生就业供需见面和双向选择活动，负责毕业生的推荐工作；

4. 按照主管部门的要求提出毕业生就业建议计划；

5. 毕业教育和就业指导工作；

6. 办理毕业生的离校手续；

7. 与毕业生就业有关的调查研究工作；

8. 主管部门交办的其他工作。

第十条 用人单位的主要职责

1. 向主管部门报送毕业生需求计划，向有关高等学校提供需求信息；

2. 供需见面和双向选择活动，如实介绍本单位情况，积极招聘毕业生；

3. 国家下达的就业计划接收、安排毕业生；

4. 毕业生见习期间的管理工作；

5. 有关部门和学校反馈毕业生的使用情况。

第三章　毕业生就业工作程序

第十一条　全国高等学校毕业生就业工作程序和时间安排由国家教委统一部署，各部委和地方应按照统一部署具体指导所属院校毕业生的就业工作。

第十二条　毕业生就业工作程序分为就业指导、收集发布信息、供需见面及双向选择、制订就业计划和进行毕业生资格审查、派遣、调整、接收等阶段。

第十三条　毕业生就业工作一般从毕业生在校内的最后一学年开始。

第十四条　用人单位一般应每年11月—12月向主管部门及有关高校提出下一年度毕业生需求计划，11月—5月与毕业生签订录用协议。

第十五条　毕业生的就业活动不得影响学校正常的教学秩序和学生的学习。毕业生联系工作时间应安排在1月—5月，春季毕业研究生可适当提前。

第四章　毕业生就业指导与毕业生鉴定

第十六条　毕业生就业指导是高校教学工作的一个重要组成部分，是帮助毕业生了解国家的就业方针政策，树立正确的择业观念，保障毕业生顺利就业的有效手段。

第十七条　毕业生就业指导要重点进行人生观、价值观、择业观和职业道德教育，突出毕业生就业政策的宣传。

第十八条　毕业生就业指导要理论联系实际，注重实效，可采用授课、报告、讲座、咨询等多种形式。

第十九条　毕业生就业指导要与毕业教育相结合，教育毕业生以国家利益为重，正确处理国家利益与个人发展的关系，自觉服从国家需要，到基层去，到艰苦的地方去，走与实践相结合的成才之路。

第二十条　高等学校要按照国家教育《普通高等学校学生管理规定》《高等学校学生行为准则（试行）》和《研究生学籍管理规定》的要求，实事求是地对毕业生作出组织鉴定。

第二十一条　毕业鉴定主要包括毕业生在校期间德、智、体等各方面的基本情况，这些基本情况要按照档案管理的有关规定，认真核对无误后归档。档案材料应在毕业生派遣两周内寄送到毕业生报到单位。

第五章　供需见面和双向选择活动

第二十二条　供需见面和双向选择活动是落实毕业生就业计划的重要方式。各部委、各地方主管毕业生就业工作部门负责管理举办本部门、本地区的毕业生就业供需见面和双向选择活动，其他部门不得举办以毕业生就业为主的洽谈会或招聘会。举办省级上述活动要报国家教委备案，跨省区、跨部门的有关活动须报国家教委审批。

第二十三条　有条件的高等学校要举办或校际联办毕业生供需见面和双向选择活动。高等学校在毕业生供需见面和双向选择活动中起主导作用。

第二十四条　经供需见面和双向选择后，毕业生、用人单位和高等学校应当签订毕业生就业协议书，作为制定就业计划和派遣的依据。未经学校同意，毕业生擅自签订的协议无效。

第二十五条　供需见面和双向选择活动要在国家就业方针、政策指导下，有组织、有计划、有步骤地进行，时间应安排在节假日。

第二十六条　供需见面和双向选择活动，不得以赢利为目的向学生收费，不得影响学校正常的教学秩序和学习的学生。

第六章　就业计划的制订

第二十七条　国家教委直属学校毕业生面向全国就业，其他部门所属学校毕业生主要面向本系统、本行业就业，地方所属学校主要面向本地区就业。根据招生"并轨"改革的进程，有关部门和各省、自治区、直辖市可根据本部门、本地区的实际情况确定所属高校毕业生的就业范围。

第二十八条　制订就业计划的原则：

1. 国家有关毕业生就业的方针、政策和规定；

2. 国民经济和社会发展的需要；

3. 保证国防、军工、国有大中型企业、重点科研和教学单位的需要；

4. 位于边远省区的本、专科毕业生，只要是边远省区急需的，原则上回来源省区就业；

5. 师范类毕业生原则上在教育系统内就业；

6. 定向生、委培生按合同就业；

7. 招生"并轨"改革学校的毕业生在国家就业政策指导下，在一定范围内自主择业；

8. 研究生在国家规定的服务范围内就业；

9. 其他类型毕业生按国家有关规定就业。

第二十九条　本、专科毕业生就业计划每年编制一次，毕业研究生就业计划分为春季和暑期两次编制。就业计划按部委、地方和高校各自的职责分工经上下结合、充分协商形成；有关部委和地方审核、汇总所属学校毕业生就业建议计划，并按时报送国家教委；国家教委审核、编制全国普通高等学校毕业生就业计划。

第三十条　毕业生就业计划经国家教委审核下达后，各部委、地方、高等学校和用人单位必须严格执行。

第七章　调配、派遣工作

第三十一条　地方主管毕业生调配部门和高等学校按照国家下达的就业计划派遣毕业生。派遣毕业生统一使用全国普通高等学校毕业生就业派遣报到证和全国毕业研究生就业派遣报到证（以下简称报到证），报到证由国家教委授权地方主管毕业生就业调配部门审核签发，特殊情况可由国家教委直接签发。

第三十二条　国家招生计划内招收的自费生（含电大、函授等普通专科班）毕业后自主择业，在规定时间内找到单位的由地方主管调配部门开具报到证。

第三十三条　对于华侨和来自港澳台地区的毕业生愿意留大陆工作的，学校可根据国家有关规定提供必要的帮助。

第三十四条　免试推荐和考取硕士、博士研究生的毕业生，在学校就业计划上报后提出不再攻读的，应回家庭所在地就业。

第三十五条　符合国家规定申请自费留学的毕业生，要在学校规定的期限内提出申请并按规定偿还教育培养费，经批准后，学校不再负责其就业。派遣时未获准出境的，学校可将其档案、户粮关系转到家庭所在地自谋职业。

第三十六条　对残疾毕业生学校应帮助其就业，确有困难的，按有关规定由生源所在地民政部门安置。

第三十七条　学校应在派遣前认真负责对毕业生进行健康检查，不能坚持正常工作的，让其回家休养。一年内治愈的(须经学校指定县级以上医院证明能坚持正常工作的)可以随下一届毕业生就业；一年后仍未治愈或无用人单位接收的，户粮关系和档案材料转至家庭所在地，按社会待业人员办理。

第三十八条　结业生由学校向用人单位推荐或自荐，找到工作单位的，可以派遣，但必须在报到证上注明"结业生"字样；在规定时间内无接收单位的，由学校将其档案、户粮关系转至家庭所在地(家居农村的保留非农业户口)，自谋职业。

第三十九条　全国普通高等学校要在七月一日后派遣毕业生(春季毕业研究生例外)。

第四十条　在派遣过程中出现特殊情况需要调整改派的，按下列原则办理：

1. 省、自治区、直辖市辖区内用人单位之间调整的，由地方主管毕业生调配部门审批并办理改派手续；

2. 跨部委、跨省(自治区、直辖市)调整的，由学校主管部门审核同意后，统一报国家教委审批并下达调整计划，学校所在地方主管毕业生调配部门按照调整计划办理改派手续；

3. 毕业生调整改派须在一年内办理，逾期不再办理有关调整改派手续。毕业生就业后的调整按在职人员有关规定办理。

第八章　接收工作及毕业生待遇

第四十一条　毕业生持报到证到工作单位报到，用人单位凭报到证予以办理接收手续和户粮关系。凡纳入国家就业计划的毕业生，地方政府不得征收其城市增容费。

第四十二条　毕业生报到后，用人单位应根据工作需要和毕业生所学专业及时安排工作岗位。

第四十三条　按国家计划派遣的毕业生，用人单位不得拒绝接收或退回学校。

第四十四条　毕业生报到后，发生疾病不能坚持正常工作的，按在职人员有关规定处理，不得把上岗后发生疾病的毕业生退回学校。

第四十五条　毕业生就业后，其工资标准和福利待遇按国家有关规定执行，工龄从报到之日计算。

第四十六条　到非公有制单位就业的毕业生，其档案按国家有关规定进行管理，工资待遇由毕业生与用人单位协商确定，但工资标准原则上应不低于国家规定。

第九章　违反规定的处理

第四十七条　有以下情形之一的部委、地方和学校就业部门，要通报批评，情节严重的，建议主管部门对有关责任人员给予行政处分：

不按要求和时间报送生源、需求计划的；

不按国家的有关规定派遣毕业生的；

其他违反毕业生就业工作规定的。

第四十八条　对违反就业协议或不履行定向、委托培养合同的用人单位、毕业生、高等学校按协议书或合同书的有关条款办理，并依法承担赔偿责任。

第四十九条　对擅自拒收、截留按国家计划派遣毕业生的用人单位，由其主管部门责令改正，并对有关负责人员给予行政处分。

第五十条　有下列情形之一的毕业生，由学校报地方主管毕业生调配部门批准，不再负责其就业。在其向学校缴纳全部培养费和奖（助）学金后，由学校将其户粮关系和档案转至家庭所在地，按社会待业人员处理：

1. 不顾国家需要，坚持个人无理要求，经多方教育仍拒不改正的；

2. 派遣之日起，无正当理由超过三个月不去就业单位报到的；

3. 报到后，拒不服从安排或提出无理要求被用人单位退回的；

4. 违反毕业生就业规定的。

第五十一条　对利用职权干涉毕业生就业或在毕业生就业工作中徇私舞弊的工作人员，由主管部门或同级纪检、监察部门依法处理；情节严重、构成犯罪的，依法追究其刑事责任。

第十章　附　　则

第五十二条　本规定中普通高等学校毕业生系指按照国家普通高等学校招生计划和研究生计划招收的具有学籍、取得毕业资格的本、专科生（含招生并轨招收的学生和招生并轨前招收的国家任务生、定向生、委培生、自费生及电大、函授普通专科班学生）和硕士、博士研究生（含统分生、定向生、委培生、自筹经费生）。

第五十三条　各有关部委和地方可根据本规定制定实施细则并报国家教委备案。

第五十四条　本规定由国家教育委员会负责解释。

第五十五条　本规定自发布之日起执行。

附件二

国务院办公厅关于加强普通高等学校毕业生就业工作的通知

国办发（2009）3 号

各省、自治区、直辖市人民政府，国务院各部委、各直属机构：

普通高等学校毕业生（以下简称高校毕业生）是我国宝贵的人力资源。当前，受国际金融危机影响，我国就业形势十分严峻，高校毕业生就业压力加大。各地区、各有关部门要把高校毕业生就业摆在当前就业工作的首位，采取切实有效措施，拓宽就业门路，鼓励高校毕业生到城乡基层、中西部地区和中小企业就业，鼓励自主创业，鼓励骨干企业和科研项目单位吸纳和稳定高校毕业生就业。为进一步加强高校毕业生就业工作，经国务院同意，现就有关问题通知如下：

一、鼓励和引导高校毕业生到城乡基层就业

鼓励高校毕业生积极参加社会主义新农村建设、城市社区建设和应征入伍。围绕基层面向群众的社会管理、公共服务、生产服务、生活服务、救助服务等领域，大力开发适合高校毕业生就业的基层社会管理和公共服务岗位，引导高校毕业生到基层就业。对到农村基层和城市社区从事社会管理和公共服务工作的高校毕业生，符合公益性岗位就业条件并在公益性岗位就业的，按照国家现行促进就业政策的规定，给予社会保险补贴和公益性岗位补贴，所需资金从就业专项资金列支；对到农村基层和城市社区其他社会管理和公共服务岗位就业的，给予薪酬或生活补贴，所需资金按现行渠道解决，同时按规定参加有关社会保险。对到中西部地区和艰苦边远地区县以下农村基层单位就业、并履行一定服务期限的高校毕业生，以及应征入伍服义务兵役的高校毕业生，按规定实施相应的学费和助学贷款代偿。对具有基层工作经历的高校毕业生，在研究生招录和事业单位选聘时实行优先，在地市级以上党政机关考录公务员时也要进一步扩大招考录用的比例。

继续实施和完善面向基层就业的专门项目，扩大项目范围。相关项目由各有关部门继续加强组织领导，省级人民政府负责做好各类基层就业项目之间的政策衔接。2009年，中央有关部门继续组织实施"选聘高校毕业生到村任职"、"三支一扶"（支教、支农、支医和扶贫）、"大学生志愿服务西部计划"、"农村义务教育阶段学校教师特设岗位计划"等项目，各地也要因地制宜开展地方项目，鼓励和引导更多的高校毕业生报名参加。鼓励高校毕业生在项目结束后留在当地就业，今后相对应的自然减员空岗全部聘用服务期满的高校毕业生。对参加项目的高校毕业生给予生活补贴，所需资金按现行资金渠道解决，同时按规定参加有关社会保险。各专门项目相关待遇政策的衔接办法，由人力资源社会保障部、财政部、教育部、中央组织部、共青团中央等有关部门另行研究制定。

二、鼓励高校毕业生到中小企业和非公有制企业就业

各类中小企业和非公有制企业是高校毕业生就业的主要渠道。要进一步清理影响高校毕业生就业的制度性障碍和限制，为他们提供档案管理、人事代理、社会保险办理和接续、职称评定以及权益保障等方面的服务，形成有利于高校毕业生到企业就业的社会环境。对企业招用非本地户籍的普通高校专科以上毕业生，各地城市应取消落户限制（直辖市按有关规定执行）。企业招用符合条件的高校毕业生，可按规定享受相关就业扶持政策。劳动密集型小企业招用登记失业高校毕业生等城镇登记失业人员达到规定比例的，可按规定享受最高为200万元的小额担保贷款扶持。

三、鼓励骨干企业和科研项目单位积极吸纳和稳定高校毕业生就业

鼓励国有大中型企业特别是创新型企业创造条件，更多地吸纳有技术专长的高校毕业生就业。充分发挥高新技术开发区、经济技术开发区和高科技企业集中吸纳高校毕业生就业的作用，加强人才培养使用和储备。各地在实施支持困难企业稳定员工队伍的工作中，要引导企业不裁员或少裁员，更多地保留高校毕业生技术骨干，对符合条件的困难企业可按规定在2009年内给予6个月以内的社会保险补贴或岗位补贴，由失业保险基金支付；困难企业开展在岗培训的，按规定给予资金补助。承担国家和地方重大科研项目的单位要积极聘用优秀高校毕业生参与研究，其劳务性费用和有关社会保险费补助按规定从项目经费中列支，具体办法由科技、教育、财政等部门研究制定。高校毕业生参与项目研究期间，其户口、档案可存放在项目单位所在地或入学前家庭所在地人才交流中心。聘用期满，根据工作需要可以续聘或到其他岗位就业，就业后工龄与参与项目研究期间的工作时间合并计算，社会保险缴费年限连续计算。

四、鼓励和支持高校毕业生自主创业

鼓励高校积极开展创业教育和实践活动。对高校毕业生从事个体经营符合条件的，免收行政事业性收费，落实鼓励残疾人就业，下岗失业人员再就业以及中小企业、高新技术企业发展等现行税收优惠政策和创业经营场所安排等扶持政策。在当地公共就业服务机构登记失业的自主创业高校毕业生，自筹资金不足的，可申请不超过5万元的小额担保贷款；对合伙经营和组织起来就业的，可按规定适当扩大贷款规模；从事当地政府规定微利项目的，可按规定享受贴息扶持。有创业意愿的高校毕业生参加创业培训的，按规定给予职业

培训补贴。强化高校毕业生创业指导服务，提供政策咨询、项目开发、创业培训、创业孵化、小额贷款、开业指导、跟踪辅导的"一条龙"服务。各地要建设完善一批投资小、见效快的大学生创业园和创业孵化基地，并给予相关政策扶持。鼓励支持高校毕业生通过多种形式灵活就业，并保障其合法权益，符合规定的，可享受社会保险补贴政策。

五、强化高校毕业生就业服务和就业指导

充分发挥人力资源市场配置资源的作用，强化公共就业服务的功能。人力资源社会保障、教育等部门及高校要加强协作，采取网络招聘、专场招聘、供求洽谈会和用人单位进校园等多种方式，大力开展面向高校毕业生的就业服务系列活动，为应届高校毕业生提供更多、更快、更好的免费就业信息和各类就业服务。高校要强化对大学生的就业指导，开设就业指导课并作为必修课程，重点帮助毕业生了解就业政策，提高求职技巧，调整就业预期。加强高校就业指导服务机构建设，落实人员、场地和经费。加强人力资源市场管理，严厉打击违法违规行为，加强招聘活动安全保障，维护高校毕业生就业权益。

六、提升高校毕业生就业能力

大力组织以促进就业为目的的实习实践，确保高校毕业生在离校前都能参加实习实践活动。完善离校未就业高校毕业生见习制度，鼓励见习单位优先录用见习高校毕业生。见习期间由见习单位和地方政府提供基本生活补助。拓展一批社会责任感强、管理规范的用人单位作为高校毕业生实习见习基地。从2009年起，用3年时间组织100万未就业的高校毕业生参加见习。加强高等职业院校学生的技能培训，实施毕业证书和职业资格证书"双证书"制度，努力使相关专业符合条件的应届毕业生通过职业技能鉴定获得相应职业资格证书。人力资源社会保障部门根据高校毕业生需要，提供专场或其他形式的职业技能鉴定服务，教育部门及高校要给予积极配合。对符合就业困难人员条件的高校毕业生，按规定给予鉴定补贴。

七、强化对困难高校毕业生的就业援助

对困难家庭的高校毕业生，高校可根据实际情况给予适当的求职补贴。各级机关考录公务员、事业单位招聘工作人员时，免收困难家庭高校毕业生的报名费和体检费。对离校后未就业回到原籍的高校毕业生，各地公共就业服务机构要摸清底数，免费提供政策咨询、职业指导、职业介绍和人事档案托管等服务，并组织他们参加就业见习、职业技能培训等促进就业的活动。对登记失业的高校毕业生，各地要将他们纳入当地失业人员扶持政策体系。对就业困难的高校毕业生和零就业家庭的高校毕业生，实施一对一职业指导、向用人单位重点推荐、公益性岗位安置等帮扶措施，按规定落实社会保险补贴、公益性岗位补贴等就业援助政策。

八、加强领导，明确责任

各地要加强对高校毕业生就业工作的组织领导，将高校毕业生就业纳入当地就业总体规划，统筹安排，确定目标任务，实行目标责任制，加强工作考核和督查。各有关部门要切实发挥职能，落实工作责任。各级人力资源社会保障部门要牵头制定和实施高校毕业生就业政策，并做好高校毕业生离校后的就业指导和就业服务工作。教育部门要指导高校大力加强在校生的就业指导和服务工作，并继续深化高等教育改革。财政部门要根据高校毕业生就业形势和实际需要，统筹安排资金用于促进高校毕业生就业。其他有关部门要认真履行职责，加强协调配合，共同推动工作。要大力开展高校毕业生就业工作的宣传，引导高校毕业生树立正确的就业观和成才观，形成全社会共同促进高校毕业生多渠道就业的良好舆论环境。各地要按照本通知要求，结合本地实际，制定切实有效的政策措施，创造性地开展工作，千方百计促进高校毕业生就业。

国务院办公厅

二〇〇九年一月十九日

附件三

教育部关于贯彻落实中央文件精神进一步引导和鼓励高校毕业生到基层工作的通知

教学〔2017〕3 号

各省、自治区、直辖市教育厅（教委），新疆生产建设兵团教育局，部属各高等学校：

党中央、国务院高度重视高校毕业生到基层工作。近期，中办、国办印发了《关于进一步引导和鼓励高校毕业生到基层工作的意见》（中办发〔2016〕79 号），对引导和鼓励高校毕业生到基层工作进行了全面部署，为做好当前和今后一个时期高校毕业生面向基层就业工作指明了方向，各地各高校要认真学习领会，抓好贯彻落实。现就有关事项通知如下：

一、高度重视高校毕业生到基层工作

基层是高校毕业生熟悉当代中国社会、了解中国国情的最好课堂，是高校毕业生成长成才的重要平台。引导和鼓励高校毕业生到基层工作，是贯彻落实人才强国战略和就业优先战略的重要举措，是为基层输送人才、拓宽高校毕业生就业渠道的重要途径。各地各高校要落实责任，要把积极引导毕业生到基层工作摆上重要议程，实施"一把手工程"，一级抓一级，层层抓落实。要会同有关部门建立和完善激励大学生到基层干事创业的长效机制，使大学生能够下得去、留得住、干得好、流得动，到国家最需要的地方去建功立业，报效祖国。

二、完善和落实政策保障措施

各地各高校要落实好高校毕业生基层就业学费补偿和助学贷款代偿、考研加分等政策。要因地因校制宜，制定鼓励或奖励的办法，通过宣传教育、表彰先进、资金奖励、畅通成才渠道等多种方式，激励毕业生到基层工作。建立大学生到基层实习实践制度，组织大学生到乡镇、街道、社区、农村和生产一线实习实践。积极配合有关部门，细化高校毕业生到基层就业的各项政策，落实机关事业单位定向考录（招聘）、基层职称评审、工资高定、社保补贴等保障政策。

三、大力拓宽基层就业渠道

各地各高校要继续配合有关部门组织实施好大学生村官、"三支一扶"计划、志愿服务西部计划、教师特岗计划和农技特岗计划等专门项目，巩固并扩大实施地方基层就业项目。广泛收集中小微企业的招聘信息，主动组织企业进校园招聘，搭建高校毕业生到中小微企业就业平台。配合有关部门加大政府购买基层公共管理和社会服务岗位力度，创造更多适合高校毕业生的就业岗位。积极拓宽就业新空间，鼓励毕业生到城乡社区从事教育文化、医疗卫生、健康养老等工作，到农村投身扶贫开发、技术推广、电子商务等事业，引导毕业生到中西部地区、东北地区和艰苦边远地区工作。要通过多渠道筹措资金、建设孵化基地、优先转移科技成果、完善各级创业服务网络平台功能等方式助力高校毕业生到基层创新创业。

四、进一步做好大学生征兵工作

各地各高校要进一步完善鼓励大学生应征入伍的优惠政策，对退役大学生士兵专项研究生招生计划、寄送新生宣传单、学费资助、复学升学、就业创业等现有政策逐条逐项加以落实。高校要积极配合各地兵役机关，落实好各省级人民政府征兵办公室在高校挂牌设立"征兵工作站"，做到"机构、人员、经费、场地"四到位；落实好预定兵工作机制，为大学生入伍开辟绿色通道，提前发放预定兵通知书。及早部署本地、本校大学生征兵工作，同步举办"政策咨询周""征兵宣传月"等活动，将征兵有关政策编入高校《学生手册》，宣传发动要做到不留盲区、不剩死角，使每位大学生都能及时、准确了解征兵政策和信息，引导鼓励更多优秀大学生投身国防。

五、加强思想教育和宣传引导

各地各高校要深入学习贯彻落实全国高校思想政治工作会议精神，落实立德树人根本任务，组织毕业生深入学习习近平总书记关于青年学生到基层工作系列重要指示精神，激励毕业生自觉把个人的理想追求融入国家和民族的事业中。结合青年学生特点，系统设计实践育人教育教学体系。深入开展"我的中国梦"等主题教育活动，举办形式多样的报告会、座谈交流会等，帮助毕业生调整就业预期，积极主动赴基层就业创业。要进一步加强与人力资源社会保障部门的配合，主动邀请人社部等部门进校解读基层工作文件，宣传政策，帮助师生知晓政策、用好政策。要建立教育部门、高校、院系、班级四级联动的政策宣传网络，充分利用微博、微信等新媒体，采用图表、动漫等方式，推送毕业生基层就业优惠政策信息。要带着深厚感情，关心在基层工作的毕业生，坚持主动联系、定期走访，帮助他们解决实际困难和问题，支持他们在基层建功立业。

教育部

2017 年 4 月 7 日

附件四

人力资源社会保障部 教育部 公安部 财政部 中国人民银行关于做好当前形势下高校毕业生就业创业工作的通知

人社部发〔2019〕72 号

各省、自治区、直辖市及新疆生产建设兵团人力资源社会保障厅（局）、教育厅（委、局）、公安厅（局）、财政厅（局），中国人民银行上海总部、各分行、营业管理部、各省会（首府）城市中心支行、各副省级城市中心支行，部属各高等学校、部省合建各高等学校：

促进高校毕业生就业创业，关系经济持续健康发展、民生改善和社会大局稳定。今年高校毕业生人数再创新高，促进就业任务更加繁重，必须高度重视。各地要以习近平新时代中国特色社会主义思想为指导，全面贯彻党中央、国务院关于稳就业的决策部署，落实就业优先政策，把高校毕业生就业作为重中之重，深入实施高校毕业生就业创业促进计划和基层成长计划，拓渠道、优服务、强保障，确保就业水平总体稳定、就业局势基本平稳。现就有关工作通知如下：

一、积极拓宽就业领域

（一）支持多渠道就业。鼓励高校毕业生到基层就业，对艰苦边远地区县以下基层单位服务期满并考核合格的基层服务项目人员，可通过直接考察的方式择优聘用到服务地乡镇事业单位。对小微企业吸纳离校 2 年内未就业高校毕业生就业的，按规定给予社会保险补贴。对离校 2 年内未就业高校毕业生灵活就业的，按规定给予社会保险补贴。

（二）鼓励创业带动就业。加强创新创业教育，在符合学位论文规范要求的前提下，允许本科生用创业成果申请学位论文答辩。将创业培训向校园延伸，提升大学生创新创业能力。放宽创业担保贷款申请条件，对获得市级以上荣誉称号以及经金融机构评估认定信用良好的大学生创业者，原则上取消反担保。支持高校毕业生返乡入乡创业创新，对到贫困村创业符合条件的，优先提供贷款贴息、场地安排、资金补贴。支持建设大学生创业孵化基地，对入驻实体数量多、带动就业成效明显的，给予一定奖补。

二、大力加强就业服务

（三）提前启动信息交接。教育部门和人力资源社会保障部门要在高校毕业生离校时，同步启动有就业意愿的未就业毕业生实名信息交接工作，7 月底前全面完成，并确保高校毕业生个人基本信息完整和信息安全。完善实名信息服务系统，有条件的地方要建立部门信息共享的高校毕业生就业管理服务平台，及时记载就业状况、政策服务落实等内容，实现动态管理。人力资源社会保障部门要对离校未就业高校毕业生实施实名制服务，有针对性地提供岗位信息、职业指导、培训见习等服务措施。高校要持续为离校未就业高校毕业生提供就业信息和指导等服务，及时通知他们参加线上线下校园招聘，各院系也要主动与他们联系，推荐岗位信息。

（四）强化针对性职业指导。高校要加强学生职业生涯发展教育，对低年级学生着重进行职业生涯启蒙，对高年级学生着重提升职业素质和求职技能。将组织毕业生参观公共就业创业服务机构、企业和创业园区纳入就业指导课程实践，开展模拟求职、现场观摩、职业体验等活动，增强其职业认知和职业能力。人力资源社会保障部门会同教育部门统筹资源，建立职业指导师联系毕业班制度，每个班指定一名职业指导师，讲解就业形势政策、求职方法，加强就业观念引导，促进毕业生积极就业、理性择业。加强深度贫困地区高校毕业生职业指导工作。

（五）着力推进精准服务。教育部门和高校要及时向社会发布高校毕业生相关信息，组织分层次、分类别、分行业的校园招聘活动。人力资源社会保障部门要组织公共就业人才服务进校园，将本地政策清单、服务清单、服务机构联络清单向毕业生普遍推送。加强就业信息精准投放，运用大数据技术促进供需智能匹配。对公共就业创业服务机构和高校开展的招聘活动和创业服务，按规定给予一定补贴。将留学归国人员、港澳台青年全面纳入公共就业人才服务体系，同等提供就业创业服务。

（六）充分发挥人力资源市场作用。健全统一规范、竞争有序的人力资源市场，大力发展人力资源服务业，支持发展专业化、行业化人力资源服务机构，更好满足高校毕业生多元化服务需求。落实政府购买服务机制，支持符合条件的人力资源服务机构为高校毕业生提供专场招聘、就业创业指导等公共就业创业服务。建立健全人力资源市场供求信息发布制度，及时发布职业供求、市场工资指导价位等信息，编制本地区急需紧缺人才目录并加大宣传推介，提高人力资源市场供求匹配效率。

（七）加大职业技能培训力度。将有培训需求的高校毕业生纳入职业技能提升行动，对接就业意向和重点行业领域发展需要，提供有针对性的培训项目，提升专业技能水平和社会适应能力，按规定落实职业培训补贴政策。对其中的建档立卡贫困家庭、城乡低保家庭、零就业家庭高校毕业生，按规定给予一定生活费补贴。启动"学历证书＋若干职业技能等级证书"制度试点，鼓励职业院校和应用型本科高校学生在获得学历证书的同时，积极取得多个职业技能等级证书，拓展就业创业本领。

三、强化就业权益保护

（八）简化就业手续。省会及以下城市要全面放开对高校毕业生、职业院校毕业生、留学归国人员的落户限制，精简落户凭证，简化办理手续。各高校可根据实际情况决定是否安排毕业体检，有条件的地方可建立入职定点体检和体检结果互认机制，尽力避免手续繁琐、重复体检。

（九）加强招聘领域监管。加强对用人单位和人力资源服务机构招聘行为监管，禁止招聘信息发布中含有性别、民族等歧视性内容。指导用人单位根据招聘岗位需求合理制定招聘条件，对同等学历不同培养方式的高校毕业生提供同等就业机会。健全多部门执法联动机制，严肃查处"黑中介"、虚假招聘、违规检测乙肝项目等违法行为，严厉打击以求职、就业、创业为名义的信贷陷阱和传销、诈骗等违法犯罪活动，依法保护高校毕业生就业权益。

（十）规范就业签约。高校要严格执行"四不准"规定，不准以任何方式强迫毕业生签订就业协议和劳动合同，不准将毕业证书、学位证书发放与毕业生签约挂钩，不准以户档托管为由劝说毕业生签订虚假就业协议，不准将毕业生顶岗实习、见习证明材料作为就业证明材料。人力资源服务机构不得参与签订不实就业协议。就业协议签订过程中，用人单位不得签订虚假就业协议，不得出具虚假用人证明，不得随意违约。加强高校毕业生就业统计核查，健全就业状况反馈、评估机制，真实反映就业情况。

四、全力做好兜底保障

（十一）扩大就业见习规模。全面推进三年百万青年见习计划，及时摸排锁定有见习需求的高校毕业生和失业青年，有针对性地开发见习岗位，做好见习服务对接，帮助他们获得岗位实践机会。承担援藏援疆援青任务的省市要根据受援地见习对象需求，组织一批人员到内地见习。对见习期满留用率达到50％以上的见习单位，适当提高见习补贴标准。

（十二）扎实做好困难帮扶。将求职创业补贴对象范围扩大到中等职业学校（含技工院校）符合条件的困难毕业生，补贴时限从目前的毕业年度调整为毕业学年，补贴发放工作在毕业学年10月底前完成。对民办高校毕业生符合条件的，要确保同等享受政策。人力资源社会保障、教育和财政部门要做好政策申办、凭证简化、资金安排等工作，确保补贴按时发放到位。对建档立卡贫困家庭、残疾毕业生以及就业困难少数民族毕业生、长期失业青年实施"一对一"援助，量身定制求职就业计划，在深度贫困地区开展送岗位上门活动，集中帮扶高校毕业生就业。

五、狠抓工作责任落实

（十三）强化组织领导。各地要坚持以人民为中心的发展思想，把做好高校毕业生就业创业工作作为重要政治责任，健全就业工作目标责任制，层层抓好落实。人力资源社会保障部门要加强统筹谋划，协调各有关方面推动工作落地，及时解决工作中遇到的困难和问题。教育部门和高校要认真落实就业工作"一把手"工程，保障"机构、场地、人员、经费"四到位。公安、财政、银行等部门和单位要发挥职能优势，密切协作，合力促进高校毕业生就业创业。

（十四）抓好政策落实。加强就业创业政策宣传解读，运用年轻人喜闻乐见的方式，帮助高校毕业生知晓政策、用好政策。全面精简政策凭证，凡可联网查询或承诺保证事项，一律不再要求申请人出具证明。加快政策申请、审核、发放全程信息化，确保政策及时兑现。综合运用人力资源市场供求监测、大数据分析等手段，密切跟踪经济运行变化对高校毕业生就业的影响，及时采取有针对性的政策措施。

（十五）加强宣传引导。各地要深入学习贯彻习近平总书记关于新时代青年成长成才的重要论述，教育引导高校毕业生坚定爱国主义理想信念，把职业选择与国家发展相结合，面向祖国最需要的地方和基层一线建功立业。培育弘扬奋斗精神、劳动精神、工匠精神，树立一批就业创业先进典型。加强舆情监测和舆论引导，主动回应社会关切，稳定就业预期，营造关心支持高校毕业生就业创业的良好氛围。

人力资源社会保障部 教育部

公安部 财政部 中国人民银行

2019 年 7 月 3 日

附件五

教育部关于做好 2019 届全国普通高等学校毕业生就业创业工作的通知

教学〔2018〕8 号

各省、自治区、直辖市教育厅（教委），有关省、自治区人力资源社会保障厅，部属各高等学校、部省合建各高等学校：

促进高校毕业生就业创业，既是民生，也是国计，事关广大群众切身利益，事关社会和谐稳定，事关社会主义现代化建设，事关高等教育健康发展。为深入贯彻习近平新时代中国特色社会主义思想和党的十九大精神，全面贯彻落实全国教育大会精神，把"稳就业"放在更加突出的位置，努力实现高校毕业生更高质量和更充分就业，现就有关事项通知如下。

一、拓宽就业领域，着力促进高校毕业生多渠道就业

1. 引导毕业生到基层就业。各地各高校要深入贯彻落实中央《关于进一步引导和鼓励高校毕业生到基层工作的意见》，落实基层就业学费补偿贷款代偿、考研加分等优惠政策。要继续配合相关部门组织实施好"特岗计划""大学生村官""三支一扶""大学生志愿服务西部计划"等基层就业项目，结合地方实际适当扩大地方基层项目的实施规模。要围绕乡村振兴战略，引导毕业生到现代农业生产、经营等领域就业创业。要发挥服务业最大就业容纳器的重要作用，鼓励毕业生到文化创意、健康养老、服务外包等现代服务业就业创业。鼓励高校毕业生到社会组织就业。

2. 促进毕业生到中小微企业就业。各地各高校要鼓励和促进高校毕业生到实体经济就业，充分发挥中小微企业吸纳毕业生就业的主渠道作用。要积极配合有关部门落实小微企业吸纳毕业生的社保补贴、培训补贴、降税减费等优惠政策。要加强与中小微企业沟通联系，广泛收集中小微企业招聘信息，积极组织中小微企业进校园招聘，进一步办好全国中小企业网上百日招聘等活动。

3. 服务国家战略开拓就业岗位。各地各高校要主动对接国家经济社会发展的人才需要，围绕"一带一路"建设、雄安新区建设、长江经济带发展、粤港澳大湾区建设、海南自贸试验区建设等，引导毕业生到重点地区、重大工程、重大项目、重要领域就业。要落实区域协调发展战略，鼓励毕业生到中西部地区、东北地区和艰苦边远地区就业创业。要加大对"三区三州"等深度贫困地区的教育脱贫攻坚力度，结合实际制定激励政策，引导毕业生到贫困地区就业创业。

4. 拓展新兴业态就业空间。各地各高校要结合学科专业特色，主动对接以技术集成和商业模式创新为特点的新业态人才需求，充分利用平台经济、众包经济、共享经济、数字经济等新业态，支持鼓励毕业生实现多元化就业。配合有关部门落实相应的社会保障政策和灵活就业、自主创业扶持政策，引导毕业生主动适应新就业形态、新用工方式。

5. 继续做好大学生征兵工作。各地各高校要深入贯彻习近平总书记给南开大学新入伍大学生回信和勉励语精神，认真落实学费资助、复学升学、就业创业等优惠政策。要密切配合兵役机关，面向毕业生、在校生、新生开展有针对性的宣传，集中播放征兵公益宣传片，发放应征入伍宣传单。落实好预订兵工作机制，为大学生入伍开辟绿色通道，鼓励更多大学生参军入伍。

6. 支持大学生到国际组织实习任职。各地各高校要加大经费资助、教育教学、升学就业等政策支持力度。高校要结合学科专业特色，加大双语种或多语种复合型国际化专业人才培养力度。将国际组织基本情况、职业发展路径等内容，纳入大学生就业指导教材和课程。进一步完善信息服务平台，及时收集发布国际组织招聘信息，开展专家讲座、政策咨询、社团活动等系列指导服务。鼓励高校与国际组织开展合作交流，进一步拓展实习任职渠道。

二、推动双创升级，着力促进高校毕业生自主创业

7. 全面深化高校创新创业教育改革。各地各高校要将创新创业教育贯穿人才培养全过程，把创新创业教育和实践课程纳入高校必修课体系，促进创新创业教育与专业教育有机结合、与思想政治教育深度融合。开展好大学生创新创业训练计划、中国"互联网＋"大学生创新创业大赛和"青年红色筑梦之旅"活动，着力培养学生的创新意识、实践能力和奋斗精神。

8. 落实完善创新创业优惠政策。各地要配合有关部门深化商事制度改革，进一步完善落实税费减免、创业担保贷款、创业培训补贴等优惠政策。各高校要按照《普通高等学校学生管理规定》要求，进一步细化创新创业学分积累与转换、弹性学制管理、保留学籍休学创业、支持创新创业学生复学后转入相关专业学习等政策，允许本科生用创业成果申请学位论文答辩。

9. 加大创新创业场地和资金扶持力度。各地各高校要加强大学科技园、创业孵化基地等创新创业平台建设，为大学生创新创业提供场地支持。各高校要积极推动各类研究基地、实验室、仪器设备等教学资源向创新创业学生开放。有条件的地区要积极推进设立高校毕业生就业创业基金，高校要通过政府支持、学校自设、校外合作、风险投资等方式多渠道筹措资金，支持大学生自主创业。

10. 加强创业指导与服务。各地各高校要进一步建立健全各级各类大学生创业服务平台，为大学生创业提供项目对接、财税会计、法律政策、管理咨询等深度服务。鼓励各高校聘请行业专家、创业校友、企业家等担任大学生创业团队指导教师，鼓励专业教师、实验室老师全程指导大学生创新创业。

三、强化服务保障，着力提高就业创业指导服务水平

11. 健全精准信息服务机制。加强部省校三级就业服务体系建设，建立毕业生求职和用人单位需求数据库，运用大数据技术实现供需智能匹配，为毕业生精准推送政策、岗位和指导。要进一步发挥校园招聘市场的主体作用，鼓励组织分层次、分类别、分行业的校园招聘活动，支持举办区域性、行业性联合招聘活动。高校举办的大型校园招聘活动要向其他高校有组织开放。做好在内地（祖国大陆）高校就读的港澳台毕业生就业服务工作。

12. 提升毕业生就业能力。各地各高校要加强高校学生职业生涯发展教育，对低年级学生着重进行职业生涯启蒙，对高年级学生着重提升职业素质和求职技能。要结合就业形势和毕业生特点，帮助毕业生调整就业预期，找准职业定位。要多方搭建社会实践、实习实训、职业体验等实践平台，增强学生专业技能和职业能力。鼓励学生在取得毕业证书的同时考取行业企业认可度高的多种类型的培训（或认证）证书。

13. 强化就业困难群体帮扶。各地各高校要准确掌握建档立卡贫困家庭、少数民族、身体残疾等毕业生情况，建立帮扶台账，做到分类帮扶、精准发力。高校要建立校院领导、专业教师、辅导员等全员参与的"一对一"精准帮扶机制。充分挖掘校友、行业企业等社会资源，优先为困难群体推荐岗位。各地要积极创造条件，争取专项资金，开展就业困难毕业生专项培训，提高其就业能力。要配合有关部门落实好求职创业补贴政策，做好离校未就业毕业生的信息衔接和服务接续工作。

14. 切实保护毕业生就业权益。各地各高校要加强校园内招聘活动管理，严禁发布性别、民族、院校、学习方式（全日制和非全日制）等歧视性信息，严格审核用人单位资质、工作岗位信息，重点审核就业中介机构和境外用人单位，严密防范招聘陷阱、就业欺诈、"培训贷"、传销等不法行为。普及就业创业有关法律法规知识，提高大学生的法律意识和维权意识。加强毕业生和用人单位诚信教育和管理，做到诚信签约、诚实履约。

15. 加快高校就业创业指导队伍建设。各地各高校要加快建设一支职业化、专业化、专家化的就业创业指导队伍，在专业技术职务评聘和绩效考核中充分考虑指导教师的工作性质和工作业绩，予以适当支持。要建立高校毕业生就业创业指导教师培训机制，开展专业培训，鼓励指导教师到行业企业挂职锻炼。要定期对辅导员、班主任等就业工作人员进行集中轮训，全面提高政策水平和工作能力。

16. 积极发挥高校毕业生就业状况反馈作用。各地各高校要进一步落实高校毕业生就业质量年度报告编制发布制度，着力完善统计指标和内容，按时向社会发布高校毕业生就业质量年度报告。加快形成就业与招生计划、人才培养联动机制。各地要根据经济社会发展需要以及本地区毕业生就业总体状况，主动对接地区、行业、产业需求，进一步建立完善高校学科专业、培养层次、培养类型动态调整机制，努力实现本地区高等教育规模和结构的科学配置和布局。

四、加强组织领导，着力深化思想教育和宣传引导

17. 强化组织领导。各地各高校要认真落实就业工作"一把手"工程，切实做到"机构、场地、人员、经费"四到位。高校主要负责同志要亲自部署，分管领导要靠前指挥，院系领导要落实责任，辅导员（班主任）要密切关注毕业生就业进展情况。健全就业、招生、教学、学工、团委、科研等机构分工负责、协同推进的工作机制，千方百计促进毕业生就业创业。

18. 深化思想教育和宣传引导。各地各高校要组织大学生学习习近平总书记关于青年成长成才的重要论述，教育引导毕业生把个人理想融入国家和民族事业当中，鼓励毕业生到基层、西部、祖国最需要的地方建功立业。要广泛宣传解读国家和地方促进就业创业的政策措施，帮助毕业生知晓政策、用好政策，营造就业创业良好舆论氛围。

19. 进一步加强就业工作规范管理。各地各高校要建立就业统计工作责任制，健全毕业生参与的就业状况统计核查机制。各高校要认真落实统计工作"四不准"要求，即不准以任何方式强迫毕业生签订就业协议，不准将毕业证书、学位证书发放与签约挂钩，不准以户档托管为由劝说毕业生签订虚假协议，不准将顶岗实习、见习证明材料作为就业证明材料。各地要对高校毕业生就业工作及数据进行认真核查，对查实的弄虚作假等问题要严查严处，并进行通报。

教育部
2018 年 11 月 27 日

二、云南省促进大学毕业生就业的相关政策

当前，云南省促进大学毕业生就业的相关政策见附件一至附件六。

附件一
云南省人民政府办公厅关于做好普通高等学校毕业生就业工作有关问题的通知
云政办发〔2009〕124 号

各州、市人民政府，省直各委、办、厅、局，省属各大型企业，各大专院校，各人民团体，中央驻滇各单位：

根据《国务院关于做好当前经济形势下就业工作的通知》（国发〔2009〕4 号）和《国务院办公厅关于加强普通高等学校毕业生就业工作的通知》（国办发〔2009〕3 号）精神，为进一步做好我省普通高等学校毕业生（以下简称高校毕业生）就业工作，经省人民政府同意，现将有关问题通知如下：

一、提高思想认识，明确目标任务，把高校毕业生就业摆在就业工作首位

（一）高校毕业生是国家宝贵的人才资源。高校毕业生就业事关全局、事关长远，牵动着千家万户。做好高校毕业生就业工作，对于推动经济平稳较快发展、维护人民群众切身利益、促进社会和谐稳定具有十分重要的意义。各级人民政府、各有关部门和高校要充分认识做好高校毕业生就业工作的重要性和紧迫性，进一步增强政治意识、责任意识，切实把高校毕业生就业摆在当前就业工作首位，采取有效措施，扎实做好高校毕业生就业各项工作。

（二）当前和今后一个时期，我省高校毕业生就业工作的目标任务是：健全和完善促进高校毕业生就业政策和服务体系，逐步探索建立促进高校毕业生就业工作的长效机制，加大鼓励和引导高校毕业生面向基层就业的政策扶持力度和工作力度，确保高校毕业生就业情况基本稳定，就业人数稳中有升，到基层就业、自主创业和自主择业人数明显增加。同时，使未就业高校毕业生得到较好的公共就业服务和基本社会保障，并帮助其尽快实现

就业。

二、鼓励支持高校毕业生到基层就业

（三）鼓励高校毕业生积极参加社会主义新农村建设、城市社区建设和应征入伍。各级人民政府要参照人力资源和社会保障部公布的基层社会管理和公共服务岗位目录，围绕基层面向群众的社会管理、公共服务、生产服务、生活服务、救助服务等领域，大力开发适合高校毕业生就业的基层社会管理和公共服务岗位，引导高校毕业生到基层就业。

对到农村基层和城市社区从事社会管理和公共服务工作的高校毕业生，符合《云南省人民政府印发云南省贯彻中华人民共和国就业促进法实施办法的通知》（云政发〔2008〕233号，以下简称云政发〔2008〕233号）第十三条安置公益性岗位就业人员条件的高校毕业生，可安排在公益性岗位就业，并按照《云南省财政厅云南省人力资源和社会保障厅关于就业专项资金使用管理有关问题的通知》（云财社〔2009〕53号，以下简称云财社〔2009〕53号）规定给予公益性岗位补贴和社会保险补贴，所需资金从当地就业专项资金中列支。对到农村基层和城市社区其他社会管理和公共服务岗位就业的高校毕业生，给予的薪酬或生活补贴标准可以达到当地最低工资标准的150%，所需资金按照现行渠道解决，同时按照规定参加有关社会保险。对报考我省高校（科研单位）研究生的高校毕业生，在基层工作服务期满3年、2年、1年的学生，笔试总分分别加10分、8分、5分，并优先录取。对到城市社区、农村乡镇以下基层（含乡镇，下同）工作服务期满3年的高校毕业生，参加县级以上事业单位招聘或全省各级公务员录用考试的，笔试成绩加5分。今后，全省省级、州（市）级党政机关考试录用公务员时，要分别拿出70%、50%比例的职位招考在城市社区、农村乡镇以下基层工作服务期满2年以上的高校毕业生；事业单位招聘人员时，要优先招聘在城乡基层工作期满2年的高校毕业生。对毕业后自愿到我省国家和省级扶贫开发工作重点县及边境县工作，且服务年限达到3年（含）以上的高校毕业生以及应征入伍服义务兵役期满的高校毕业生，政府为其代偿相应学费或助学贷款。具体办法由省人力资源社会保障厅、省财政厅、省教育厅根据国家有关文件精神另行研究制定。

（四）继续实施和完善高校毕业生面向基层就业的专门项目。要按照《关于选聘高校毕业生到村任职工作的实施意见》（云组通〔2008〕47号）和《中共云南省委办公厅云南省人民政府办公厅关于引导和鼓励高校毕业生到基层就业的实施意见》（云办发〔2006〕11号）要求，继续做好选聘高校毕业生到村任职工作，继续实施好我省农村义务教育阶段学校教师特设岗位计划，大学生"三支一扶"计划，"大学生志愿服务西部计划"云南省地方项目，大学生进村、进社区任职计划。

鼓励高校毕业生在项目结束后留在当地就业。今后，相对应的自然减员空岗，原则上全部聘用服务期满、留在当地就业的高校毕业生。对参加项目的高校毕业生给予生活补贴，所需资金按照现行渠道解决，同时按照规定参加有关社会保险。各专门项目有关待遇政策的衔接办法，由省人力资源社会保障厅、省财政厅、省教育厅、省委组织部、团省委等有关部门根据国家有关文件精神另行研究制定。

三、鼓励支持高校毕业生到中小企业和非公有制单位就业

（五）鼓励高校毕业生到中小企业和非公有制单位就业。聘用高校毕业生的中小企业和非公有制单位，必须签订劳动合同、兑现劳动报酬、缴纳社会保险费。在非公有制单位就业的高校毕业生户口、档案，可存放在单位所在地人力资源市场，今后考录或招聘到国

家机关、事业单位工作，如其所在非公有制单位具有法人资格，且就业期间签订过经县级以上劳动、人事行政部门登记（鉴证）的劳动（聘用）合同的，其缴纳社会保险费年限合并计算为工龄。对到中小企业和非公有制单位就业的高校毕业生，在专家选拔、人员培训、职称评聘、技术创新、成果转化等方面，享有与国有企事业单位工作人员相同待遇。对企业招用非本地户籍的高校毕业生，取消落户限制。对在中小企业和非公有制单位从事科技工作的高校毕业生，申报国家和地方科研项目、科研成果或荣誉称号时，有关部门予以倾斜支持。

（六）鼓励支持中小企业和非公有制单位吸纳高校毕业生就业。企业招用符合条件的高校毕业生，可按照规定享受有关政策待遇。对于积极聘用高校毕业生的中小企业，有关部门可根据不同情况，优先提供技术改造贷款贴息。劳动密集型小企业聘用登记失业高校毕业生达到规定比例的，可按照规定享受200万元以内的小额担保贷款扶持。各类企业（单位）招用符合云政发〔2008〕233号第十四条享受社会保险补贴人员条件的高校毕业生，可按照云财社〔2009〕53号规定给予社会保险补贴。所需资金从当地就业专项资金中列支。

四、鼓励支持骨干企业、科研项目单位吸纳和稳定高校毕业生就业

（七）鼓励国有大中型企业、科研项目单位更多地吸纳高校毕业生。各级人力资源社会保障、教育部门要主动向社会发布国有大中型企业、科研项目单位提供的高校毕业生人才信息；各类企业、科研项目的单位，要及时向当地人力资源社会保障、教育部门提供人才需求信息，畅通人才供求信息渠道。国有大中型企业特别是创新型企业、承担国家或我省重大科研项目的单位，实施产业升级、结构调整和科研项目时，要积极聘用优秀高校毕业生参与研究，其劳务性费用和有关社会保险费补助按照规定从项目经费中列支。聘用期满，根据工作需要可以续聘或到其他岗位就业，就业后工龄与参与项目研究期间的工作时间合并计算，社会保险缴费年限连续计算。高校毕业生参与项目研究期间，其户口、档案可存放在项目单位所在地或入学前家庭所在地人力资源市场。

（八）支持困难企业稳定就业岗位。各州（市）要按照《云南省人力资源和社会保障厅　云南省财政厅　云南省地方税务局　云南省工商行政管理局关于贯彻落实云南省人民政府鼓励创业促进就业若干意见有关问题的通知》（云人社发〔2009〕13号，以下简称云人社发〔2009〕13号）有关规定，积极开展支持困难企业稳定就业岗位工作，引导企业不裁员或少裁员，鼓励企业采取多种方式保留高校毕业生技术骨干，稳定高校毕业生就业。

五、鼓励支持高校毕业生自主创业、自谋职业

（九）各地、各部门要认真贯彻《云南省人民政府关于鼓励创业促进就业的若干意见》（云政发〔2009〕1号）和云人社发〔2009〕13号等有关政策精神，落实、兑现国家和我省鼓励支持高校毕业生自主创业的政策。

（十）我省登记失业的高校毕业生，自主创业自筹资金不足的，可按照《云南省人民政府办公厅关于印发云南省鼓励创业贷免扶补实施办法（暂行）的通知》（云政办发〔2009〕60号）、《云南省人力资源和社会保障厅　云南省财政厅　云南省农村信用社联合社　云南省工商业联合会　云南省总工会共青团　云南省委　云南省妇女联合会　云南省个体私营经济协会关于印发云南省鼓励创业贷免扶补实施办法细则（暂行）的通知》（云人社发〔2009〕76号）规定申请不超过5万元的创业小额贷款，也可按照《云南省劳动和社会保障厅　云南省财政厅　中国人民银行昆明中心支行关于进一步完善小额担保贷款办法推动创业促进就业

的通知》(云劳社办〔2008〕322号)规定,申请小额担保贷款。符合条件的按照规定给予财政贴息。符合云政发〔2008〕233号第十四条从事灵活就业、享受社会保险补贴人员条件的高校毕业生,从事灵活就业的,可按照云财社〔2009〕53号规定给予社会保险补贴。所需资金从当地就业专项资金中列支。

(十一)建设完善一批投资小、见效快的高校毕业生创业园和创业孵化基地,并给予有关政策扶持。具体扶持政策和管理办法由省教育厅等有关部门另行研究制定。

六、加强高校毕业生就业指导和服务

(十二)教育行政部门及高校要深化高等教育改革,提高人才培养质量。要调整人才培养结构,改进教学方法和课程设置,切实解决学科专业结构设置与就业市场需求不相适应的问题,着力提高学生的创新意识和实践能力,使高等教育进一步适应经济社会发展的需要。要强化对在校大学生的就业指导,开设就业指导课,重点帮助高校毕业生树立正确的择业观、进行职业规划、确定合理的就业预期、了解就业政策、提高求职技巧。要加强高校就业指导服务机构建设,落实人员、场地和经费。

(十三)人力资源社会保障部门要充分发挥市场配置人力资源的基础性作用,强化公共就业服务,尽快构建统一规范的人力资源市场;整合现有的劳动力市场信息网、人才网、高校毕业生就业网等网络资源,实现就业信息共享,为高校毕业生提供就业信息服务平台。建立未就业高校毕业生的统计调查、信息发布、失业登记等制度。积极组织高校毕业生就业招聘活动,免费开展政策咨询、就业指导、就业推荐、档案管理、人事代理等服务。按照规定为高校毕业生直接办理职称评聘、人才流动、户籍转移、社会保险、职业技能资格鉴定等公共服务。加强人力资源市场管理,严厉打击违法违规行为,加强招聘活动安全保障,维护高校毕业生就业权益。

(十四)省、州(市)有关部门要按照《云南省人力资源和社会保障厅 云南省教育厅 云南省总工会共青团 云南省委云南省妇女联合会云南省残疾人联合会关于开展2009年就业服务系列活动的通知》(云人社发〔2009〕12号)要求,认真落实高校毕业生就业服务系列活动实施方案,切实做好高校毕业生就业服务系列活动。通过各种就业服务和就业援助活动,力争应届高校毕业生初次就业率达到70%左右,高校毕业生登记失业后半年内就业率达到60%以上,困难家庭高校毕业生登记后半年内就业率达到90%以上。

七、提升高校毕业生就业技能

(十五)教育行政部门及高校要积极开展大学生实习实践活动。支持具有较好基础的高校建设高校毕业生离校前的实习实践基地,强化职业技能培训,提高毕业生的综合素质,增强高校毕业生的岗位适应能力。

(十六)从2009年起,连续3年力争每年组织1万名高校毕业生参加就业见习。省人力资源社会保障、教育等部门要按照国家7部委《关于印发三年百万高校毕业生就业见习计划的通知》(人社部发〔2009〕38号)和《云南省人力资源和社会保障厅 云南省教育厅 云南省财政厅 云南省工业和信息化委员会 云南省卫生厅 云南省人民政府国有资产管理委员会 云南省地方税务局 云南省工商行政管理局 云南省工商业联合会共青团云南省委关于印发〈云南省高校毕业生就业见习工作实施意见〉的通知》(云人社发〔2009〕132号)精神,探索建立并完善高校毕业生就业见习制度,选择具有较好基础的部分企事业单位作为见习基地,为离校未就业高校毕业生提供见习岗位,提升就业技能,促进高校毕业

生尽快就业。

（十七）实施高校毕业生"双证"制度。高校要加强学生的技能培训，使符合条件的应届高校毕业生通过职业技能鉴定获得有关职业资格证书。教育、卫生、人力资源社会保障等部门要将高校在校学生纳入职业技能鉴定服务范围，进校开展职业技能鉴定，使高校毕业生在领取毕业证书的同时，获得职业资格证书。高校毕业生参加创业培训，按照规定给予创业培训补贴。

（十八）省人力资源社会保障厅、省教育厅和省财政厅要积极分析研究高校毕业生就业形势和规律，探索适合高校毕业生就业特点的职业培训方法，提升高校毕业生就业技能。

八、强化对困难高校毕业生的就业援助

（十九）建立困难高校毕业生（城镇零就业家庭、农村特困家庭和身体残疾的高校毕业生）就业援助制度。各州（市）、县（市、区）公共就业服务机构要将登记失业的困难高校毕业生纳入当地就业困难人员范围，给予相应的政策扶持，完善困难高校毕业生申报认定制度，对认定者给予重点帮扶，及时接受其就业援助申请、实施"一对一"职业指导，向用人单位重点推荐；对离校后未就业回到原籍的高校毕业生，要摸清底数，免费提供政策咨询、职业指导、职业介绍和人事档案托管等服务，并组织他们参加就业见习、职业技能培训等促进就业的活动。全省各级机关考录公务员、事业单位招聘工作人员，一律免收困难家庭高校毕业生的报名费和体检费；高校对困难家庭高校毕业生可给予适当的求职补贴。

九、取消不利于高校毕业生就业的政策限制

（二十）县级以上人民政府，省直各部门要对现行的高校毕业生就业政策进行清理、修订，取消一切不利于就业和人才流动的政策限制。

十、加强高校毕业生就业工作的组织领导

（二十一）各州（市）要切实加强对高校毕业生就业工作的组织领导，将高校毕业生就业纳入当地就业总体规划，把扩大就业特别是促进高校毕业生就业作为重要目标，完善落实目标责任制，抓好各项政策的贯彻落实，加强工作考核和督查。教育部门要做好高校毕业生离校前的就业指导和服务工作；人力资源社会保障部门要会同有关部门牵头制定和实施高校毕业生就业政策，并做好离校未就业高校毕业生就业指导和就业服务工作；财政部门要根据毕业生就业形势和实际需要，统筹安排资金用于促进高校毕业生就业工作。省发展改革委、省公安厅、省工商局、省地税局、团省委等有关部门和单位要加强协调配合，共同推动高校毕业生就业工作。各高校要把毕业生实现就业作为学校工作的重中之重，加强领导，进一步明确责任，千方百计促进高校毕业生实现就业。

（二十二）大力开展高校毕业生就业工作宣传。要积极宣传高校毕业生就业政策，及时报道高校毕业生到城乡基层就业、自主创业的典型，引导毕业生树立正确的就业观和成才观，表彰接收高校毕业生就业的先进单位以及为高校毕业生就业服务的先进集体和个人，形成全社会共同关注、合力促进高校毕业生多渠道就业的良好舆论环境。

云南省人民政府办公厅

二〇〇九年六月九日

附件二

云南省人力资源社会保障厅 云南省教育厅 等五部门做好当前形势下高校毕业生就业创业工作文件的通知

云人社发〔2019〕24号文件

一、大力拓宽高校毕业生就业渠道

（一）鼓励高校毕业生到基层和小微企业就业。继续深入实施好高校毕业生就业创业促进计划和基层成长计划，对艰苦边远地区县以下基层单位服务期满并考核合格的基层服务项目人员，可通过直接考察的方式择优聘用到服务地乡镇事业单位。各地要加大对小微企业吸纳离校两年内未就业高校毕业生就业的，按规定给予社会保险补贴政策的宣传力度，做到服务对象对政策应知尽知，符合条件人员应申报尽申报、应享受尽享受，切实把政策落实落地，不留死角。

（二）大力扶持高校毕业生自主创业。各地、各有关部门要把高校毕业生作为创业重点扶持对象，进一步提高高校毕业生创业比例。放宽创业担保贷款申请条件，对获得州（市）级以上荣誉称号以及经金融机构评估认定信用良好的大学生创业者，原则上取消反担保。各地要继续加大大学生创业孵化基地建设力度，为高校毕业生搭建创业平台，降低大学生创业成本，对入驻实体数量多、带动就业成效明显的创业孵化基地，按规定给予一定奖补。

二、着力强化高校毕业生就业服务

（一）做好离校未就业高校毕业生就业帮扶工作。我省已完成有就业意愿的未就业毕业生实名信息交接工作，并将相关人员信息下分到州（市）、县（区），各地各级人力资源社会保障部门要对离校未就业高校毕业生实施实名制服务，有针对性地提供岗位信息、职业指导、培训见习等服务措施。高校要持续为离校未就业高校毕业生提供就业信息和指导等服务，及时通知他们参加线上线下校园招聘，各院系也要主动与他们联系，推荐岗位信息。

（二）开展公共就业人才服务进校园活动。各地各级人力资源社会保障部门要组织公共就业人才服务进校园活动，将本地政策清单、服务清单、服务机构联络清单向毕业生普遍推送。对高校开展的招聘活动和创业服务，省级每年从中央就业补助资金中安排500万元给予一定补贴，具体补贴办法由省人力资源社会保障厅会同教育厅、财政厅制定。

（三）加大高校毕业生职业技能培训力度。各地各部门要将有培训需求的高校毕业生纳入云南省职业技能提升行动，特别是针对离校未就业高校毕业生，要对接就业意向和重点行业领域发展需要，提供有针对性的培训项目，提升专业技能水平和社会适应能力，并按规定落实职业培训补贴政策。对其中的建档立卡贫困家庭、城乡低保家庭、零就业家庭高校毕业生，按规定给予一定生活费补贴。

三、全面强化高校毕业生就业权益保护

全省各地要全面放开对高校毕业生、职业院校毕业生、留学归国人员的落户限制，精简落户凭证，简化办理手续。有条件的地方可建立入职定点体检和体检结果互认机制，尽力避免手续繁琐、重复体检。各地要加强对用人单位和人力资源服务机构招聘行为监管，禁止招聘信息发布中含有性别、民族等歧视性内容。健全多部门执法联动机制，严肃查处"黑中介"、虚假招聘、违规检测乙肝项目等违法行为。高校要严格执行"四不准"规定，不准以任何方式强迫毕业生签订就业协议和劳动合同。加强高校毕业生就业统计核查，健全就业状况反馈、评估机制，真实反映就业情况。

四、全力做好高校毕业生就业帮扶

各地各级要全面推进云南省"三年万名青年见习计划"，重点摸排锁定有见习需求的离校未就业高校毕业生和失业青年，有针对性地开发见习岗位，做好见习服务对接，帮助他们获得岗位实践机会。将我省求职创业补贴对象范围在《云南省教育厅等七部门关于做好2019年全省高校毕业生求职创业补贴发放工作的通知》（云教函〔2019〕85号）文件基础上，扩大到中等职业学校（含技工院校）符合条件的困难毕业生，从2020届毕业生起，补贴发放时间提前到毕业学年10月底前完成，2020届高校毕业生的求职创业补贴发放工作要在2019年10月底前完成，所需申请材料、发放程序按照云教函〔2019〕85号文件规定执行。对民办高校毕业生符合条件的，要确保同等享受政策。对建档立卡贫困家庭、残疾毕业生以及就业困难少数民族毕业生、长期失业青年实施"一对一"援助，量身定制求职就业计划，在深度贫困地区开展送岗位上门活动，集中帮扶高校毕业生就业。

附件三

稳定就业　提高质量

努力实现高校毕业生更高质量和更充分就业

——云南省教育厅厅长周荣在2019年全省普通高校毕业生就业工作会议的讲话

同志们：

刚才教育部召开了2019年全国普通高校毕业生就业创业工作网络视频会议，5家单位进行了经验交流，教育部林蕙青副部长作了重要讲话，总结了2018年高校毕业生就业创业工作，对2019年高校毕业生就业创业工作进行了全面部署。当前正值全省上下认真学习贯彻全国教育大会精神的重要时期，大家要结合会议精神，认真学习，深刻领会，贯彻落实到工作中。下面我就贯彻这次会议精神，做好我省2019年高校毕业生就业创业工作，讲三点意见。

一、攻坚克难，全省高校毕业生就业创业工作成效明显

2018年，云南省有普通高校毕业生20.3万人，比2017年增加1.4万人，毕业生就业形势严峻。截至9月1日，全省高校毕业生初次就业率为90.9％，比去年同期增加0.8个百分点。全省各高校主动融入教育扶贫攻坚，建档立卡贫困家庭高校毕业生就业率超过全省平均水平，确保了毕业生就业形势的稳定，圆满完成了省委、省政府年初确定的工作目标。9月28日，教育部官网以《云南省扎实推进高校毕业生就业创业工作》为题，对我省的高校毕业生就业工作给予高度肯定。主要采取了以下六项举措。

（1）就业工作迎难而上，为毕业生"送政策"。省委、省政府始终把促进就业作为社会稳定和经济发展的重要着力点，出台了一系列推进高校毕业生就业创业的政策性、指导性文件。省委高校工委、省教育厅从2005年以来坚持实施高校毕业生就业创业"一把手"工程，分层次分类别开展就业创业目标责任考核，构建了教育主管部门与高校就业创业工作的目标责任管理机制。各部门和高校通力合作，开展积极的政策宣传工作，确保把就业创业政策宣传到每一名毕业生。

（2）就业结构不断优化，为毕业生"送指导"。瞄准基层就业，突出政策指导，基层就业比例稳步增长。在已就业的毕业生中，3.63万名毕业生进入党政机关和国家事业单位就业；11.07万名毕业生进入企业就业；近1万名毕业生通过"西部志愿者""农村特岗教师"

和"三支一扶"计划等基层就业项目就业；到县级及以下基层和中小企业就业的毕业生达70.8％；大学生应征入伍报名、征集比例高于指导比例，位列西部地区前列。毕业生到南亚、东南亚等"一带一路"沿线国家就业、实习、学习逐步增加，工作机制初步建立。

（3）就业精准帮扶成效显著，为毕业生"送服务"。建立高校主要领导对建档立卡毕业生就业帮扶的"一把手"工程，建立全省高校建档立卡毕业生就业创业动态实名制信息库，确保建档立卡贫困家庭毕业生顺利就业。共为有就业创业意愿并积极求职创业的8类毕业生发放每人1000元的求职创业补贴4625.7万元。与人社部门做好离校未就业毕业生信息衔接和服务接续工作，做好西藏区、新疆区招录应往届毕业生工作，做到求职有人管、服务不断线。

（4）就业创业质量稳步提高，为毕业生"送保障"。不断完善毕业生就业创业目标责任考评体系，对外公布省级和各高校毕业生就业质量年度报告。出台《云南省教育厅关于推动高校形成就业与招生计划人才培养联动机制的指导意见》（云教发〔2018〕84号），进一步促进毕业生就业质量的稳步提高。持续推进高校创新创业平台建设，9个省级大学生（青年）创业示范园、1个高校众创空间、59所高校的大学生创业平台建设扎实推进。实施高校创新创业总结宣传工作，评选出10所省级创新创业典型经验高校，目前共有云南农业大学、昆明理工大学、云南大学滇池学院分别入选全国50所创新创业典型经验高校行列。

（5）高校创新创业工作稳步推进，为毕业生"送活力"。把深化创新创业教育作为教育改革的突破口，指导高校将创新创业教育融入人才培养全过程，教学改革全面发力，开发创新创业课程，学分转换、弹性学制、休学创业多点突破，创新创业实践纵深推进，着力增强大学生创新精神、创业意识和创新创业活力。2018年全省教育系统共举办各类创新创业大赛超过100场，举办创业讲座和论坛近1000场。举办"云南省首届大学生创业创新实战大赛"，决赛现场有5个项目和投资机构签订了意向投资协议，加速了大赛成果转化应用和创业创新项目的落地成长。我省高校在第四届中国"互联网＋"大学生创新创业大赛中斩获1金2银18铜，成为全国16个获得金奖的省份之一。

（6）就业创业体系更加健全，为毕业生"送岗位"。组织高校到兄弟省市开展就业创业资源对接，为毕业生争取优质就业岗位。"互联网＋就业"新模式广泛应用，校园就业网服务功能不断完善。出台《云南省高校校园招聘活动管理办法》，招聘活动更加规范有序。就业创业指导教师队伍配齐建强，整体工作机制日趋完善。校园招聘活动成为毕业生择业就业的主渠道，2018年，全省教育部门和高校已经举办不同层次、不同类型的校园招聘活动超过4000场，平均为每名高校毕业生提供3个以上岗位，岗位多样性选择与专业匹配度得到提升。

这些成绩的取得，是省委、省政府正确领导、有关部门大力支持的结果，是教育部门和各高校高度重视、狠抓落实的结果，是一线从事毕业生就业创业工作同志们无私奉献、顽强拼搏的结果。在此，我谨代表省委高校工委、省教育厅向各高校领导，各有关部门的同志，以及从事毕业生就业创业工作的老师们表示衷心的感谢！

二、深入学习，牢牢把握高校毕业生就业创业工作的新形势、新要求和新任务

2018年9月10日召开的全国教育大会是我国教育发展史上的里程碑，开启了新时代中国教育改革发展的新征程。做好高校毕业生就业创业工作，就是要以习近平新时代中国特色社会主义思想为指导，全面贯彻落实习近平总书记在全国教育大会上的重要讲话，通过深入学习，进一步理解科学内涵和精神实质，统一思想，凝聚共识。

教育是民生之首，就业是民生之本，稳就业是当前经济发展的重中之重，也是最大的民生。习近平总书记强调，"高校毕业生的就业问题关乎社会安定稳定，一定要高度重视高校毕业生就业创业工作，关系着千百万个毕业生和家庭的福祉。"李克强总理强调，"就业对于一个家庭来说那是天大的事，没有一个人就业，一个家庭就毫无生气。如果大学生毕业就失业，那就没有希望，所以我们要将心比心，各级政府及其工作人员，都要把就业放在心上，扛在肩上。"因此，在新的历史条件下，我们要结合实际认真研判国内外经济形势及对我省高校毕业生就业创业的影响，牢牢把握新形势、新要求、新任务，更好地指导实践，推动工作。

2018 年高校毕业生就业创业工作取得了较大的成绩，但我们也要清醒地看到，我省高校毕业生就业形势依然严峻。国际经济形势反弹乏力，不确定因素增多，我省经济运行良好，但服务经济发展整体水平不高，生产性服务业发展明显滞后，生活性服务业有效供给不足，高校毕业生就业供求总量矛盾、结构性、区域性等矛盾仍然突出。

高校毕业生就业形势呈现出以下特点：一是毕业生总量持续增加。高校毕业生人数持续走高，2019 年全国高校毕业生预计达 834 万人，我省也预计达 21.4 万人，比 2018 年增加近 1.1 万人，加上省外、国外留学回来和往年未就业毕业生，毕业生人数总量持续增加。毕业生以"95 后"为主体，他们的就业选择更加多元、就业期望不断提升，近年新出现的"慢就业"等现象更加突出。二是就业结构性、区域性矛盾仍然突出。"招工难、就业难"并存，就业的结构性、区域性矛盾突出，不同领域、不同区域和不同行业用人需求差异明显。产业结构转型升级，新兴产业发展，对高技能、高素质、高水平人才需求的短缺和毕业生结构不匹配的矛盾更加突出。三是就业工作仍存在短板。毕业生就业与高校招生计划、人才培养的联动机制还不完善，当前我们培养的人才与现实需求还有差距，创新意识实践能力、进取精神有待提高，创新型、实用型、复合型人才不足。同时毕业生就业创业指导服务水平仍需提升，部分群体就业困难问题有待破解。

2019 年，省委高校工委、省教育厅将继续把高校毕业生就业创业工作列为年度工作重点，强力推进。在新的历史条件下，我们必须准确把握高校毕业生就业创业面临的新形势，增加忧患意识和底线思维，紧紧抓住实现高等教育内涵式发展的重要机遇，汇聚促进毕业生就业创业新动能，把工作思路和措施谋划得更周全，坚定信心，真抓实干，努力确保就业创业大局稳定，为推动经济转型升级提供有力保障。

三、突出重点，全力以赴做好高校毕业生就业创业工作

做好高校毕业生就业创业工作，关键在落实。2019 年是实施就业优先战略，全面贯彻落实全国教育大会决策部署的重要一年。各高校要进一步增强责任感和紧迫感，落实立德树人根本任务，把提升教育服务经济发展能力作为改革目标，建立健全就业创业与招生计划、人才培养联动机制，继续完善目标责任管理，大力推进协同育人，多方拓展就业领域，不断提高指导服务水平，全力以赴做好高校毕业生就业创业工作。

（1）强引领，创造良好就业创业环境。近年来我省出台了一系列鼓励就业创业，特别是鼓励高校毕业生就业创业的政策措施，释放了强有力的积极就业政策信号。各高校要加强政策宣传解读，把政策宣传和落实作为当前就业创业工作的第一要务，增强主动性、掌握主动权，注重运用新媒体和大众媒体，以青年学生喜闻乐见、更接地气、更能接受的方

式做好宣传，使就业创业政策人人知晓，确保各项政策落实到位。

（2）明重点，引导鼓励毕业生到基层就业。各高校要唱响基层就业主旋律，推动实施高校毕业生基层成长计划，积极引导毕业生到基层就业，促进毕业生在基层成长成才。要继续落实好毕业生到县以下基层就业学费补偿、贷款代偿政策。要主动服务国家"乡村振兴战略"，引导高校毕业生投身扶贫开发和农业农村现代化建设，在促进乡村振兴发展中就业创业。要落实军民融合发展战略，大力做好大学生征兵工作，引导更多优秀大学生投身国防和军队现代化建设。

（3）推改革，持续推动创业带动就业能力升级。2018 年 9 月 18 日，国务院下发《关于推动创新创业高质量发展打造"双创"升级版的意见》（国发〔2018〕32 号），提出指导思想、主要目标、发展举措等 34 条意见。各高校要积极投身实施创新驱动发展战略，把创新创业教育作为高等教育综合改革的突破口和素质教育新模式，鼓励更多大学生投身创新创业。要加快完善面向全体学生，立足专业教学，融入人才培养全过程的创新创业教育课程体系。要切实落实国家有关支持大学生创业担保贷款的优惠政策，为创业大学生提供方便快捷的金融服务。要积极运用市场机制，引导社会资金和金融资本支持大学生创业活动。要支持高校校园创新创业平台建设，大力促进创新创业平台服务升级，打造集创业培训、政策咨询、开业指导、融资服务、跟踪扶持于一体的综合性服务平台。要深入推动科技创新支撑能力升级，强化科研支撑，推动高校科研院所创新创业深度融合，高校要在明晰科研成果产权的前提下，支持在校大学生带着科研成果创业。要充实完善就业创业指导力量，强化就业创业实践环节，把教学与实践结合、扶持与项目结合、资金与平台建设结合，不断增强学生的创新精神、创业意识和创新创业能力。

（4）提质量，推进实现高等教育内涵式发展。要主动对接国家、地区、行业、产业的人才需求，把培养和输送优秀毕业生作为加快建设一流大学和一流学科的重要内容。要提升教育服务经济社会发展能力，充分参考就业大数据，结合全省本科专业综合评价的契机，调整优化高校区域布局、学科结构、专业设置，建立健全学科专业动态调整机制。要强化实践教学，加强实习实训，推进产学研协同创新，切实增强学生的创新精神和实践能力，着重培养创新型、复合型、应用型人才。

（5）抓结合，促进毕业生多渠道就业。要围绕国家建设现代化经济体系目标，面向经济社会发展主战场，向重点领域、重大工程、新兴产业等输送高校毕业生。要结合我省传统产业转型升级、打造世界一流的绿色"三张牌"，培育"八大产业"和"五网"建设，高原特色农业现代化、省院省校合作、滇沪合作等，深入挖掘新技术、新产业、新业态、新模式创造的就业机会，在生态环境、数字经济、平台经济、共享经济、现代供应链、人力资本服务等领域寻找新的就业增长点，引导更多毕业生到实体经济、中小微企业就业。要服务国家参与全球治理体系建设需求，结合"一带一路"倡议，培养和推送更多高校毕业生到国际组织实习任职。

（6）搭平台，打造全方位就业创业指导服务体系。当前正值 2019 年高校毕业生求职、签约比较集中的重要阶段。要精准推送服务，准确掌握用人单位岗位需求信息和毕业生求职意愿，利用"互联网＋就业"新模式，通过两微一端、智慧就业等平台，为毕业生送岗位、送政策、送指导、送服务。要搭建跨区域、跨行业、跨类别的就业综合信息服务平台，有针对性举办各种规模招聘活动，着力提供全方位的毕业生就业创业服务。要严格落实就业

"三严禁"和"四不准"要求，加强对招聘活动的规范管理，确保校园招聘活动安全有序。要建设职业化、专业化、专家化就业创业工作专兼职教师队伍，加强大学生心理服务体系建设，积极为学生提供个性化就业咨询指导。要主动融入全省扶贫攻坚，明确精准扶贫的对象，重点关注我省88个贫困县、27个深度贫困县、年度脱贫摘帽县建档立卡户、"直过民族"、乌蒙山区、滇西边境片区、迪庆藏区、石漠化片区的毕业生，要确保"零就业"家庭的毕业生就业，确保困难群体就业一个不能少、一个不掉队。

（7）优合作，协同推进就业质量年度报告制度。高校毕业生就业质量是高校教育教学和人才培养质量的重要反映，要积极发挥就业创业状况对教育教学的反馈作用，建立健全就业状况反馈机制，完善高校毕业生就业质量年度报告发布制度，科学、客观地反映毕业生就业创业特点。要以就业创业为着力点，推动高等教育综合改革，健全高校与政府、企业、社会协同育人机制，加强国际合作交流，推动高校从源头上抓好人才培养，提高质量。

（8）促保障，织牢就业安全和校园稳定保障网。各高校要严格落实"一把手"工程，层层落实责任，确保"机构、人员、经费、场地"四到位，确保本校就业工作平稳。要层层建立和落实以一把手为主要责任人的安全责任机制，建立健全安全隐患排查机制和动态信息预警、防控机制，确保就业安全和校园稳定。要坚持正确舆论导向，积极开展正面宣传，扶持、树立和宣传全省优秀大学生就业创业典型，营造就业创业良好氛围。

同志们，2019年高校毕业生就业创业任务十分艰巨。教育部已经提出了明确要求，希望大家按照这次会议的部署，把思想和行动统一到全国教育大会精神上来，凝心聚力，锐意进取，迎难而上，狠抓落实，全力以赴做好今年高校毕业生的就业创业工作，努力实现毕业生更高质量和更充分就业，为促进经济社会发展做出应有贡献。

附件四

关于进一步引导和鼓励高校毕业生到基层工作的实施意见

云办发〔2017〕43 号

为贯彻落实《中共中央办公厅、国务院办公厅印发〈关于进一步引导和鼓励高校毕业生到基层工作的意见〉的通知》（中办发〔2016〕79 号）精神，进一步引导和鼓励高校毕业生扎根基层、服务基层，为基层干部队伍建设提供源头活水，结合我省实际，现提出如下实施意见。

一、总体要求

全面贯彻党的十八大和十八届三中、四中、五中、六中全会精神，深入贯彻习近平总书记系列重要讲话和治国理政新理念新思想新战略以及考察云南重要讲话精神，认真落实党中央、国务院决策部署，深入实施人才强省和就业优先战略，以服务基层事业发展为目标，以更好发挥高校毕业生作用为核心，坚持服务基层和培养人才相结合、市场主导和政府推动相结合、政策支持和完善服务相结合的原则，进一步完善政策措施，健全服务体系，积极营造有利于高校毕业生成长成才的良好环境。

二、多渠道开发高校毕业生服务基层岗位

（一）推动编制资源向基层倾斜。根据基层发展需要和财力状况，按照职能与编制相匹配的要求，结合"放管服"改革和执法重心下移带来的职能调整，进一步创新编制管理、挖掘编制潜力，不断推动编制资源向基层倾斜，加大县、乡基层一线编制保障力度，为适度扩大招录、招聘高校毕业生创造条件。基层单位出现岗位空缺，可拿出一定数量的岗位专门招录、招聘高校毕业生。

（二）鼓励高校毕业生到基层机关工作。研究制定符合县、乡机关工作特点的公务员考录测评办法。县级以下机关面向社会公开招录公务员时，应安排一定比例的计划数用于招录退役大学生士兵和高校毕业生，不得设置与职位无关的限制性条件。艰苦边远地区乡镇机关招录高校毕业生可适当放宽学历、专业等条件，报考人数较少的职位可适当降低开考比例。州市级以上机关新录用高校毕业生没有基层工作经历的，可安排到县、乡机关锻炼1年。

（三）鼓励高校毕业生到基层事业单位工作。乡镇事业单位公开招聘高校毕业生，一般不得设置与职位无关的限制性条件。艰苦边远地区乡镇事业单位公开招聘高校毕业生，可适当放宽年龄、学历要求；招聘国家重点高校本科以上优秀毕业生到乡镇事业单位工作的，可采取面试、组织考察等方式公开招聘。招聘乡镇事业单位管理岗位人员可不作专业限制，招聘专业技术岗位人员可适当放宽专业要求；可拿出一定数量岗位面向本县（市、区）或者周边县（市、区）户籍人员（或者生源）招聘。

（四）结合政府购买基层公共管理和社会服务开发就业岗位。结合基层实际需求和转变政府职能、创新公共服务供给模式需要，对基本公共服务事项、社会管理服务、行业管理与协调、技术服务、政府履职所需辅助性、政府新增或临时性、阶段性的公共服务等事项，加大政府购买服务力度，创造更多适合高校毕业生的就业岗位。通过各级公共就业人才服务机构信息发布平台等渠道，加强岗位信息发布和政策引导，鼓励用人单位优先吸纳高校毕业生就业。

（五）引导高校毕业生投身扶贫开发建设。认真实施"云南省人才扶贫行动计划"。支持省内院校围绕贫困地区产业发展和人才需求，有针对性地培养基层专业人才。到贫困地区创业并吸纳3名以上建档立卡贫困劳动力就业的高校毕业生，可优先享受创业担保贷款、扶贫贴息贷款等扶持政策，同时可按照规定申报扶贫项目支持。鼓励贫困地区加大人才引进力度，促进优秀高校毕业生在本地集聚，助推扶贫开发建设。

（六）引导高校毕业生投身农业现代化建设。鼓励高校毕业生依托高原粮仓、山地牧业、淡水渔业、高效林业、特色经济作物和开放农业6大建设重点，以创办农业企业、专业合作社等多种经营方式投身农业现代化建设。到农业生产经营主体就业的高校毕业生，可按规定享受就业培训、继续教育、项目申报、成果审定等政策，符合条件的可优先评聘相应专业技术资格。

（七）鼓励大学生参军入伍。进一步完善高校学生参军入伍优惠政策，为大学生入伍开辟"绿色通道"，对自愿入伍大学生实施奖励，落实预定兵工作机制。在部队服役经历视为基层工作经历，按有关规定享受在基层工作高校毕业生同等政策待遇。应征入伍服义务兵役前正在高校就读的学生（含高校新生），服役期间按国家有关规定保留学籍或入学资格，退役后2年内允许复学或入学。落实好退役大学生士兵专项研究生招生计划、学费资助、复学升学、就业创业等政策。放宽退役大学生士兵复学转专业限制，大学生士兵退役后复学，经学校同意并履行相关程序后，可转入本校其他专业学习。符合条件的退役大学生士兵可参加机关、事业单位定向招录（招聘），优先享受"贷免扶补"创业担保贷款、培训等就业创业扶持政策。

（八）继续实施大学生基层服务项目。继续组织实施大学生村官、农村教师特岗计划、"三支一扶"计划、志愿服务西部计划（以下简称"四个基层项目"）等基层服务项目，适度扩大项目规模。加大基层服务项目统筹实施力度，统一基层服务项目人员工作生活补贴、绩效奖励、参加社会保险类别和购买商业险种等标准，促进项目间政策协调平衡。开展对基层服务项目人员岗前培训和年度培训，加大日常监督考核力度。参加基层服务项目前无工作经历的人员，服务期满且考核合格后2年内，在参加机关事业单位招录（招聘）、各类企业吸纳就业、自主创业、落户、升学等方面可享受应届高校毕业生同等相关政策。公务员招录政策另有规定的，按其规定执行。

（九）鼓励高校毕业生到中小微企业就业。发挥中小微企业吸纳高校毕业生就业主渠道作用，鼓励中小微企业进一步开发有利于发挥高校毕业生专长的管理型、技术型就业岗位。引导新兴业态与传统行业融合发展，支持发展就业新模式、新形态。综合运用财政、金融等政策，加大对中小微企业支持力度。建立中小微企业与高校对接平台，组织中小微企业进校园开展专场招聘。落实企业新录用毕业年度高校（含技师学院高级工班、预备技师班）毕业生职业培训补贴政策，对小微企业新招用毕业年度高校毕业生，按规定给予社会保险补贴和职业培训补贴。

（十）支持高校毕业生到基层创业。加快基层创业平台建设，鼓励高校毕业生入园创业，为高校毕业生搭建低成本、全方位、专业化的创新创业孵化平台。为在"双创"平台就业创业的高校毕业生提供政策咨询、融资贷款、跟踪指导等"一站式"公共服务。整合提升各类创业园区孵化功能，落实创业培训补贴、场租补贴、融资贷款和创业指导等政策。高校毕业生根据自身专长，到基层创办企业、从事个体经营和电子商务的，可享受"贷免扶补"创业担保贷款扶持。支持高校毕业生以资金入股、技术参股等方式，加入农民专业合作社等经济组织，鼓励其兴办家庭农场。

三、强化高校毕业生到基层工作服务保障

（十一）加大教育培训力度。建立健全面向基层高校毕业生的多层次、多元化培训和实训体系。按照规定开展"四个基层项目"服务人员岗前培训和年度培训。积极开展高校毕业生创业培训。加强就业创业教学指导师资队伍建设，吸纳有实践经验的企业经营管理者、创业者和专业人员加入师资队伍，建立大学生创业导师库。针对创业不同阶段的需求，为高校毕业生优先安排优质培训资源，开发创业课程，让每一名有创业意愿和培训需求的毕业生都能得到培训。高校毕业前2年的高年级学生（含技师学院高级工班、预备技师班学生）参加培训合格的，可按照规定享受创业培训补贴。实施高校毕业生创业培训（实训）年度计划，全省每年组织不低于1万名高校毕业生参加创业培训（实训）。发挥省公共创业实训基地作用，为大学生提供创业模拟训练、创意设计、产品试验试制等服务。

（十二）逐步提高基层工作人员工资待遇。认真落实县以下机关公务员职务与职级并行制度。从2017年1月1日起，招录到县以下机关工作的高校毕业生，试用期工资可直接按试用期满后工资确定；试用期满考核合格后的级别工资，在未列入艰苦边远地区或国家扶贫开发工作重点县的高定一档，在三类及以下艰苦边远地区或国家扶贫开发工作重点县的高定两档，在四类及以上艰苦边远地区的高定三档。招聘为县以下事业单位正式工作人员的，可提前转正定级，转正定级时的薪级工资，在未列入艰苦边远地区或国家扶贫开发工作重点县的高定一级，在三类及以下艰苦边远地区或国家扶贫开发工作重点县的高定两

级，在四类及以上艰苦边远地区的高定三级。2016 年 12 月 31 日前到县以下机关事业单位工作的高校毕业生，如试用期或试用期满后的工资待遇低于上述标准的，按照本实施意见规定执行。落实乡镇机关事业单位工作人员岗位补贴政策，补贴标准为每人每月 500 元。按照国家统一部署，进一步落实艰苦边远地区津贴增长机制，确保政策执行到位。

（十三）完善基层职称评审制度。对长期在艰苦边远地区和县以下单位工作的基层专业技术人员，申报评审专业技术职称时，除国家执业准入制度对学历及专业技术工作年限有明确要求的职称系列外，适当放宽学历和专业技术工作年限要求，对论文、科研、外语、计算机应用等不做硬性要求，将基层工作实绩作为职称评审的重要依据。对长期在基层一线工作或作出重要贡献的基层专业技术人才，可破格晋升职称等级。对在乡镇及以下事业单位工作的专业技术人才，符合条件的可不受高级职称岗位数额限制，申报相应专业技术职称。对"四个基层项目"中的专业技术人员，除国家已统一开考的专业技术职称资格外，符合有关学历要求和专业技术工作年限的，可参加相应职称系列的考核认定或申报评审。对在基层一线工作且纳入后备人才的优秀高校毕业生，在本单位专业技术职称申报中予以优先推荐。推广中小学教师、卫生等重点领域专业技术人才晋升高级职称须有 1 年以上农村基层工作服务经历的做法。

（十四）完善高校毕业生赴基层就业学费代偿政策。毕业后 3 年内到 25 个边境县（市）和 3 个藏区县（市）乡镇及以下基层单位就业，并自愿服务 3 年以上（含 3 年）的云南省普通高校毕业生，其学费由省财政按规定实行代偿。继续落实国家应征入伍服义务兵役的高校毕业生在校期间缴纳的学费实行补偿或国家助学贷款代偿政策。对到艰苦边远地区农村基层教育、医疗卫生、扶贫开发等急需紧缺专业（行业）工作的高校毕业生，有条件的地区可给予安家补贴，具体条件和补贴标准由各地区结合实际确定。

（十五）加强其他待遇保障。各类基层用人单位招用高校毕业生，应依法签订劳动合同或聘用合同，兑现劳动报酬，并按照规定参加社会保险。技工院校高级工班和预备技师班毕业生可参照高校毕业生享受有关就业补贴政策。完善"四个基层项目"服务人员参加社会保险有关办法。落实放开对高校毕业生落户限制的规定，高校毕业生在基层就业可根据需要自愿迁移户口。"四个基层项目"服务人员在服务期间，可将户口迁至所在县级人才服务机构，聘用期满后可根据去向，将户口迁至实际居住地。维护高校毕业生就业权益，加强人力资源市场监管，严厉打击招聘过程中的欺诈行为，依法纠正性别、民族等就业歧视现象，营造公平良好的就业环境。

四、畅通基层高校毕业生流动成长渠道

（十六）拓展在基层工作的高校毕业生职业发展渠道。在干部人才选拔任用机制上，进一步强化基层工作经历的政策导向，向在基层工作的优秀高校毕业生倾斜。省级机关录用公务员，除外语、机要、保密等特殊职位和专业性较强的职位外，按照有关规定一律从具有 2 年以上基层工作经历的人员中考录。省、州市级机关补充工作人员，要进一步加大面向基层公开遴选力度。省、州市级所属事业单位面向社会公开招聘时，应向基层事业单位工作人员倾斜。落实国有企业招聘应届高校毕业生信息公开制度，将在基层生产和管理一线表现优秀的高校毕业生纳入后备人才队伍，加大从基层一线选拔任用中层干部的力度，把是否具有基层工作经历作为干部选拔任用的重要条件。

（十七）实施高校毕业生基层成长计划。将在基层机关事业单位和地方国有企业工作的优秀高校毕业生作为后备人才，对工作业绩突出的优秀毕业生，可放在校长助理、所长助理、专家助理、总经理助理等重要岗位上进行锻炼培养，促进高校毕业生扎根基层、在基层成长成才。各地区各有关部门和用人单位要积极创造条件，建立后备人才培养机制，加大对后备人才支持力度，为其在基层工作生活提供便利。上级机关事业单位选拔干部人才、同级单位岗位职务（等级）晋升和评聘专业技术职务（岗位），应当将纳入后备人才的优秀高校毕业生作为重点人选对象。

（十八）健全基层人才顺畅流动机制。健全统一规范的人力资源市场，打破户籍、地域、身份、学历、人事关系等制约，促进高校毕业生在不同地域和不同性质单位间合理流动。建立健全人力资源市场供求信息发布制度，加大基层急需紧缺人才宣传推介力度，加强区域性、行业性人才市场间的交流合作，积极组织参加全国大中城市联合招聘活动，推动政策互通、资格互认、信息共享，加快人事档案管理服务信息化建设，按照国家和我省社会保险关系转移接续办法，及时转移社会保险关系，为在基层工作的高校毕业生跨地区、跨行业、跨体制流动提供便利条件。

五、加强组织领导

（十九）健全工作机制。各地区要将引导和鼓励高校毕业生到基层工作纳入政府就业和人才工作总体规划，建立健全党委和政府领导、人力资源社会保障部门牵头、各有关部门参与的工作协调机制。人力资源社会保障部门要认真履行牵头抓总职责，加强统筹协调。各有关部门要按照职责分工，积极参与，形成齐抓共管、整体推进的工作格局。各地区要优化和调整财政支出结构，统筹安排使用好人才发展、就业等各方面资金，加大支持力度，引导高校毕业生到基层工作。各地区各部门各单位要加强对引导和鼓励高校毕业生到基层工作各项政策落实情况的监督检查，对不落实或者故意拖延落实的，要及时纠正，并依纪依法追究相关人员责任。

（二十）强化教育引导。教育部门及高校要强化对在校大学生的理想信念教育和思想教育，有针对性地进行就业教育、创新创业教育，引导高校毕业生切实转变择业观念，树立科学的就业观和成才观。积极完善就业创业指导课程，组织在校大学生到基层开展实习实践、志愿服务、社会公益等活动，激发高校毕业生到基层就业创业的热情。加强舆论引导，准确解读相关政策，广泛宣传报道扎根基层、建功立业的优秀高校毕业生典型，营造良好社会氛围。

中共云南省委办公厅

2017 年 9 月 8 日印发

附件五

《云南省普通高等学校毕业生学费和国家助学贷款代偿办法》

云财教〔2017〕180 号文件

第一条　为引导和鼓励高校毕业生面向中西部地区和艰苦边远地区基层单位就业，根据财政部、教育部《高等学校毕业生学费和国家助学贷款代偿暂行办法》，制定本办法。

第二条　云南省普通高等学校毕业生（以下简称"高校毕业生"）毕业后 3 年内到云南 25 个边境县（市）和 3 个藏区县（市）辖区内乡镇以下（含乡镇）基层单位就业、自愿服务 3 年以上(含 3 年)的,其学费由国家实行代偿。在校期间获国家助学贷款(含高校国家助学贷款和生源地信用助学贷款,下同)的,代偿的学费优先用于偿还国家助学贷款本金及其全部偿还之前产生的利息。

第三条 本办法所称云南省普通高等学校包括:各级财政供养的本专科(含高职)院校、企业供养的普通高校、独立学院和民办普通高校。

第四条 本办法所称高校毕业生是指:云南省普通高等学校中的全日制本专科学生(含高职)、研究生、第二学士学位毕业生(但定向、委培以及在校期间已享受免除学费政策的学生除外)。

第五条 本办法所称基层单位是指:工作驻地在县(市)以下的中央企业和县(市)以下机关、事业单位。

工作驻地在县(市)以下的中央企业是指:工作现场地处云南省 25 个边境县(市)和 3 个藏区县(市)县级以下的气象、地震、地质、水电施工、煤炭、石油、航运、核工业等中央企业艰苦行业生产第一线。

县(市)以下机关、事业单位包括乡(镇)政府机关、农村中小学、乡镇国有农(牧、林)场、乡镇农业技术推广站、乡镇畜牧兽医站、乡镇卫生院、乡镇计划生育服务站、乡镇文化站、大学生村官等。

25 个边境县(市)和 3 个藏区县(市)县政府所在地的主城区、镇中心区和镇乡结合区内的基层单位不在享受政策范围之内。

第六条 25 个边境县(市)是指:

保山市:腾冲市、龙陵县;

红河州:绿春县、金平县、河口县;

文山壮族苗族自治州:麻栗坡县、马关县、富宁县;

普洱市:澜沧县、西盟县、孟连县、江城县;

西双版纳州:景洪市、勐海县、勐腊县;

德宏州:潞西市、瑞丽市、盈江县、陇川县;

怒江州:福贡县、泸水县、贡山县;

临沧市:耿马县、镇康县、沧源县。

3 个藏区县(市)是指:迪庆藏族自治州的香格里拉市、德钦县、维西县。

第七条 申请学费和国家助学贷款代偿的高校毕业生,应符合以下全部条件:

(一)拥护中国共产党的领导,热爱祖国,遵守宪法和法律;

(二)在校期间遵守学校各项规章制度,诚实守信,道德品质良好,学习成绩合格;

(三)毕业时或毕业后 3 年内自愿到云南 25 个边境县(市)和 3 个藏区县(市)基层单位工作、服务期在 3 年以上(含 3 年)。

第八条 对高校毕业生实施的学费和国家助学贷款代偿,每生每年代偿金额本专科生最高不超过 8000 元、研究生最高不超过 12 000 元。本专科生在校学习期间每年实际缴纳的学费或获得的国家助学贷款低于 8000 元的,按照实际缴纳的学费或获得的国家助学贷款金额实行代偿;研究生在校学习期间每年实际缴纳的学费或获得的国家助学贷款低于 12 000 元的,按照实际缴纳的学费或获得的国家助学贷款金额实行代偿。

代偿年限按照国家规定的相应学制计算。专升本、本硕连读、中职高职连读、第二学士学位毕业生学费和国家助学贷款代偿的年限，分别按照完成本科、硕士、高职和第二学士学位阶段学制规定时间计算。

第九条　对到云南25个边境县（市）和3个藏区县（市）基层单位就业的获得学费和国家助学贷款代偿资格的高校毕业生采取在基层单位服务满3年后一次性全额的方式代偿。

第十条　符合条件的高校毕业生，按以下程序申请学费和国家助学贷款代偿：

（一）毕业生本人在办理离校手续时向学校递交《云南省学费和国家助学贷款代偿申请审核表》以及毕业生本人、就业单位签署的到云南25个边境县（市）和3个藏区县（市）基层单位服务3年以上的就业协议。

（二）高校对毕业生代偿申请进行初审。次年3月30日前，高校将通过初审、符合条件的毕业生作为推荐代偿对象报送至省学生资助管理中心。5月30日前省财政厅、省教育厅、省人力资源和社会保障厅对各高校推荐的拟代偿对象组织有关人员进行初审，并将初审通过的拟代偿对象名单在省教育厅门户网站上公示（公示时间：5个工作日）。公示后，再将初审通过的拟代偿对象名单和初审不通过的学生名单通知各高校和各有关州、市学生资助管理中心。对存在"二次定岗"的毕业生，县、市学生资助管理中心应在毕业生提交有关证明材料并经初审后，最迟于当年12月31日前将"二次定岗"推荐代偿对象申请材料集中报送州、市学生资助管理中心审批。

（三）省学生资助管理中心将初审通过的拟代偿对象和初审不通过学生的《云南省学费和国家助学贷款代偿申请审核表》及相关材料交由州、市学生资助管理中心带回并交给辖区内有关县、市学生资助管理中心。各有关县、市学生资助管理中心将省学生资助管理中心加盖公章的申请表返还毕业生，由毕业生本人将《云南省学费和国家助学贷款代偿申请审核表》带往用人单位办理相关手续。每年9月10日前，用人单位和县级人事部门应对拟代偿对象在岗情况进行核实、确认，并将核实情况如实填写到《云南省学费和国家助学贷款代偿申请审核表》相应位置并加盖公章。代偿对象服务满3年后，用人单位将填写妥当的《云南省学费和国家助学贷款代偿申请审核表》报县、市学生资助管理中心。对初审不通过的学生，州、市学生资助管理中心和县、市学生资助管理中心要做好政策解释工作。

（四）每年9月30日前，各州、市学生资助管理中心汇总各县、市、区学生资助管理中心提供的《云南省学费和国家助学贷款代偿申请审核表》，按照《云南省学费和国家助学贷款代偿对象三年服务情况审核汇总表》格式填写汇总表后，将3年前已通过初审的拟代偿对象并在基层单位连续服务满3年的毕业生名单和有关材料报送省学生资助管理中心。每年10月30日前省财政厅、省教育厅、省人力资源和社会保障厅对各有关州市报送的服务期已满3年的拟代偿对象组织终审，并将终审通过的代偿对象名单在省教育厅门户网站上公示（公示时间：5个工作日）。公示后，再将终审通过的代偿对象名单和终审不通过的学生名单通知各有关州、市学生资助管理中心。对终审不通过的学生，州、市学生资助管理中心和县、市学生资助管理中心要做好政策解释工作。

（五）在校期间获得国家助学贷款、被列入代偿对象的毕业生，在毕业时先自行与银行签订还款计划书，并在服务未满3年期间自行还本付息。

第十一条　各县、市学生资助管理中心和高校建立相互联系制度以及和代偿对象就业单位之间的定期联系制度。各县、市学生资助管理中心和高校要专门为获得代偿对象资格的毕业生建立完整准确的档案，并确保档案在各县、市学生资助管理中心和高校之间能够有机对接；各县、市学生资助管理中心和高校要主动了解毕业生工作情况和动态，将该项工作作为一项重要内容纳入国家助学贷款贷后管理工作。

第十二条　对于未满 3 年服务年限、提前离开云南 25 个边境县（市）和 3 个藏区县（市）基层单位的高校毕业生，不能获得学费和国家助学贷款代偿。

第十三条　每年 10 月 31 日前，省学生资助管理中心将最终获得代偿资格的毕业生名单汇总审定后提供省财政厅。省财政厅、省教育厅于每年 11 月 20 日前将代偿资金拨付至各州、市财政局、教育局。各州、市财政局、教育局在收文 15 个工作日内将资金拨付到辖区各县、市学生资助管理中心。县、市学生资助管理中心在收到拨付的代偿资金 15 个工作日内将代偿资金返还给获得代偿的高校毕业生，并督促获得代偿、还未付清国家助学贷款的毕业生及时付清贷款本息，代偿资金凭学生提供还贷款的凭证等依据发放。

第十四条　各县、市学生资助管理中心要严格执行国家相关财经法规和本办法的规定，对代偿资金实行分账核算，不得截留、挤占、挪用，同时应接受财政、审计、纪检监察、上级主管部门等的检查和监督。相关部门和毕业生如有弄虚作假的行为，一经查实，除收回全部国家代偿资金外，将按照有关法律法规追究责任。

第十五条　各州、市和各高校应参照本办法的规定，制定本州、市和本校的实施办法。

第十六条　本办法由省财政厅、省教育厅、省人力资源和社会保障厅负责解释。

第十七条　本办法自公布之日起施行。云南省财政厅、云南省教育厅、云南省人力资源和社会保障厅印发的《云南省普通高校毕业生学费和国家助学贷款代偿暂行办法》（云财教〔2010〕239 号）和云南省教育厅、云南省财政厅、云南省人力资源和社会保障厅下发的《关于开展云南省普通高校毕业生学费和国家助学贷款代偿相关工作的通知》（云教贷〔2011〕7 号）自本办法施行之日同时废止。

第十八条　本办法施行之前的省属高校毕业生按原政策执行代偿。

2017 年 9 月 8 日印发

附件六

红河州促进高校毕业生就业创业政策咨询 20 问

1. 高校毕业生就业渠道主要有哪些？

答：一是公务员考录；二是事业单位招聘；三是应征入伍；四是到村任职；五是特岗教师、"三支一扶"、"大学生志愿服务西部计划"；六是招考研究生、专升本；七是企业吸纳；八是就业见习；九是自主创业；十是灵活就业。

2. 我州哪些高校毕业生可享受一次性求职创业补贴？补贴标准是多少？

答：对在毕业年度有创业意愿并积极求职创业的低保家庭、残疾、3 个藏区县和 8 个较少民族（独龙族、德昂族、基诺族、怒族、阿昌族、普米族、布朗族和景颇族）及获得国家助学贷款的高校毕业生（含技师学院高级工班、预备技师班和特殊教育院校职业教育类毕业生），可享受一次性求职创业补贴，补贴标准为 1000 元/人。

3. 高校毕业生如何申请参加职业培训或创业培训？能享受到哪些就业优惠补贴？

答：到当地就业服务机构咨询了解职业培训开展情况，选择适宜的培训项目参加；高校毕业生可享受职业培训、职业鉴定等补贴。

4. 哪些人属于就业困难高校毕业生？就业困难高校毕业生是否可以申请公益性岗位？公益性岗位有哪些优惠政策？

答：办理了城镇登记失业的零就业家庭、城乡居民低保家庭、残疾、连续失业 1 年以上的高校毕业生属于就业困难高校毕业生；就业困难高校毕业生可到当地就业经办机构申请公益性岗位；在公益性岗位就业的高校毕业生可享受公益性岗位补贴和社会保险补贴政策。

5. 高校毕业生如何参加就业见习？期限多长？见习期有生活补助吗？

答：高校毕业生可参加人力资源社会保障部门组织开展的见习单位和高校毕业生双向选择活动，也可以直接向所在地人力资源社会保障部门主动申请参加就业见习。见习期限一般为 3～12 个月。在见习期可获得见习生活补助，见习生活补助费一般不得低于当地最低工资标准，见习单位还为毕业生办理人身意外伤害保险。

6. 见习单位能享受什么优惠政策？

答：对企事业单位、民办非企业单位和社会团体吸纳高校毕业生参加就业见习、见习期满留用率达到 50% 以上的见习单位，从 2016 年起，省级财政对见习单位的补贴资金从每人每月 600 元提高到 700 元，州级财政每人每月补贴 200 元。

7. 高校毕业生自主创业，可以享受哪些优惠政策？

答：① 税收优惠；② "贷免扶补"创业贷款或创业担保贷款政策；③ 免收有关行政事业性收费；④ 享受创业培训补贴；⑤ 免费创业服务。

8. 高校毕业生到哪里申请"贷免扶补"创业贷款或创业担保贷款？

答：① 各县市人社部门就业服务机构及其下属的街道(乡镇)、社区劳动保障工作站。② 已经开办"贷免扶补"、创业担保贷款推荐承办业务的工商联、工会、共青团、妇联、教育行政部门、个私协等群团组织的县级基层单位。

9. 什么是"云岭大学生创业引领计划"？

答：2014—2017 年，省财政在创业专项资金中设立大学生创业扶持专项资金，对高校毕业生创业进行扶持，包括对符合条件的高校毕业生给予无偿资助、场租补贴、网店补贴、二次贷款贴息和青年创业示范园补助等，允许在校大学生休学创业，大学生在校期间自主创业可向学校申请休学，保留学籍 2 年。从 2015 年起，每年评审认定 200 个大学生自主创业经营实体，每个给予 3～5 万元的无偿资助。积极支持和鼓励高校毕业生投身现代农业建设，将"贷免扶补"和创业担保贷款覆盖范围扩大到高校毕业生创办的现代农业经营实体。

10. 大学生创业扶持资金扶持项目主要有哪些？

答：① 无偿资助。对在云南省内高校就读的毕业学年或毕业 5 年内、在我省创业的大学生个人或团队经营实体，经项目评审后，每年评选 100 名，给予 3～5 万元一次性无偿资助。无偿资助作为创业项目经营性资金，主要用于房租、经营场所装修、加盟、机器设备购置、采购货品等方面的支出。② 场租补贴。对在云南省内高校就读的毕业学年或毕业 1 年内、在我省创业的大学生个人，未享受大学生创业园区孵化的经营实体，经审核，给予 5000 元的一次性场租补贴。③ 网店补贴。对在云南省内高校就读的毕业学年或 2014 年后毕业、在我省创业的大学生个人或团队，在电子商务网络平台上开展电子商务的经营形式(其所依托的电子商务网络平台企业应在商务部门公示的电子商务示范企业名单之内)，持续经营半年以上，且月收入超过当地最低工资标准，无违法违规交易行为，经认定后，给予 2000 元的一次性网店补贴。④ 二次贷款贴息。对经"贷免扶补"或创业担保贷款政策扶持，稳定经营 2 年以上、带动就业 5 人以上、偿还贷款记录良好、已还清全部贷款、并按期纳税的优秀大学生经营实体，通过项目评审后，每年评选 1000 个，金融机构再次给予 2 年期 50 万元以内的贷款扶持，并按人民银行公布的贷款基准利率的 60% 给予贴息。

11. 大学生创业扶持资金项目如何申报？

答：项目申请人向工商登记所在地的县级人力资源社会保障部门提出申请，提交项目申报材料。大学生创业无偿资助、场租补贴、网店补贴项目每年度申报截止日期为当年 6 月底前，大学生二次贷款贴息项目全年均可申请。大学生创业无偿资助、场租补贴、网店补贴项目申报材料包括：① 项目申请人的身份证、学历证。② 创业项目工商营业执照、税务登记证明或民办非企业法人证明、经营场地证明（经营场地租赁合同或协议、自有住房房产证明等）；③《云岭大学生创业扶持资金申请审批表》。有关材料审阅原件后退回，留存复印件。大学生创业无偿资助还需提供《云岭大学生创业扶持项目经营规划书》。大学生创业网店补贴还需提供：申报前 6 个月的支付平台交易明细、收入证明、申报材料真实性承诺书。若项目申请者未办理工商注册，需提供创业项目"网店"网址注册材料、网店登记注册网页截图等相关材料。大学生二次贷款贴息项目：申请者应按国家现行创业担保贷款申请要求提交所需材料，同时还需提供经"贷免扶补"或创业担保贷款政策扶持的首次创业贷款按期还款凭证和贷款结清证明、按期纳税凭证、带动 5 人以上就业的劳动合同。

12. 国家鼓励大学生应征入伍服义务兵役，这里的"大学生"如何界定？

答：指根据国家有关规定批准设立、实施高等学历教育的全日制公办普通高等学校、民办普通高等学校和独立学院，按照国家招生规定录取的全日制普通本科、专科（含高职）、研究生、第二学士学位的应（往）届毕业生、在校生和已被普通高校录取但未报到入学的学生。我国现行的义务兵役制度服役年限是两年。征集的大学生以男性为主，女性大学生征集根据军队需要确定。

13. 什么是"选聘高校毕业生到村任职工作"？

答："选聘高校毕业生到村任职工作"是为从源头上抓好干部队伍建设，形成来自基层和生产一线的党政干部培养链；改善农村基层干部队伍结构，加强农村基层组织建设，巩固党的农村执政基础；引导大学生转变就业观念，到农村基层建功立业，加快推进社会主义新农村建设，夺取全面建设小康社会新胜利的基层就业项目之一。"选聘高校毕业生到村任职工作"从 2008 年开始，选聘人员聘用期为 3 年，与公务员考录工作同步进行。

14. 什么是"特岗计划"？

答："特岗计划"是"农村义务教育阶段学校教师特设岗位计划"的简称。国家从 2006 年开始，公开招聘高校毕业生到农村学校任教，创新农村学校教师的补充机制，逐步解决农村学校师资总量不足和结构不合理等问题，提高农村教师队伍的整体素质的基层就业项目之一。特岗教师服务期为 3 年，在 3 年服务期内与当地在职在编教师享受同等待遇，3 年服务期满考核合格即可转为当地在职在编教师。"特岗计划"的实施范围为我省县镇及以下农村学校，以义务教育阶段学校为主，适当兼顾学前教育学校和高中阶段学校。

15. 什么是"三支一扶"计划？

答："三支一扶"是"支教、支农、支医和扶贫工作"的简称，是从 2006 年起，招募高校毕业生到我省农村基层支教、支农、支医和扶贫工作的基层就业项目之一。"三支一扶"每年全省计划招募 1000 名左右，以农村基层急需的农业、林业、水利、医学、师范、经济类为重点。

服务岗位为乡镇以下教育、农业、卫生、扶贫基层一线，侧重于艰苦边远地区，国家扶贫开发工作重点县、我省扶贫开发重点乡镇等地区。招募生在农村基层志愿服务期为 2 年。

16. 什么是"大学生志愿服务西部计划"云南省地方项目？

答："大学生志愿服务西部计划"云南省地方项目（以下简称"大学生志愿服务西部计划"）是由共青团云南省委会同省教育厅、省人力资源和社会保障厅、省财政厅等有关部门负责统筹指导，以州（市）、县为主组织实施的我省基层就业项目之一。"大学生志愿服务西部计划"按照公开招募、自愿报名、组织选拔集中派遣的方式，每年招募 1000 名左右高校毕业生，到我省基层乡镇一级从事为期 1～3 年的基础教育、农业科技、医疗卫生、基层青年工作、基层社会管理等志愿服务工作。

17. 鼓励企业吸纳高校毕业生就业有什么优惠政策？

答：对招用毕业年度高校毕业生就业，与之签订 1 年以上劳动合同并为其缴纳社会保险费的小微企业，给予最长 1 年的社会保险补贴（个人和单位缴费部分）。

18. 针对高校毕业生灵活就业有什么政策措施？

答：对离校 1 年内未就业的高校毕业生灵活就业后缴纳社会保险费的，按不超过实际缴费额 2/3 的标准给予社会保险补贴，补贴期限最长不超过 2 年。灵活就业人员的月收入达到当地最低工资标准 150% 的停止社会保险补贴。

19. 什么是就业创业证？

答：从 2015 年起，将就业失业登记证更名为就业创业证，已发放的就业失业登记证继续有效，不再统一更换。就业创业证的发放、使用、管理等事项按人力资源社会保障部的有关规定执行。取消高校毕业生自主创业证，毕业年度内高校毕业生从事个体经营的，持就业创业证（注明"毕业年度内自主创业税收政策"）享受税收优惠政策。

20. 高校毕业生如何申领就业创业证？

答：毕业年度内高校毕业生在校期间凭学生证向公共就业服务机构按规定申领就业创业证，或委托所在高校就业指导中心向公共就业服务机构按规定代为其申领就业创业证；毕业年度内高校毕业生离校后直接向公共就业服务机构按规定申领就业创业证。

三、京、沪、浙、粤接收外地生源的就业政策

1. 非北京生源到北京就业的具体政策

北京市引进非北京生源毕业生工作管理办法

京人社毕发〔2018〕37 号

第一章　总　　则

第一条　为更好地服务首都"四个中心"功能建设，落实《北京城市总体规划（2016—2035 年）》要求，发挥引进非北京生源毕业生（以下简称引进毕业生）工作人才储备作用，营造开放、规范、有效的毕业生选拔培养环境，制定本办法。

第二条　本办法所称非北京生源毕业生（以下简称毕业生）是指列入国家统一招生计划，培养方式为非定向，在校期间未与任何单位存在劳动（录用、聘用）关系（在校或休学期间自主创业除外），按时毕业并获得相应学历学位的非北京常住户口应届毕业生。

第三条　引进毕业生工作按照控制数量、提升质量、优化结构的原则，实行统一政策、

分级管理、多元评价，建立权责一致、分工合理、决策科学、公开透明、监督有力的管理机制。

第四条 建立市人力社保局、主管单位、用人单位构成的引进毕业生工作三级管理体系，依据职责分工，实行当年引进、次年落户。

（一）市人力社保局负责制定引进毕业生政策并组织实施，对各主管单位、用人单位开展引进毕业生工作进行管理和监督。

（二）主管单位按照本市引进毕业生政策及要求，制定本系统（地区）引进毕业生计划并组织实施，建立完善评价制度，对用人单位引进毕业生工作进行管理和监督。

（三）用人单位按照本市引进毕业生政策及条件办理引进，对引进的毕业生进行管理，加强培养使用，提供良好的工作与成长环境。

第五条 用人单位应按照以下渠道，申请办理引进毕业生：

（一）市级党政机关（含垂直管理单位）、事业单位、社会团体，以本单位作为主管单位向市人力社保局申报；市属国有及国有控股企业，以一级企业作为主管单位向市人力社保局申报；

（二）区级党政机关、事业单位、社会团体、区属国有及国有控股企业，以本区人力社保局作为主管单位向市人力社保局申报；

（三）非公有制企业、民办非企业单位（法人）及其他用人单位，以登记注册地的区人力社保局作为主管单位向市人力社保局申报。登记注册地与纳税地不一致的，经纳税地的区人力社保局同意，可通过纳税地的区人力社保局向市人力社保局申报。

第二章 指 标 管 理

第六条 采取指标数量的方式控制引进毕业生总量。市人力社保局按照市政府确定的总量规模，结合全市重大规划落实、重大项目建设、毕业生总体情况等，制定年度指标分配方案。

第七条 制定年度指标分配方案遵循以下原则：

（一）坚持首都城市战略定位，加强"四个中心"功能建设，落实《北京城市总体规划（2016—2035年）》；

（二）服务构建高精尖经济结构，鼓励创新创业；

（三）保障教育、卫生、文化、体育、城市运行等公共服务领域基本需求；

（四）支持郊区、艰苦行业、基层一线发展；

（五）参考当年需求及往年引进毕业生培养使用情况。

第八条 主管单位应落实《北京城市总体规划（2016—2035年）》要求，聚焦核心功能和发展需要，严格执行《北京市新增产业的禁止和限制目录》，制定完善本系统（地区）用人单位准入条件，建立健全引进毕业生指标分配办法。各区人力社保局应围绕区域功能定位，对用人单位行业类别、发展前景、依法经营、税收贡献（含国税）、吸纳就业、培养使用毕业生等情况进行综合评价，科学合理分配指标。

第九条 本市考试录用公务员、大学生村官（选调生）、退役大学生士兵、特岗计划乡村教师及按照本市特定政策和要求办理引进的毕业生，实行计划单列，不占引进指标。

第三章 引 进 条 件

第十条 用人单位原则上应在本市行政区域内注册登记满1年以上，且经营状况和单位信用良好，无违法、违规记录。

第十一条　本市高精尖产业用人单位、优秀创新创业团队、市属高校和医疗卫生机构引进的优秀博士研究生，不占引进指标。

第十二条　在校或休学期间创业的毕业生，同时符合以下条件的，可申请办理引进：

（一）毕业生本人为创业企业发起人或主要创始人；

（二）创业企业创办时本人持有股份比例不低于10%（不包含股份转让、后期入股等情形）；

（三）创业企业属于高精尖、文化创意等本市重点支持发展的产业，创新创业成效突出。

第十三条　引进毕业生原则上应具有研究生学历。引进当年博士研究生一般不超过35周岁，硕士研究生一般不超过27周岁。其中，教育、医疗卫生系统引进硕士研究生一般不超过30周岁。

第十四条　文化、体育系统和郊区用人单位可适当引进本科毕业生。引进当年本科毕业生一般不超过24周岁，毕业院校为北京地区全日制普通高等学校、京外地区一流大学建设高校和一流学科建设高校。其中：

（一）市属文艺院团编剧、导演、演员、舞台技术岗位可引进经教育部批准能够独立设置本科艺术院校的普通高等学校本科毕业生；

（二）市属体育专业运动队运动员和教练员岗位可引进全国性专业体育院校本科毕业生；

（三）郊区中小学教师岗位可引进省级师范类普通高等学校本科毕业生；

（四）郊区公共卫生服务体系相关单位医、药、护、技岗位可引进省级医学类普通高等学校本科毕业生。

第十五条　引进毕业生所学专业应符合用人单位主营业务或转型发展需要，与岗位匹配度较高。

第十六条　符合以下条件之一的毕业生，可直接办理引进手续，不占引进指标：

（一）父母为北京支边人员，且在本市有直系亲属需要照顾的毕业生；

（二）父母为北京知青，且在本市有直系亲属需要照顾的毕业生；

（三）上学期间，父母双方均已调京且具有本市常住户口的毕业生。

第四章　办　理　流　程

第十七条　引进毕业生工作办理流程分为调查需求、分配指标、申报公示、审核落户四个阶段。

（一）调查需求

上年11月底前，市人力社保局汇总分析主管单位报送的毕业生需求。

（二）分配指标

当年2月底前，市人力社保局向主管单位分配指标数量。

（三）申报公示

1. 当年3月至9月，用人单位通过"高校毕业生就业管理系统"（以下简称管理系统）向主管单位提交毕业生信息，报送有关材料。

2. 主管单位对报送信息和材料审核无误后，经毕业生本人同意，通过官网公示拟引进毕业生的姓名、年龄、毕业院校、学历等信息，并公布主管单位的监督电话和联系地址，公示期不少于5个工作日。对公示期内反应的问题，主管单位应及时核查处理。

3. 经公示无异议或不影响引进的，主管单位通过管理系统向市人力社保局提交毕业生信息。市人力社保局10个工作日内完成审批。审批通过的，主管单位持《XX年非北京生源毕业生进京审批表》(3份)换取《接收函》；审批不通过的，停止办理引进。

(四)审核落户

1. 毕业生报到后，用人单位通过管理系统报送毕业生的毕业证书编号、学位证书编号等信息，主管单位审核后，提交市人力社保局。

2. 次年1月至12月，主管单位通过管理系统向市人力社保局提交落户申请。市人力社保局对毕业学历、学位、就业报到、培养方式和缴纳社保等信息进行比对，10个工作日内完成审核。审核通过的，出具《非北京生源毕业生报户口介绍信》；审核不通过的，撤销《接收函》，停止办理落户。

3. 主管单位持相关材料到公安部门为毕业生办理落户手续。

第十八条　毕业生落户完成后，用人单位将《XX年非北京生源毕业生进京审批表》存入毕业生个人档案。

主管单位按照年度整理引进毕业生工作资料，及时归档，做到全程纪实、内容完整、目录清晰、方便查询。归档材料包括：

(一)引进毕业生工作各类规范性文件、请示、批复、报告；

(二)引进毕业生工作重要事项的集体决策记录、纪要、决定(决议)；

(三)《XX年非北京生源毕业生进京审批表》、毕业生就业推荐表、专项引进相关证明材料(复印件)；

(四)拟引进毕业生公示证明材料；

(五)其他材料。

第五章　决　策　程　序

第十九条　市人力社保局将年度指标分配、指标调剂、年终执行情况等列入重点事项，按照"三重一大"决策制度，实行集体研究决策。

第二十条　主管单位应参照本办法，结合本系统(地区)实际，建立健全决策程序，确保决策过程层级分明、权责统一、公平规范、记录完整。各区人力社保局和其他有条件的主管单位应将用人单位引进毕业生准入条件、指标分配等事项列入重要议事日程，按照"三重一大"决策制度，实行集体研究决策。

第二十一条　主管单位在引进毕业生工作中有特别重大项目用人需要、特殊人才需求的，区人力社保局应在报请区政府同意后，向市人力社保局提交书面申请；其他主管单位应以本单位名义，向市人力社保局提交书面申请。市人力社保局按照"三重一大"决策制度，实行集体研究决策。

第六章　监督管理责任

第二十二条　引进毕业生工作实行"谁引进谁负责，谁用人谁负责"的监督管理责任机制。市人力社保局、主管单位、用人单位应严格履行职责，规范引进程序，优化办理流程，防控廉政风险，实现全程留痕、纪实完整、终身可追溯，确保引进工作责任层层压实。

第二十三条　主管单位应加强对引进毕业生工作的管理，统筹做好引进毕业生工作计划，发挥工作效能；应重点跟踪检查毕业生培养使用情况；应建立健全内部监督机制，制定廉政风险防控措施，定期排查风险点，自觉接受纪检监察机关监督检查；应加强信息公开，自觉接受社会监督。

第二十四条　用人单位应把好选人关，完善选人用人制度；应与毕业生依法建立劳动（录用、聘用）关系，约定服务期限，履行办理就业落户手续、缴纳社保等责任和义务；应建立有效的沟通渠道，让毕业生了解单位发展和运行等情况，保持引进毕业生队伍稳定。

第二十五条　毕业生应做到诚实守信，对所提供材料的真实性、有效性、合法性作出书面承诺，严禁弄虚作假；对自身的择业行为负责，踏实工作，遵守法律法规和用人单位规章制度。

第二十六条　市人力社保局负责对落实引进毕业生政策、审核报送材料、培养使用毕业生等进行检查，检查结果与指标分配挂钩。主管单位和用人单位存在以下情形的，视情节轻重，给予约谈、通报、压减指标、暂停办理引进毕业生等处理。涉嫌违规违纪问题和线索，移送纪检及国家监察机关处理；涉嫌违法犯罪的，移送司法机关依法处理：

（一）为超出管辖范围用人单位办理引进毕业生的；

（二）不严格核实申报材料，推诿、拖延办事，造成服务对象利益受到损害的；

（三）不按照法律规定与毕业生建立合法劳动（录用、聘用）关系或者不履行缴纳社保义务的；

（四）以引进毕业生事项为由，收取服务对象代理费、服务费等费用的；

（五）协助毕业生提供虚假材料的；

（六）存在索贿、受贿或行贿行为的；

（七）存在其他违反法律法规或规章制度行为的。

第二十七条　毕业生实（见）习期内主动离职或实（见）习期内考察不合格，并经延长考察期仍不合格的，可由用人单位申请，经主管单位审核，报市人力社保局批准撤销其《接收函》，停止办理落户。存在弄虚作假行为，或毕业生及其利害关系人存在行贿行为的，取消引进资格，对不良信息按照本市有关规定予以记录，信息有效期为5年；已取得本市常住户口的，会同有关部门予以注销；涉嫌违法犯罪的，移送司法机关依法处理。

第七章　附　　则

第二十八条　本市事业单位引进毕业生按照事业单位公开招聘工作人员有关规定执行。

第二十九条　本办法自发布之日起施行。《关于印发〈北京市引进非北京生源毕业生工作暂行办法〉的通知》（京人社毕发〔2017〕44号）、《关于加强本市引进非北京生源毕业生公示工作的通知》（京人社毕发〔2017〕194号）、《关于建立健全本市引进人才和非北京生源毕业生工作责任制的通知》（京人社毕发〔2017〕195号）废止。

第三十条　本办法由市人力社保局负责解释。

北京市人力资源和社会保障局

2018年2月24日

2. 非上海生源到上海就业的具体政策

上海是我国的经济中心，国际大都市，全国许多高校毕业生特别是长三角的毕业生通常将上海作为求职的首选地。到上海就业就必须了解上海市的相关政策。非上海生源进沪就业，需按当年有效的《非上海生源应届普通高校毕业生进沪就业申请本市户籍办法》及相关户籍管理办法、人才引进的相关政策进行办理。

3. 非浙江生源到浙江就业的具体政策

浙江地处长三角地带，经济文化社会发展走在全国的前列，是吸纳高校毕业生的一个大省，也是高校毕业生就业的热门地区。浙江省就业政策与同处长三角的江苏相近，对非浙江生源到浙江就业没有特别的限制。2009年在浙江省政府出台的《浙江省人民政府关于加强普通高校毕业生就业工作的意见》（浙政〔2009〕21号）中明确规定：对企业招收非本地生源的普通高校专科及以上学历的高校毕业生，取消用人审批，允许毕业生在就业地落户，具体落户办法需参照工作城市户籍管理办法进行。

4. 非广东生源到广东就业的具体政策

广东是我国的经济强省，全国许多高校毕业生作为求职的首选地。到广东省就业，特别是广州市和深圳市就必须了解相关政策。非本地生源就业，需按当年有效的户籍管理办法、人才引进的相关政策进行办理。

四、对当前大学毕业生就业政策的分析

第一，国家和地方各级政府对大学毕业生的就业工作非常重视，将促进大学生就业作为一项重要的工作，并相继出台了一系列配套政策。由此可以看出，大学毕业生就业工作是一个全局性的工作。

第二，鼓励引导高校毕业生面向城乡基层、中西部地区以及民族地区、贫困地区和艰苦边远地区就业。基层是吸纳毕业生就业的最大空间，是最需要人才的地方，也是毕业生锻炼成长、施展才华的广阔舞台。积极引导和鼓励高校毕业生到基层和中西部地区就业，既有利于促进高校毕业生充分就业，也有利于培养具有坚定理想信念和奉献精神、对人民群众有深厚感情的后备人才，更有利于进一步优化基层人才队伍结构。鼓励和引导毕业生到城乡基层就业是今后一个时期就业的基本政策指向。

第三，引导和鼓励毕业生面向中小企业、非国有经济单位就业。目前，我国已就业大学生中有70％以上的大学生去中小企业和非公有制企业就业，这类单位已经成为大学生就业的主要渠道。近年来，为了鼓励毕业生到中小企业和非公有制企业就业，国家和地方政府进一步完善了相关制度和政策。对到中小企业和非公有制单位就业的高校毕业生，在选拔任用、薪酬待遇、专业技术职称评定、社会保险等方面与国有单位职工一视同仁；对他们当中从事科技工作的，在按规定程序申请国家和地方科研项目及经费、申报有关科研成果或荣誉称号时，要根据情况给予重视和支持。

第四，鼓励、支持毕业生自主创业和灵活就业。持就业失业登记证（注明"自主创业税收政策"或附着高校毕业生自主创业证）的高校毕业生在毕业年度内（指毕业所在自然年，即1月1日至12月31日）从事个体经营的，3年内按每户每年8000元为限额依次扣减其当年实际应缴纳的营业税、城市维护建设税、教育费附加和个人所得税。取消高校毕业生落户限制，允许高校毕业生在创业地办理落户手续（直辖市按有关规定执行）。提倡加强对

大学生的创业意识教育和创业能力培训，为到基层创业的高校毕业生提供有针对性的项目、咨询等信息服务，通过财政和社会两条渠道筹集设立"高校毕业生创业资金"，对其中有贷款需求的，提供小额贷款担保或贴息补贴。对高校毕业生以从事自由职业、短期职业、个体经营等方式灵活就业的，要提供必要的人事劳动保障代理服务，在户籍管理、劳动关系形式、社会保险缴纳和保险关系接续等方面提供保障。

第五，鼓励骨干企业和科研项目单位积极吸纳和稳定高校毕业生就业。为提高骨干企业人力资源质量和科研项目质量，国家和地方政府鼓励骨干企业吸纳有技术专长的优秀高校毕业生，以加强人才的培养使用和储备。首先，鼓励企业更多吸纳高校毕业生。国有大中型企业特别是创新型企业要更多地吸纳有技术专长的毕业生。高新技术开发区、经济技术开发区和高科技企业要集中吸纳高校毕业生。其次，鼓励困难企业更多保留高校毕业生。支持困难企业更多地保留大学生技术骨干，按规定给予社会保险补贴、岗位补贴或职业培训补贴。最后，鼓励科研项目聘用高校毕业生。承担国家和地方重大科研项目的单位要积极聘用优秀毕业生参与研究。一是给予毕业生劳务性费用和有关社会保险费补助，由项目经费列支；二是参与项目期间，毕业生户口、档案可存放在项目单位所在地人才交流机构；三是聘用期满，可续聘或到其他岗位就业，聘用期间工龄、社会保险缴费年限连续计算。

鼓励大学生应征入伍，报效祖国。高等学校学生应征入伍服义务兵役国家资助，在入伍时对其在校期间缴纳的学费实行一次性补偿或获得的国家助学贷款（国家助学贷款包括校园地国家助学贷款和生源地信用助学贷款，下同）实行代偿；应征入伍服义务兵役前正在高等学校就读的学生（含按国家招生规定录取的高等学校新生），服役期间按国家有关规定保留学籍或入学资格、退役后自愿复学或入学的，国家实行学费减免学费补偿、国家助学贷款代偿及学费减免。高校应届毕业生入伍服义务兵役退出现役后一年内，可视同当年的高校应届毕业生，凭用人单位录（聘）用手续，向原就读高校再次申请办理就业报到手续，户档随迁（直辖市按照有关规定执行）。

 **知识拓展**

医药卫生人才的需求趋势

未来几年医药卫生人才的需求呈现如下趋势。

（一）更加注重医药卫生人才的质量

人力资源质量是提高医疗水平的关键因素，随着医疗改革的深入，将更加注重医药卫生人才的质量。为实现 2020 年医疗卫生服务的总体目标，国家正在实施医药卫生人才培养的"质量工程"，如住院医师规范化培训制度、卓越医师培养制度等。医药类专业毕业生要积极参加这些人才培养计划，以适应社会的需求，早日成为优秀的医药卫生人才。据麦可思人力资源信息管理公司调查，2019 年读研比例最高的本科专业前 50 位中有 8 个是医药类专业，分别是口腔医学、临床医学、预防医学、药物制剂、麻醉学、制药工程、药学和中医学等。因此，对于本科及以下学历医药类专业的毕业生而言，如果不及时提升自己的学历水平，求职之路将越来越窄。

（二）要求医药卫生人才从单一专业向一专多能转变

人类疾病谱的改变、信息技术的发展和经济全球化的到来，对医疗卫生人才提出了更高的要求。对医护人员来说，不仅要有扎实的专业技术，还需要掌握社会学、心理学、信息学、外语等相关知识和能力，这也是适应现代医学模式转变的职业素养要求；对药物生产和研发人员来说，除了具备深厚的药学专业知识外，还要懂得法律法规、营销学、伦理学等知识。对卫生管理人员也是如此，医学、管理学、经济学等都要精通。单一专业的人才已难以胜任医学发展的需求，这就要求医药类专业的学生在校期间不仅要夯实专业基础，还要培养各方面的知识和能力。

（三）医药卫生人才将从城市流向基层

农村随着社区服务中心、农村医疗服务站在疾病防御、健康教育、妇幼保健、精神卫生、卫生监督等作用的凸显，社区、农村医药卫生人才需求将大量增加。作为医药类专业的学生一定要高度重视政府医疗卫生制度改革的大趋势，调整心态，关注基层医疗、公共卫生服务事业的发展，以积极的心态投入到上述服务事业的发展中去，充分发挥自己的医学特长，服务大众。

（四）交叉学科兴起，就业渠道将进一步拓展

在医学模式由传统的生物—医学模式向生物—心理—社会医学模式转变的过程中，医学与其他学科产生了交叉和融合。新兴学科应运而生，同时催生了众多新职位，如保健、康复、美容、医药代表、家庭护理临终关怀、养老院护理等。这些新职业进一步拓宽了医药类专业毕业生的就业渠道。医药英才网最新发布的一份人才需求报告数据显示，2019 年上半年，中国医药行业人才需求较去年同期上涨了 19.9%，营销人才、质量管理、中医科医生、护士（护理人员）、生物制药类人才成为上半年医药行业的前 5 大热门职业需求。其实，营销人才的需求量最大，古人才需求总量的 19.9%，较 2009 年同期增长了 30.4%。根据中国残联最新公布的《中国残疾人事业中长期人才发展规划纲要》显示，到 2020 年中国残疾人康复工作人员将由现在的 30 万人增加到 50 万人。

思　考　与　讨　论

1. 试分析当前大学毕业生的宏观就业形势。
2. 分析高校开展就业指导的重要意义。
3. 当前人才市场需要什么样的大学毕业生？
4. 当前大学毕业生就业的政策有哪些？
5. 联系自身实际，谈谈在现有的就业形势下，即将走向社会的大学生要做好哪些准备？

本　章　小　结

本章主要介绍了目前大学生的面临的就业形势、国家相关的促进大学生就业的政策，旨在帮助毕业生通过对就业形势的分析，结合政策方向，更好地调整毕业就业定位，构建专业知识体系，提升就业竞争力，最终找到合适自己的岗位。

第四章　求职择业的基本程序

学习目标

知识目标：

1. 了解毕业生就业工作管理部门的基本工作流程；

2. 了解人事代理的基本内容与程序；

3. 熟悉毕业生自身的择业程序；

4. 掌握用人单位的招聘程序及要求。

能力目标：学习本章，帮助大学生明确就业意向、圈定求职目标，制订求职计划、做好就业准备。

核心概念：大学生求职就业程序；搜集、处理就业信息；签约；招聘程序及要求。

案例导入

某毕业班安排在大三下学期一开学到外地实习两个月。正当班上其他同学整装待发之时，小王却不动声色地忙开了：他先找了班主任，拜托班主任如有合适的单位请帮忙推荐，并留下两份自荐材料。然后他又找到学校负责就业推荐工作的老师，请他们有重要信息及时告知自己。接下来他走访了自己最要好的一位低年级朋友，拜托这位师弟定期到学校就业信息栏看看，将有关重要信息及时告知给他。最后，他仔细查询了即将离开的两个月中，各地人才交流会的信息并根据实际情况做了安排。做完了以上联系工作，小王安安心心地前往外地实习去了。这样，尽管小王人在外地实习，却总比班上其他同学消息更灵通，不断接到用人单位的面试通知，选择的机会颇多。实习刚结束，小王的工作单位也顺利敲定。

想一想：小王为什么能一毕业就顺利找到好的工作岗位？

在对整个就业的程序有整体了解的基础上进行求职，有利于让毕业生主动把握好求职的每一步，对最终的成功有着莫大的助益。许多学生由于平常并不重视就业程序，认为只是写好简历、面试时多做准备就万事大吉，到最后往往会出现这样或那样的问题。有的毕业生由于对求职缺乏思想准备，仓促应对，结果只能是导致自己陷入被动。须知机遇往往只钟情于有准备的人，在激烈的竞争环境下，错失良机等于被淘汰。由此可见，了解求职就业的这一整套程序非常重要和必要。

尽管在国家就业政策的指导下，各地方、各学校根据情况对大学毕业生的就业程序做出了调整，但大学生求职自身的特点决定了就业程序都是大同小异的。那么，大学生求职就业的程序都包括哪些步骤？下面我们会逐一介绍给大家。

第一节　毕业生就业工作管理部门的工作流程

一、政府就业管理部门的基本工作流程

大学毕业生就业，是一项政策性很强的工作，必须遵循国家有关的政策法规，按照一定的程序和规则来办理。作为大学毕业生，要顺利地办妥毕业生就业过程中的各项手续，就必须对国家相关的政策规定有所了解，照章办事。这样，既可以避免不必要的麻烦，又可以在出现问题时依法维护自己的正当权利。

大学毕业生的就业管理机构，大致由三部分组成：全国主管大学毕业生就业的部门是教育部；各省、自治区、直辖市和中央各部委的有关部门分管本地区、本部门的大学毕业生就业工作；各高等学校和各用人单位负责本校毕业生就业的具体事宜和接收安置毕业生事宜。

其工作流程大致分以下五步。

第一步，教育部对年度国民经济发展和国家重点建设工程情况开展调查研究，制定相应的政策，从而确定年度的就业工作意见。各省、自治区、直辖市、中央各部委按照文件精神制定出本地区、本部门所属高校毕业生就业工作的具体意见。这项工作，一般在毕业前的半年内基本进行完毕。

第二步，教育部在每年的 10 月份左右向各地区、各部门提供下一年度的毕业生资源情况，包括毕业生所在的学校、所学专业以及毕业生的来源地区等。教育部还负责向社会及时通报毕业生资源情况和需求情况，并适时组织毕业生供需信息交流工作。

第三步，各地区、各部门和各高校的就业管理机构在每年的 11 月下旬至下一年的 5 月份，采取多种形式召开由学校和用人单位参加的"供需见面、双向选择"大会和开办毕业生就业市场，为毕业生求职择业创造条件，提供服务。毕业生在学校的指导下可直接参加这类活动。

第四步，各高等学校在完成全部教学计划以后，按照国家统一要求，一般从 7 月 1 日开始，根据就业方案为毕业生发放报到证，并办理离校手续。

第五步，毕业生报到工作结束后，各级就业管理机构对当年毕业生就业工作进行总结。

二、高校就业管理部门的工作流程

毕业生的就业工作是具有连续性的，送走上一届，紧接着就着手下一届的工作。高校就业管理部门的一般工作流程大致如下。

（1）生源统计。每新学年开学初（8～9 月），由各学院按专业、生源地、毕业生人数统计毕业生生源情况，再由学校就业指导部门汇总，主要是给需求单位提供生源信息。

（2）毕业生资格审查。毕业生资格审查的目的是确认和核实每一位毕业生的入学资格，毕业生通过审查后才能取得毕业资格。毕业生资格审查的主要内容是毕业生生源、姓名、专业、学制、培养方式等，所审查的内容以招生录取资料内容为准。如有不一致之处，须出具相关手续。如改名手续，需出具市区级公安部门的改名手续；生源地变迁，需出具户籍变动手续（由现住址所在地的派出所出具户口迁移证明信），有学籍变动者（降级、休学、转系、转专业等），须出具学籍变动手续（由学生处、教务处共同签字盖章的手续）。

（3）发放就业协议书。协议书一式四份，由学校招生就业处统一发给毕业生。

（4）收集就业需求信息，组织供需见面会。向用人单位介绍毕业生情况，了解各地区就业政策，收集需求信息。向用人单位发邀请函；收集需求信息，邀请用人单位参加学校毕业生就业供需见面会。

（5）组织校园招聘会，毕业生和用人单位"供需见面、双向选择"。

（6）收集已签好的就业协议书，制作就业方案并报上级教育行政部门。

（7）派遣、离校。包括发放报到证、户籍关系、档案的转寄。

（8）办理改派手续。根据规定，学生可在毕业后一年内办理改派手续。

三、人事代理简介

人事代理是指由政府人事部门所属的人才服务中心，按照国家有关人事政策法规要求，接受单位或个人委托，在其服务项目范围内，为多种所有制经济尤其是非公有制经济单位及各类人才提供人事档案管理、职称评定、社会养老保险金收缴、出国政审等全方位服务，是实现人员使用与人事关系管理分离的一项人事改革新举措。

人事代理的方式为委托人事代理，可由单位委托，也可由个人委托；可多项委托，将人事关系、工资关系、人事档案、养老保险、社会统筹等委托当地人才服务中心管理，也可单项委托，将人事档案委托当地人才服务中心管理。

（一）人事代理的对象

人事代理的具体内容由代理方和委托方协商确定。代理方可以提供如下服务。

（1）为委托方提供人事政策咨询，并协助委托方研究制订人才发展规划和人事管理方案等。

（2）为委托方管理人事关系、人事档案。办理专业技术人员专业技术职务任职资格的申报工作；办理大中专毕业生见习期满后的转正定级手续，调整档案工资；出具因公或因私出国、自费留学、报考研究生、婚姻登记和独生子女手续等与人事档案有关的证明材料。

（3）为国家承认学历的大中专毕业生提供人事代理服务，从签订人事代理合同之日起按有关规定承认身份、申报职称、计算工龄、确定档案工资、办理流动手续。

（4）为委托方接转党团组织关系，建立流动人员党团组织，开展组织活动。

（5）为委托方代办失业、养老等社会保险业务。

（6）为委托方代办人才招聘业务，提供人才供需信息，推荐所需专业技术人员和管理人员，负责聘用人员合同签证。

（7）根据委托方要求，开展岗位培训，并协助委托方制订培训计划。

（8）根据委托方要求，开展人才测评业务。

（9）代理与人事管理相关业务。

（二）人事代理服务的主要内容

（1）代办员工的录用、调档、退工、社保开户变更、年检等手续和外来人员综合保险。

（2）用人单位委托招聘派遣岗位所需人才。

（3）代办人才引进、居住证、就业证手续。

（4）办理户口挂靠及档案委托管理相关人事手续。

（5）提供各类商业保险、福利及培训方案，规章制度设计、薪酬设计等。

（6）提供人事政策、法规咨询、调解劳动争议等。

（7）调查员工满意度：调查薪资、拟定岗位描述。

（8）人力资源规划。

（三）人事代理的程序

（1）委托方向代理方提出申请，并提供有关材料。

个人办理委托人事代理，根据各自情况的不同，须向当地人才服务中心分别提交下列有关证件：

① 应聘到外地工作的，须提交委托人事代理申请、聘用合同复印件、身份证复印件、聘用单位证明信（证明其单位性质、主管部门、业务范围）等；

② 自费出国留学的人员，须提交委托人事代理申请、原单位同意由人才服务中心保存人事关系的函件、出国的有关材料等；

③ 辞职、解聘人员尚未落实单位的，须提交委托人事代理申请及辞职、解聘证明、身份证复印件等证件。

而单位办理委托人事代理，只需持营业执照副本（法人登记证）和公章到相关人才服务中心，即可免费办理人事代理开户手续。

（2）代理方对委托方申报的材料进行审核。

（3）委托方与代理方签订人事代理合同。

（4）代理方向有关方面索取人事档案及行政、工资、组织关系等材料，并办理有关手续。

（5）人事代理当事人的权利和义务，由双方以协议的形式予以明确，共同遵守。

 **知识拓展**

人事代理个人服务小知识

1. 您了解自己档案的作用吗？

一个人，从中学开始就有了自己的人事档案，而这份档案将记录自己一生的经历。人事档案是作为个人学习和工作经历、政治面貌、品德作风、业务能力、知识水平、工作业绩等内容的文件材料集中整理并保存起来以备查考的历史记录。它是历史的、全面的考察和正确选拔使用人才的重要依据、是国家档案的重要组成部分。

2. 毕业生为什么要办理人事（档案）代理？

高校学生毕业后将要面临的转正定级、职称申报以及出具出国、考试等有关证明，都会使用到自己的档案。因此，毕业生一定要重视并妥善安置自己的档案，即使毕业后暂未落实接收单位，也应该将档案及时委托政府人事行政部门所属的人才交流服务机构进行管理，以免日后给自己带来本可以避免的麻烦。

3. 毕业生办理人事代理有什么好处？

办理人事（档案）代理，首先解决了落户的问题，其次保证了您不管在何种性质单位（包括私营、三资或民营企业）工作，都能够使您的合法权益、人事代理服务得到保障。例如：（1）落户某地；（2）计算工龄；（3）工作一年后办理转正定级和职称评定；（4）按照国家规定调整档案工资；（5）办理出国政审手续；（6）代理党组织关系；（7）根据个人求职意向，推荐工作；（8）个人求职信息免费录入中国某地人才市场人才库供用人单位选择；

(9)出具各类证明材料(如考研证明、婚姻及计生状况证明等)。

　　4.何种管理机构才能管理流动人员的人事档案?

　　根据中国共产党中央委员会组织部和国家人事部《流动人员人事档案管理暂行规定》(人发[1996]118号)、《干部人事档案材料收集归档规定》(中组发[2009]12号)明确规定,流动人员人事档案管理机构为县以上(含县)党委组织部门和政府人事行政部门所属的人才流动服务机构,其他任何单位不得擅自管理流动人员人事档案;严禁个人保管他人人事档案。

　　5.个人委托人事代理手续

　　个人委托人事代理须持本人身份证,暂未就业的毕业生还需带上毕业证,有工作经历的需原单位出具的辞职、辞退、解除合同、自动离职、除名等书面证明,经人事代理部审核后开具调档函,待档案转至当地人力资源或社会保障局或人才服务中心签订人事档案管理证。

第二节　毕业生自身的择业程序

　　毕业生自身的择业程序一般有以下几步构成。

　　(1)认真填写《毕业生双向选择就业推荐表》并充分准备好自己的自荐材料。自荐材料一般包括学校简介、专业介绍、个人简历、自荐信、获奖情况、参加社会工作或社会实践情况、荣誉证书复印件等。

　　(2)广泛搜集人才市场需求信息,并对所了解的需求信息进行筛选。

　　(3)进一步了解用人单位情况,确定职业方向(做过个人职业生涯规划的学生就会对自己的职业方向比较明朗)。

　　(4)向用人单位投递自荐材料,争取参加用人单位组织的面试。

　　(5)与用人单位签订毕业生就业协议书。如系异地就业、人户分离就业(务工),则可签订《劳动合同》或由用人单位出具录(聘)用证明。

　　(6)手续完备的毕业生就业协议书应在第一时间寄送至学校就业指导办公室签署意见。

　　一般而言毕业生就业协议书一式四联,第一联毕业生个人留存,第二联给用人单位留存,第三联学校留存,作毕业派遣、开具报到证之用,第四联地方主管部门留存。未签订毕业生就业协议书的毕业生应与用人单位签订劳动合同,并将合同的复印件或录(聘)用证明寄送学校大学生就业办公室留存,制作毕业生就业档案,并作派遣依据。

　　(7)由学校大学生就业办公室凭毕业生就业协议书或劳动合同复印件、用人单位录(聘)用毕业生证明到省级教育主管部门办理报到证。

　　(8)报到证一式两份,一份由毕业生领取,办理户口迁移证及报到用,一份放入毕业生个人档案后结转档案。

　　(9)持报到证并在其所列时间到用人单位或人才交流中心报到,办理档案结转手续。

　　(10)凭户口迁移证、报到证办理落户手续。

　　毕业生就业年历如表4-1所示。

表 4 - 1　毕业生就业年历

时间(月份)	择业阶段	所做工作(内容)
7—8 月	基础准备	择业中所有个人佐证材料的整理与收集(如获奖证书、发表作品或论文、参加各种重要活动的证明、照片等)
9 月	择业前准备	就业技巧的培训与提高;个人自荐材料的准备;面试的物质准备(如服饰资金等);信息表格的填写;了解就业政策;分析各种就业形势;锁定就业意向
10—12 月	第一择业高峰	应用获得的就业信息,开始有针对性地择业应聘
次年 1—2 月	调整	总结和反思择业中的得失,调整择业心态和目标,力争使择业能力再提高
次年 3—5 月	第二择业高峰	再次为择业成功而努力
次年 6 月	岗前准备	根据已确定的职业角色要求,做好岗前准备,办理毕业离校手续

根据毕业生自身的择业程序,下面我们选择了一些重要的内容加以介绍分析,希望对大学生顺利实现就业有所帮助。

一、收集整理分析就业信息

"兵马未动,粮草先行"。现代社会是一个信息社会,像企业发展离不开商品信息一样,毕业生择业也离不开就业信息。从当前在大学生择业、就业的实际情况来看,大部分学生懂得信息的重要性,能够及时抓住信息,把握就业机会,顺利走上称心如意的工作岗位。但也有不少同学,或闭目塞听,缺乏信息,一味地拿着自荐材料到处乱碰,自然运气不佳;或信息不够全面、准确,没有找到足以充分发挥自己聪明才智的工作岗位就草率决定,签约后又后悔;或有了信息却又不知如何充分利用,错失良机。因此,在当前"双向选择、自主择业"的就业模式下,每一位大学毕业生在清晰认识自身条件的同时,必须充分认识就业信息的内涵,掌握收集就业信息的渠道,学会对就业信息进行分析、筛选、整理和运用,进而作出正确的职业选择。

大学生求职择业,不仅取决于整个社会政治、经济状况,而且取决于毕业生个人的专业、学历、综合素质,还取决于毕业生是否拥有信息。因而对于初涉职场的大学生来说,首先要弄清什么是就业信息。

所谓"就业信息",有宏观和微观之分。宏观的就业信息包括就业政策、社会对人才的需求、未来行业的发展趋势、社会就业、人口资源、高校管理部门为实现毕业生充分就业而制定和实施的各种规章制度和政策;微观的就业信息是指那些由招聘单位或人才市场、中介公司等机构发布的旨在招聘人员从事某项工作的信息。就业信息涉及的范围非常广,包括一切与毕业生就业有关的就业政策、用人单位的需求信息、供需见面活动安排等内容。

当然,要想使自己的择业决策具有更多的科学性,毕业生必须要有就业信息量上的保证。譬如国家的就业方针、各地方及行业的就业政策、自己所属院校的就业细则和有关的就业机构及其具体职责等;更为重要的还有用人单位的需求信息。如果这些信息的占有量不足,毕业生取舍决策的科学性、准确性就要大打折扣。

（一）职业需求信息的内容

一般而言，某一较完整的职业需求信息，主要包括以下几方面的内容：

1. 招聘单位的基本情况

求职者首先要了解招聘单位的基本情况，从招聘单位的名称中，往往就能够了解多种信息。用人单位的基本信息如下。

（1）单位的准确名称、性质及隶属关系。用人单位一般分事业单位和企业单位两类，企业单位有国有企业、集体企业、私营（民营）企业、三资企业、外资企业等几种类型。市属单位要搞清楚上级主管部门（指人事管理权限），中央单位应搞清楚主管部、委、总公司等情况（人事档案管理关系）。如中国航空工业总公司第六一五所隶属于中国航空工业总公司。

（2）单位的地点、总部及分支机构的业务范围与地理分布。

（3）单位的联系方式，如人力资源部门联系人、电话、通信地址、E-mail 等。

（4）单位的组织结构、规模（员工数量）与行政结构。

（5）单位的经营业务范围、类别及服务内容。

（6）单位需要的专业背景、具体工作岗位及对所需人才的具体要求。

（7）单位的财务状况、绩效考核体系、培训体系及薪酬体系（工资、福利、住房、奖金）以及为员工的培训和发展等。

2. 需求岗位的工作情况

职业岗位的工作内容，一般包括"做什么、为什么做、怎么做"。例如一家商场招聘，有售货、收款、仓库保管、会计、出纳、保洁、采购、运输以及各级管理工作等多种岗位，还需要照明、电梯、空调、保安等人员，每个岗位在商场中都有特定的地位作用。同样是当电工，在电力安装部门是一线人员，在商场、医院就是二线人员。此外，还得了解以下几方面的内容：工作量，工作任务是否饱满；工作时间，包括上下班时间、有无加班、是否经常出差等；工作环境，包括户内还是户外、流动还是固定以及工作场所的温度、湿度、噪音等，还有人际关系，工作气氛；绩效考评，即对该岗位工作如何考核等。

3. 招聘单位的工资待遇

用人单位的工资待遇，包括工资、奖金、津贴、福利以及医疗、退休、保险等。少数用人单位在发布的招聘广告中，说明了所招聘职位的工资待遇，但大多数的招聘是没有明示工资水平的。这可以通过询问与自己熟识的人或该单位有关的人员而获得，并与当地人才市场的工资价位相比较。

4. 招聘单位提供的个人发展空间

越来越多的毕业生已经开始关注用人单位提供给员工的个人发展空间，包括培训和进修的机会，某岗位工作能得到晋升的机会和空间，转换岗位的机会等，这些事关工作的满足感和成就感。

5. 招聘条件

招聘条件即招聘单位对求职者的具体要求，一般包括学历、专业、年龄、性别、职业资格、技术等级、身高、相貌、身体素质等方面。有些用人单位和岗位还对心理素质、能否经常出差等方面有特殊要求。

6. 招聘数量和报名办法

求职者还应当掌握招聘数量和报名方法方面的详细情况，这包括用人单位招聘哪些岗位的从业者，每种岗位招聘人员的数量，报名的时间、地点、方式，应准备哪些证件和材料（如个人简历、学历证书、职业资格证书、身份证、户口本和其他证明等）。

（二）搜集就业信息的渠道

就业信息非常重要，而知道怎样去搜集信息则更为重要。林林总总的就业信息往往都是通过各种媒介传递的，因此毕业生必须利用各种渠道获取信息，学会使用"多管齐下"的方法来搜集和掌握信息。

古语有云："授人以鱼，不如授人以渔。"那么，如何获取、分析、利用就业信息，达到主动发现机遇、大胆把握机遇的目的呢？

从目前来看，随着大学生就业市场的培育和发展，毕业生们的信息搜寻渠道也越来越宽广，呈现出多样性的特点。大多数毕业生必须进一步拓展就业信息搜寻渠道，尝试通过各种途径收集就业信息。目前主要的信息获取途径有：政府、学校就业职能部门网站，政府、学校举办的供需见面会，人才市场招聘会，企业招聘网站，人才市场网站，实习单位，就业报刊、杂志，亲朋好友、老师等社会关系资源等。对于这些途径，可以归纳为信息网络、人才市场、招聘会、社会关系资源以及其他四大渠道。

1. 信息网络途径

目前，不少地方人才交流机构采用了网络化、电子化为人才配置牵线搭桥，而且这一现代化的信息传递手段也已为各高校和用人单位普遍采用。各高校目前普遍采用校园网为本校的毕业生发布需求信息，用人单位也注意通过各种网络发布有关的招聘人才的信息，甚至不少主管部门也通过网络发布有关的招聘的通知和文件。随着我国就业工作信息化进程的加快，网上搜寻就业信息已成为如今大学毕业生最常用的求职手段之一。通过这一途径，毕业生不仅可以自由地从互联网上取得各种就业信息，而且还能利用互联网介绍自己的个人情况。可以说，网络传递信息所具有的"多、快、好、省"的特点，是其他求职方式所不能比拟的。

从目前来看，信息网络途径主要包括政府主办的就业网站、学校就业工作职能部门网站、用人单位网站、专业的人才公司网站这四大类。

（1）政府主办的就业网站。主要包括教育部主办的中国高校毕业生就业服务信息网，各部委主办的就业信息网站，各省人事、教育行政部门主办的毕业生就业工作网，各市区县开通的人事、人才网等。此类就业网站提供的信息往往涉及面广、范围大，能从总体上进行规划全国性或区域性的信息交流和人才配置，具有极高的权威性。

（2）学校就业工作职能部门网站。学校就业工作职能部门是各高校负责就业工作的行政机构，一般的名称通常为"就业指导中心"，或"毕业生就业办公室"，负有指导学生就业、搜集就业信息、提供就业服务的职责。一般而言，这些职能部门都建有就业信息网，并由专门的工作人员负责从媒体、网络等途径收集就业信息。学校在长期的办学过程中，和社会各界建立了深厚的联系，老单位、新单位需要人才，通常会主动和学校就业指导中心联系，以图获得高质量的毕业生；就业指导中心和社会各方面的人才市场、人才交流中心、就业中介机构等单位有正常的工作联系，这也是该机构的就业信息来源。此外，在毕业生就业过程中，该部门还会通过有针对性地向各个用人单位发布毕业生资源信息函，电话联系相关单位和人事部门以及主动参加各种信息交流活动等方式征集大量的需求信息，并及时通过网络传递给学生，同时辅之以"供需见面""双向选择""毕业生就业洽谈会""用人单位招聘会"等人才交流形式相配合，使信息得到落实。因此，该部门的就业信息量大，信息的可信度也比较高，涉及的专业面和地理区域都比较广，应该予以高度重视并充分利用。

（3）用人单位网站。有一定规模的用人单位一般都有自己的网站，他们的需求信息首先会在自己的网站发布，然后再通过区域人才市场或高校就业指导部门发布。与通过人才市场发布的信息相比较，通过单位网站发布的信息更具体、更全面，更有利于毕业生收集和参考。更有一些用人单位网站还举办网上视频招聘活动，大大降低了招聘单位和应聘者的成本。

（4）专业的人才公司网站。目前从事人力资源的猎头公司越来越多。这些企业在充分利用各种平面媒体的同时，也加大了对各种网络媒体的投入力度，纷纷建立了专业的人才网站。如中华英才网（www.chinahr.com）、前程无忧网（www.51job.com）、智联招聘网（www.zhaopin.com）、中聘网（www.pincn.com）、网易职业频道（jobs.163.com）等。

网上人才交流已经成为职业发展的新时尚。近两年，每年都有大量的人因为找工作而遨游在网络空间。另外，不少人才市场或网络机构也注重通过这一途径完善自己的服务功能。不管怎么说，大学毕业生应充分注意这一信息传播途径，这也是毕业生获取求职信息非常重要的一个途径。

当然，在享受互联网求职的快捷和方便的同时，也有一些需要注意的方面。

（1）不要将全部希望都寄托在网上求职，网上求职只是求职的一个渠道，要知道，网上求职的信息虽然多，但反馈也慢，甚至可能你投了几十份简历也没有人搭理你。这就需要保持一种平和的心态，坦然地面对挫折和困难，不必自卑胆怯和过分焦虑，要积极调整心态迎接挑战。

（2）要注意防范网上求职的一些骗局。网上求职时一定要登录正规网站，以免被骗。一般正规的人才网站在刊登人才需求信息时，都会仔细验证招聘单位的真实性，要求对方提供单位营业执照、办理人员的身份证件以及加盖公章的单位证明等，严防虚假信息的发生。而一些小的招聘网站由于种种限制，则很难做到如此周密的检查。求职者在无法确定所要应聘单位的真实性与可靠性时，可以到一些求职论坛发帖请求援助，可能会得到一个满意的结果。

（3）通过邮箱投递求职简历时，一定要注意信件写作和发送的细节。比如：主题一栏中最好不要空白，写明求职者的学校和姓名、注明所要应聘的职位是通常的做法；信件正文处最好不要空白，应该按照书信格式写明称呼、正文、落款和日期等，在信件中，要简明扼要地将应聘缘由、自己的基本信息和希望应聘的岗位等情况说明清楚。

简历直接粘贴在信件正文还是以附件形式发送呢？当然是发送附件更为稳妥了。如果简历直接粘贴在正文部分，很容易引起格式混乱，放在附件中则不会有这样的麻烦了。不过，发送附件也有几点必须注意：一是尽量将所有材料整合在一个文件中，并且不要以压缩文件形式发送。试想，招聘人员要多次下载你的文件且存在专门的文件夹中，或者下载完后再解压缩，工作量会增大不少，对你的印象恐怕要打折扣了；二是为附件取一个简短的名字，如"科大李三应聘＊＊的简历"，直接点明主题；三是附件不能太大，过大的附件不仅发送困难，对方下载也费时，在将自己的照片和各种获奖证书拍照生成图片放在简历中时，一定要经过加工处理，尽量减小附件。

此外，不要太盲目地在网上发布简历。由于网上求职的简便，很多人采取广种薄收的策略，群发简历，而招聘单位看到这些群发的邮件时通常都是直接删除。因此，一定要看准了再发，一家单位发一次。当然，将信件存在发件箱以及要求对方给予已读回执等细节也不能忽略了，对于重要的单位，为了谨慎起见，发送邮件后，还可以考虑再将简历纸质材料邮寄给对方。

（4）网上求职要注意对一些私人信息进行相应的保护，比如：不要在网站上透露家庭地址，求职者只需要留下个人的电话、邮箱及自己的大概位置就可以了，以防被一些骗子所利用。

2. 招聘会途径

招聘会途径主要指政府、高校举办的供需见面会以及人才市场的各类招聘会。鉴于供需见面会和各类招聘会一般都由各地教育行政部门、人事行政部门或者其委托的具体机构、高校筹划举办的，它的涉及面比较广、范围大，并且主办单位具有一定的知名度，所以这样的招聘会对大学生而言具有巨大的吸引力，用人单位通常也愿意借助这种方式进行人才的集中挑选。供需见面会和各类招聘会提供的大量就业信息，也使毕业生可以在更大的范围内进行信息筛选。

近年来，随着人才市场的发展，各类供需见面会和招聘会种类越来越多，举办的频率也越来越高，给大学毕业生增加了许多就业信息。虽因组织形式不同，效果也不尽相同，但总体上看，还是有相当多的毕业生通过这种途径落实了就业单位，因而招聘会始终是毕业生获取就业信息的重要渠道。当然，林林总总的招聘会上所提供信息的可信度比学校就业指导中心的可信度要差一些，它往往存在鱼龙混杂的情况，因此，毕业生必须进行必要的信息鉴别。

3. 社会关系资源途径

利用社会关系资源寻找工作是很重要、很有效的一条求职途径，有相当高的成功率。各类社会关系，也可称为"门路"，是指获取信息的途径、渠道，是毕业生获取就业信息的一种天然资源。千万不能将这种"门路"简单等同于"走后门"而不屑一顾。事实上，作为社会人，任何毕业生在成长过程中已经结成一定的社会关系，其中，相当多的社会关系也在关注毕业生的就业问题，这是毕业生实现自身就业的天然资源。因此，如果说市场竞争机制和企业进人的监督机制能够使"唯才录用"成为大家的共识，那么"门路"就应是大学生求职择业过程中所应加以重视和利用的有效途径之一。事实上，每年也有不少毕业生是通过"门路"落实就业单位的，他们实现求职凤愿后，充分发挥了自己的实力，确实也取得了很大的成功。

对求职的学生而言，社会关系资源主要以"三缘"为基础。作为社会人，在走入社会之前，与社会的联系不外这样三种"缘分"，即"血缘""地缘""学缘"。完全没有"门路"的人是不存在的。埋怨没有"门路"的人并不是真的就一点门路都没有，而是他没有动脑筋去寻找"门路"。以"血缘"而论，每个人都有父母及亲朋好友等亲人，而且父母及亲人也都有自己的父母和熟人，以此延展下去，就会变成一个"门路"网络。以"地缘"而论，故乡的同学、朋友、师长和校友，而他们也各自都有许多亲友、同学等。通过这些"门路"，你所获取的信息量就会激增。在这里需要提示的是，在"门路"中，要特别注意利用师长和校友这一关系，尤其是本专业的老师，他们比一般人更了解本专业学生适合就业的方向和领域，很多教师与校外单位进行科研协作或兼职教学，对一些单位十分了解，提供的信息专业对口性强。校友与母校之间的特定的"血缘关系"，决定了校友提供信息的特点：（1）校友对母校了解全面深刻，提供的信息切合学生的需要；（2）单位认为校友提供的信息比较可信，增加了对学生的诚信认可；（3）校友大多在对口单位工作，他们熟悉招聘单位情况，提供的信息往往准确、翔实，操作性较强，提高应聘的成功率。毕业生可通过本院系或学校相关部门查询校友信息。

在具体的求职过程中，上述"门路"求职的方法虽不一定为我们所照搬，但应该给我们以积极启迪。只要学生的素质是过硬的，只要不以违法的方式寻求所谓"门路"，我们就应该鼓励学生广开"门路"。

4. 其他途径

其他途径主要指有关的就业指导和报纸杂志等刊物的招聘广告以及一些职业介绍服务机构和中介机构。有关就业指导的报刊、图书，如教育部高校学生司和全国高校毕业生就业指导中心主办的毕业生就业指导报，是专门为毕业生就业服务的专业性报纸，定期为毕业生提供就业信息。一些就业指导的图书中也经常附上有关用人单位的情况介绍和需要相关专业毕业生的人数等，这些也都是获取信息的渠道。当然这些信息的时效性和前三种渠道获得的信息时效性相比是要打一些折扣的。职业介绍服务机构和中介机构是当前劳动力市场的重要载体。这些机构拥有大量的职业需求信息，它们一般会按照用人单位或行业等标准将信息分门别类，一方面运用电视、网络、广播等设备，以及广告、报纸、手册或卡片等书面材料向求职者提供信息，例如岗位空缺信息、职业培训信息、职业供求分析预测信息、劳动就业政策法规、其他劳动力市场信息；另一方面他们又将求职者的个人信息向用人单位提供。

（三）提高就业信息的收集能力

就业是一个双向选择的过程。对于毕业生来说，信息的搜集、处理能力至关重要。因此，毕业生还应学会未雨绸缪，努力实现信息搜寻能力的提高。这就要求毕业生做到以下几点。

1. 要增强信息搜寻的主体意识

在就业模式的转变过程中，学校不再对毕业生的就业去向进行分配，毕业生必须主动地去获取信息，寻找就业机会。采取什么策略寻找工作、每天花多长时间找工作等，都由毕业生自己决定，学校只是提供相关的服务。可以说，就业过程本身就是对毕业生的能力的挑战。而当前我国的高校毕业生中独生子女日益增多，社会普遍反映他们存在着娇气、缺乏吃苦耐劳精神、心理抗挫能力差、依赖性强等缺点。有的毕业生自己不主动出击搜寻就业信息，白白延误就业时机，错过就业机会；有的毕业生过度依赖父母和亲朋好友，缺乏择业的主动性，依赖性过强，部分人即使在别人的帮助下一时能找到工作，也难以适应今后的竞争。所以毕业生应该加强职业规划，多参加各种有利于提高自身主体意识的学习实践活动，力图在实践中形成惯性的主体意识。

2. 要增加信息搜寻的成本投入

信息的获取需要以一定的时间和金钱为代价，这些可以看成毕业生就业的前期投资。毕业生必须充分意识到这种投资的重要性，毕业生可以延长信息搜集的时间，如提前进入就业信息搜寻期，在求职的过程中花费更多的时间增加就业信息搜寻的途径，充分利用个人的社会关系网络。加强与外界的交流，增加信息搜寻的投入，主动搜寻信息。

3. 要提高自身的信息处理能力

目前，我国毕业生择业时间大多集中在毕业前的半年。这期间，社会和学校都要举办多种形式、不同层次的毕业生供需见面洽谈会。有相当一部分毕业生盲目地在市场与市场之间穿梭奔波，造成人力与财力的巨大浪费。因此，毕业生在人才市场中应首先确定择业目标，若决定去某种类型的企业求职，一进门便要寻其所在，抓紧时间面谈，以提高成功的概率。我们知道应届毕业生择业同社会各类人员再就业之间最大的区别就是具有较强的时效性，毕业生必须充分把握时机，提高信息的辨别能力，积极主动地参与到人才市场的竞争中来，在尽可能多地搜集就业信息的基础上，及时地对信息进行分析、了解、取舍，尽快确定自己的就业去向，犹豫不决往往会坐失良机。此外，毕业生应该在充分了解社会就业形势与环境和客观评价自我的基础上，对适合自己发展的生活空间作出及时、准确的判断，这不仅包括生活环境，如地区、城市等，同时也包括行业及职业种类等。在这一点上，因为毕业生缺乏对社会的充分了解，社会阅历比较浅，再加上社会、家庭、同学的影响，往往存在定位意识趋同、攀比等现象，这将直接影响到毕业生择业去向的合理性和准确性。

4. 要培养和提高获取有效信息的综合素质

当今世界是一个信息爆炸的时代。毕业生就业的时间和精力都有限，要在有限的时间内搜集到尽可能多的有效信息，需要毕业生有强烈的信息意识，充分认识获取信息资源对个人就业的重要性，同时要明确自己的求职方向，缩小信息搜索的范围，灵活地通过多种渠道迅速地获取有效信息。

如今的大学生已不再是"皇帝的女儿不愁嫁"，对于初涉职场的大学生来说，应结合实际情况，尽可能多地掌握就业信息。在现实社会中，就业信息来源渠道不一、传递方式不同，通过各种渠道搜集来的就业信息一定要予以分析、甄别，去粗取精，去伪存真。

（1）要分析就业信息的真实性。

像来源于各级毕业生就业指导中心、各级教育部门或其他相关部门主办的毕业生供需见面会提供的信息，一般来说都是比较可靠的真实信息，这种信息无疑是需要保留下来的。而来源于互联网上其他网站的信息的可信度相对来说真实性就低一些，对于那些虚假的信息就要将其筛选掉。

（2）要把握就业信息的准确性。

就业信息本应真实、全面、准确地反映用人单位的意图，但现实中有些就业信息往往很简单，甚至只言片语，容易产生错觉。因此，针对这种情况，应利用多种方式印证信息的准确性，要掌握用人单位对求职者的学历、学习成绩、特长、政治面貌、思想品德、职业能力、外貌、性别、身体状况的要求等。尤其是用人单位信息中的工资福利待遇及进修培训部分，应特别注意并准确理解，否则就容易使你做出错误的选择或者使你的合法权益受到损害。

（3）要注重就业信息的时效性。

虽然有的就业信息是真实的，但是它是几个月前的信息，当我们看到这一信息时，用人单位已经招聘了所需要的人员，所以这类失效的信息对于我们已经没有了任何意义。因此在搜集、整理和处理各类就业信息时一定要注意信息的有效时间，在搜集到就业信息后，应果断决策，适时使用，以免过期。用人单位发布信息后，职位信息随着应聘情况随时都会发生变化，毕业生应及时与用人单位保持联系。这样做的好处是：一是可询问岗位报名情况，做到知己知彼；二是能体现出积极的态度，为求职成功增加砝码；三是有些信息在时间上可能已过时，但有可能出现实际应聘人数不足的情况，仍可"见缝插针"。

（4）要评估就业信息与自己的匹配性。

适合自己的就是最好的，这是处理信息的核心之所在。毕业生在选择信息时，要根据自己的优势、长处和性格特点等，认真考虑自己是否适合和愿意从事这个职业，并作出取舍。而不顾自己的实际，以待遇、地点作为首选原则的毕业生，即使在求职中侥幸取得"成功"，在未来的发展中也会逐渐表露出自己的弱势。

一旦确定了信息的真实性和对你自己的匹配性，就应该迅速作出反应，不能让信息在自己手里被耽误。

（1）要快速明确地反馈应聘意向。

快速明确地反馈自己的应聘意向，往往是毕业生决胜人才市场的关键举动。对于用人单位的招聘信息，在进行分析判断的基础上，必须快速反应。一是可以捷足先登，赢得用人单位良好的第一应聘印象，同时，也可以巧妙地表明自己积极应聘的态度。一般地，在条件相当的情况下，首先应聘的人往往更容易赢得成功的机会。二是应聘的意向必须明确，意思的表达必须清楚，应聘的信心十足。只有这样，才有利于用人单位进行考核录用。

现在，许多毕业生对寻找工作存在错误的认识：毕业生自我感觉不顺心，就一味地挑、挑、挑，频繁地进行岗位挑选，尤其是自己根本就没有明确的就业意向，往往是挑花了眼，也丢了可能的机会；或者毕业生自我感觉不满意，一味地等、等、等，即使用人单位做出明确的可以签约的表态，毕业生往往也是犹豫不决，或不回应，或随意回绝，总认为"最好的往往在最后"，一味地等待"最好的机会"。常常是有机会，但自己丢了，到头来，却又没有机会；或者是毕业生自我感觉不理想，拼命地考、考、考，或考研、或考公务员、或考GRE，总以为考试可以赢得更多的机会、更多的选择，但是考试未必就可以带来理想的机会。重要的是，珍惜机会，工作理想不理想总是相对的，永远不可能有最满意的职业。毕业生将不是十分理想的工作视为自己的事业，并为之全身心地奋斗，最终也可能成为理想的职业；反之，目标不明确，不愿付出努力，理想的职业也会变成不理想的。

（2）有的放矢，想方设法对照信息推荐自己。

俗话说，事在人为。社会是人的社会，用人单位也不例外。对于自己获得的就业信息，毕业生如果非常希望签约，应当按照招聘信息要求，想方设法调动自己一切可能的力量推荐自己。或邀亲友，从中周旋；或请教师，予以推荐；或动员自己可能的社会资源，通力协助。同等情况下，推荐力度大的毕业生，赢得就业成功的机会更大，当然，成功的关键在于毕业生本人的基本条件是否达到招聘单位的要求。同时，积极进行准备，在用人单位组织的考核中，充分展示自己，全力突出自身优势。毕竟，内因是根本，外因是条件，内外因相协调，就可以获得成功。

（3）见好就收，快速签订协议。

一经和招聘单位协商一致，就应快速签订协议。就业协议的签订，可以视为毕业生成功使用了就业信息，标志着就业单位的落实。从就业信息的发布开始到就业协议的签订，毕业生与招聘单位签订就业协议就像青年男女从恋爱到办理结婚手续一样，尽快签订就业协议对双方都是一种保护。从某种意义上说，签订就业协议，是维护毕业生和招聘单位双方合法权益的重要"护身符"。

二、应聘和签约

（一）应聘简历很重要

如果你应聘前要投递简历给应聘单位，比如通过电子邮件、传真等，那么在发出去前请务必仔细检查一遍，你的简历里有没有错别字，特别是应聘财务、文职、计划类的人员。因为接收你简历的人会觉得因为不是现场写简历，你是有足够时间来好好写你的简历的，简历上面的错别字过多，会让对方觉得你是个粗心大意、责任感不强的人。

应聘简历力求简明扼要，千万不要为了展示你深厚的文字功底洋洋洒洒来它个几千言，人家可没那工夫来研究你的文学造诣。要突出重点，如果是要求有一定年限的工作经验的，在写工作经历及技能时一定要尽量贴合你所应聘岗位的要求。

在投完简历半小时内最好电话确认一下简历是否收到，甚至可以简单地再介绍一下自己，了解一下招聘单位对这个岗位的要求及单位的大致状况。

（二）应聘前的准备工作

（1）应聘所需材料的准备：准备好个人求职简历、毕业证、学位证、身份证、荣誉证书（原件、复印件）、笔等物品。

（2）应聘礼仪准备：要有得体的仪容、仪表（着装）。

（3）了解应聘单位的情况：知己知彼。

（4）应聘时间和状态的准备：讲信用、守时间，准时赴约。应聘前休息好，以饱满的精神状态应对应聘。

（三）应聘过程中的注意事项

（1）要尊重接待人员，在应聘中要彬彬有礼，讲究谈话礼仪。

（2）下列应聘者是最容易被应聘单位拒之门外的：① 开口言钱者；② 纠缠不休者；③ 沟通不畅者；④ 面试迟到者；⑤ 穿着邋遢者；⑥ 自吹自擂者；⑦ 没有诚意者；⑧ 弄虚作假者；⑨ 简历啰唆者。

（四）签约

当毕业生与用人单位经过双向选择达成一致意愿后，签订就业协议，经上级主管部门和学校主管部门签证，即为签约。签约方包括毕业生、用人单位（上级主管部门）、学校主管部门三方，各自具有权利和义务，受法律保护。

（1）签约程序：毕业生意愿、签名；用人单位意见、盖章；上级主管部门意见、盖章（大型国有企业或股份制企业具有人事决定权，无须上级主管部门意见、盖章）；学校主管部门（分院、招就办）意见、盖章。

（2）签约注意事项：明确工作岗位及职责；正确处理就业去向（实事求是）；适当考虑中长远职业发展计划；合理争取约定的工作和生活条件；明文规定违约的责任。

三、违约、违约办理及其后果

高校扩招以后，高校毕业生人数逐年递增，如今大学生普遍感到就业压力很大。虽然对于大学生来说谋得一份职业并不容易，但是大学生签约又违约的"跳槽"现象却越来越普遍。这种现象已经引起了社会的广泛关注，也产生了不少的争议。根据有关资料显示，就业过程中的违约大部分是学生所为，相对来说用人单位主动提出违约的并不多。按理说大学生在签约之前都经过了认真思考，而且要经过面试和复试才能签约，况且违约后要缴纳一大笔罚金，可是大学生违约现象仍屡见不鲜。

（一）违约责任和违约后果

毕业生违约责任及后果：应承担违约责任、支付违约金，还会造成不良影响，影响学校与用人单位长期合作关系；违约会造成就业岗位的浪费。

单位违约责任及后果：应承担违约责任、支付违约金，对于少数单位经营出现问题（倒闭、转让等），无法正常接收学生的，可与受让方协商解决。

（二）违约办理

只要用人单位和毕业生双方已在就业协议书上签字、盖章，其中任何一方提出变更协议均按违约处理。为维护各方信誉和利益，毕业生和用人单位双方应全面考察、慎重签约，坚持一旦签约必须履行协议的原则，对违约行为实行严格控制，坚决制止随意违约和恶意违约行为。对违约申请者要进行必要的调解和说服工作，对决意违约者按以下程序办理有关手续。

（1）违约方需首先征得对方及对方上级主管部门的同意，并出具同意解除协议的公函。

（2）违约方需向就业办公室提出书面申请（包括不能履行协议的原因和自愿承担相应违约责任的承诺，毕业生还须声明在择业期内不再申领新的就业协议书等保证不再随意违约的内容），申请书应先交毕业生所在学院审核，并填写毕业生违约审批表，学院主管领导签署审核意见。

（3）违约方应将毕业生违约审批表、违约申请书、解约公函和原协议书（一式三份）一并交到就业指导与服务中心，由就业指导与服务中心完成调查和审核工作，并提交调查报告和审核意见。

（4）招生就业处依据调查报告和审核意见对违约申请进行审批，并提出处理意见。

（5）违约申请方可在接到审批结果通知后提出复议申请，若未提出异议，则审批结果生效。审批结果生效后，遭违约的用人单位可申请在校内举办新的招聘活动；违约毕业生可向就业办公室申领新的就业协议书，新的就业协议书将注明学生违约记录。但对恶意违约的学生，毕业前一律不予办理新的就业手续和升学、出国等相关手续，由此造成的一切后果由违约学生本人承担。

（6）若违约是由用人单位单方面提出的，毕业生作为受害方可执行特别程序，于就业办公室同意违约申请当天申领新的就业协议书。

（7）对恶意向毕业生违约和不按本程序办理违约手续的用人单位，学校三年内不受理其进校招聘申请。

（三）高校要正视大学生就业过程中的违约现象

随着市场化用人机制的不断完善以及毕业生择业观念的逐步转变，毕业生就业认知和就业方式也出现了多元化的发展趋势。与此同时，大学生违约现象不断增加，这无疑对用人单位、毕业生和学校产生了一定的影响。高校如何在这种违约现象中发挥其引导作用，已经成为学校迫切需要思考和解决的问题。

（1）加强对大学生的就业意识教育。目前，高校就业指导仍然局限于毕业生这个群体，或者停留在政策指导、调适就业心理等环节上，较少考虑大学生的个性、特长、兴趣和能力，也忽视了根据市场机制来引导毕业生的就业流向，对非毕业生的就业指导和职业生涯、事业发展等问题也缺乏足够的指导和帮助，没有把学生的学业、就业、事业作为一个系统有机地结合起来，对毕业生管理大于服务。高校就业指导的核心应当把就业指导工作贯穿于整个大学教学活动之中，从学科建设、师资培养和组织机构框架的构建等多方面重视学校的就业指导工作，提高学生就业指导工作的地位和作用，以学生为中心进行全程化教育就业指导，引导他们根据自己的兴趣、抱负来选择自己的职业方向，使学校就业指导工作能够真正帮助大学生实现自我定位和生涯规划。要兼顾国家利益、社会需要和个人兴趣，找到一个体现自己价值的单位。在对大学生进行系统化生涯辅导的同时，也要加强诚信意识的培养，增强他们的法律意识和法制观念教育，从而使他们能够正确地行使自己的权利和履行自己的义务。

（2）改变现有的高校就业率统计模式。高校就业率一直作为高校一个重要的考核指标。虽然每年年底就业率统计作为高校的考核指标，但高校考虑到毕业生离校后就业工作难以统计的现实情况，往往都希望在毕业生离校前就业率就达到一定的水平，而且许多高校也把离校前的就业率作为学校就业工作好坏的评判标准，这样一部分高校为了提高自己的就业率，就业指导部门就提出了"先就业再择业"的方案。先就业再择业，当时提出的想法是在学生毕业时无法找到自己满意的工作的情况下，先找一份工作，寄希望于积累工作经验和待自我能力得到较大的提升后，再找一份理想的工作。然而，一些大学生却曲解了这个意思，产生"骑驴找马"的心理，先找一个工作"保底"，有了更好的单位再毁约。这为大学生违约只增不减现象埋下了伏笔，因此我们应该重新认识这一办法可能带来的隐忧，防患于未然。

（3）要改变"违约属于正常的市场行为"的看法。在市场经济下，市场竞争的背后是人才的竞争，没有人才的竞争与流动，市场经济就没有活力。但这种流动应该是合理有序的流动，是科学规范的"动态稳定"，否则只会导致无序。人力资源要得到优化配置，必然带来违约现象的发生，这是不可避免的。总之，无论是毕业生违约还是用人单位违约，在这场"战争"中永远没有赢家，一方赔钱，一方搭功夫。要减少、解决违约问题，只有高校、毕业生、用人单位互相合作、理解、调整、适应，才能共同解决好大学生的就业问题。

总之，避免大学生在就业过程中出现违约现象是企业的一项系统的、全面性的工作，需要企业各个职能部门上下齐心一致的努力。企业应该发挥自己特有的优势，除了要做好"筑巢引凤"工作，更要做好"筑巢留凤"工作。

四、报到及报到应注意的问题

报到就是毕业生拿着报到证第一次到签约单位所要走的一些程序。报到证由原来的派遣证转化而来，是毕业生到就业单位报到的凭证，也是毕业生参加工作时间的初始记载和凭证。毕业生到就业单位报到时，须持报到证。学校相关部门依据报到证为毕业生办理档案投递、组织关系转移和户籍迁移等手续，就业单位所在地公安部门凭报到证为毕业生办理落户手续，就业单位凭报到证为毕业生办理相关工作手续。

（一）报到证的作用

（1）报到证是教育主管部门正式派遣毕业生的凭证。

（2）报到证是毕业生到用人单位报到的凭证，凭报到证报到以后，方可开始计算工龄。

（3）报到证是用人单位接收毕业生的重要文字证明。

（4）报到证是任何一个合法的人才交流服务中心、档案管理机构接收毕业生档案的证明。

（5）报到证是用人单位给毕业生落户、接管档案的重要凭证和依据。

（6）报到证证明持证的毕业生是纳入国家统一招生计划的学生。

（7）报到证是毕业生的干部身份证明。如果没有报到证，毕业生将会失去干部身份，成为社会劳动人员（工人编制），而且人才交流服务中心无法接收毕业生的档案。按照我国目前的人事管理规定，由人事局管理干部（档案一般放在人才交流服务中心），由劳动和社会保障局管理工人（档案一般放在职介所）。

（二）报到证的派遣原则

报到证的派遣原则是：

（1）落实到省直和中央驻各省单位就业的毕业生直接派往接收单位。

（2）落实到市、州所属单位就业的毕业生，派到单位所属市、州教育局毕业生就业办公室。其备注栏内注明接收单位名称。

（3）落实到省外单位就业的毕业生，原则上按接收单位所在省毕业生就业主管部门的要求办理，并准确确定报到证的受理单位。

（4）毕业时未落实就业单位的生源地为本省的毕业生，本人要求回生源市、州择业的，可派回生源市、州教育局，并在其报到证备注栏注明"本人申请回生源市、州自主择业"。

（5）生源地为外省的毕业生，毕业时落实了就业单位且要求回生源地择业的，将其派回生源所在省的毕业生就业主管部门。

（6）如果两年择业期满毕业生仍未落实就业单位，省教育厅毕业生就业主管部门也将办理报到证，将毕业生派回其生源所在地自主择业。

（三）报到证的办理要求

（1）可以凭与用人单位签订的《就业协议书》办理，如用人单位无人事权，不能接收档案，还须到其上级主管部门签章（签在"用人单位上级主管部门意见"一栏）；用人单位无上级主管部门的，则到当地的人才交流中心办理人事代理手续（在"用人单位上级主管部门意见"一栏处签章）。

（2）可以凭与用人单位签订的劳动合同办理，另外还须到当地的人才交流中心签订《就业协议书》，办理人事代理手续，签好后的《就业协议书》要一并带到省校就业指导中心。

（3）未落实就业单位且本人申请回生源地自主择业的毕业生应提供书面申请。

（四）报到证的办理程序

（1）毕业生在就业协议书上填写基本情况。

（2）毕业生所在的分校（学院）毕业生就业指导部门填写推荐意见并盖章。

（3）用人单位签字、盖章，毕业生签字，填写双方约定的其他条款。

（4）毕业生所在的分校（学院）毕业生就业指导部门予以登记备案。

（5）将就业协议书交省校毕业生就业指导中心审核，开具介绍信。

（6）毕业生持省校毕业生就业指导中心开具的介绍信、毕业证（原件）、就业协议书到省大中专学校学生信息咨询与就业指导中心办理报到证。

（五）毕业生报到及应注意的问题

毕业生报到时应带的材料包括毕业证、其他证书、报到证、户口迁移证（可直接回生源地）、毕业生档案（邮寄到相应的人才交流中心）。

毕业生应及时到相应的人才交流中心办理报到手续，以便签订劳动合同、计算工龄（评职称用）；报到一定要在规定的时间内到报到证上指定的人才交流中心报到；报到后凭人才中心出具的工作介绍信到接收单位报到，凭落户证明户口迁移证到公安部门落户；报到后办理个人委托的需交一定的人事代理费或户籍托管费。提醒毕业生一定要注意保管好相关材料。报到证补办时间：在毕业后的两年以内；改派手续时间：在毕业后的一年以内。

五、调整改派

"调整改派"是在学校上报就业方案和主管部门核发报到证后，毕业生正式到用人单位报到前进行单位及地区调整的一种做法。通俗地说，就是指将派到原单位的报到证、户口迁移证和档案等人事关系重新派到新的用人单位或其上级人事主管部门。一般来说，无特殊原因，毕业生不得随意办理改派。但毕业生如果已改变就业意向、更换单位，就需及时办理改派手续，否则会影响其人事关系的落实和解决。

（一）申请调整改派的材料

（1）原就业单位（包括接收单位为人事部门的）的退函。

（2）毕业生新就业单位的接收函或协议书（需经人事主管部门盖章同意）。

（3）毕业生的改派申请。

（4）原报到证。

（二）调整改派的程序

（1）原用人单位及主管部门出具同意改派手续：经本人书面申请，呈报原用人单位；用人单位必须退回学生原报到证、档案、户口关系原件；同意改派函中应说明相应理由并签章。

（2）新接收单位及主管部门同意录用的接收函：接收函是指单位及其主管部门签订的就业协议书或单独出具接收毕业生的书面证明；具有独立人事权的用人单位可直接出具接收函；非国有性质的用人单位（如私营、民营等）必须由托管户口及档案的人事部门签字盖章。

（3）调整改派审批部门审查批准后，更换报到证，办理户口迁移证：毕业生将原报到证、原单位退函、新单位接收函及本人要求改派的申请报招生就业处；经学校研究同意后将调整改派方案报国家教育部，经教育部审批同意，下达调整方案后，学校到省教育厅办理有关手续；待新报到证办理完毕后再到户籍管理部门办理户口迁移手续。

（三）调整改派的时间和受理范围

（1）毕业生调整改派统一于每年的 9 月 1 日开始办理，每月最后一周交有关资料，并须在规定时间内办理，逾期不再办理有关调整改派手续。每人只能改派一次。

（2）在本省、自治区、直辖市辖区内用人单位之间调整的，可由地方主管毕业生调配部门审批并办理改派手续。

（3）跨部委、跨省（自治区、直辖市）调整的由招生就业处审核同意后，统一报国家教育部审批。

 **知识拓展**

毕业生应注意的几个问题

1. 报到证及其作用

报到证旧称派遣证，它的全称是"全国普通高等学校本专科毕业生就业报到证"，由国家教育部印制，各省级高等院校毕业生就业主管部门签发。用人单位以报到证为依据，接收安置毕业生，并接转毕业生档案、户口等。报到证一式两联，正本为蓝色，由毕业生持有，到单位报到时交给报到单位；副本为白色，由学校负责归入毕业生档案。报到证主要有以下作用：一是毕业生到接收单位报到的凭证；二是证明持证的毕业生是纳入国家统一招生计划的学生；三是凭报到证及其他有关材料办理户口、档案、组织关系等手续；四是人才服务机构存档的证明。

2. 档案和户口的问题

1）毕业生档案的内容

毕业生档案是大学生毕业前家庭情况、学习成绩、政治思想表现、身体状况等的文字记载材料。毕业生的人事档案是用人单位选拔、聘用毕业生的重要依据。用人单位往往根据毕业生人事档案中反映的德、能、才及专业特长，将其安排到适当的工作岗位上。因此，高校学生毕业后，其档案是否能准确、及时地送达用人单位手中是非常重要的。我国高校毕业生档案一般包括学生登记表，高等学校毕业生登记表、学习成绩单，在校期间的一切奖惩材料，入团、入党志愿书，毕业离校前的体检表，担任学生干部及任职情况的有关材料，以及毕业生报到通知书等。

2）毕业生档案的去向

已有就业单位的毕业生，其档案由学校根据报到证的去向填写档案投递地址，经机要渠道统一投递到返往的人事档案管理部口。派遣回生源地的毕业生档案，一般投递到生源地人才服务中心。继续升学毕业生的档案，按学生升学所在学校地址进行投递。已办理出国的毕业生按其生源地地址将其档案转回生源地人才服务中心。

3）户口迁移证的作用

户口迁移证是公民的户口所在地变动时，由原户口所在地迁往新落户地址的凭证，由户口迁出地的公安机关开具，持证人到达迁入地后，须在有效期内将户口迁移证交给户口登记机关申报入户。户口迁移证是公民在户口迁移过程中的重要凭证，因此公民在户口迁出后要妥善保管好户口迁移证，不得遗失、涂改及转借，若不慎将户口迁移证遗失，应立即报告当地户口登记机关，否则用人单位有权拒绝接收。

4）就业材料遗失补办

毕业生推荐表、就业协议书、报到证和户口迁移证遗失补办时，首先需要毕业生提出文件的遗失说明和补办申请，经院系负责就业的老师签字并加盖公章后，到遗失地的地市级公开发行的报纸上刊登文件遗失作废的声明，然后毕业生携带刊登有遗失声明的报纸到学校办理相关手续。补办毕业生推荐表、就业协议书和报到证时由学校和省教育厅协调办理，补办户口迁移证时由学校和迁出地派出所协调办理。

5）违约和改派的问题

违约是指毕业生与用人单位签订就业协议书后，因单位或自身原因不能履行约定的情况。从某种意义上来说，就业过程中的违约在一定程度上浪费了高校毕业生和用人单位的双方资源，增加了社会进行人力资源配置的成本，因此签约时一定要慎重，尽量避免违约现象的发生。

一般来说，违约分为派遣前（即开具报到证前）和派遣后（即开具报到证后）两个时间段。毕业生在正式派遣前的违约称为可由毕业生提交与原签约单位签订的同意解除就业协议的函件及原协议书到学校申请换发就业协议书；毕业生正式派遣后的违约称为改派，可由毕业生提交与原签约单位签订同意解除就业协议的函件、原报到证和户口迁移证、与新单位签订的手续完备的协议书或接收函等材料到学校申请办理改派手续。同时，毕业生在已经派遣之后更换工作单位的，若不需要新的《报到证》也可不申请改派，在与新单位签订劳动合同之后，直接由新单位当地人事主管部门开具调档函，到原来的档案所在地调取毕业生档案即可。

第三节　用人单位的招聘程序及要求

一、用人单位的招聘程序及要求

（一）用人单位的招聘程序

用人单位招聘人才要经历确定需求、登记信息、举行单位说明会、收集生源信息、分析生源材料、组织笔试、组织面试、签订协议、接收学生并进行上岗培训等环节。

（1）确定需求。用人单位根据自身的发展建设状况，确定当年需要招聘的岗位、人数、条件等。

（2）登记信息。用人单位确定了自身对大学生的需求后，要把需求信息及时传递给大学生，主要渠道有三：① 向政府教育主管部门所属高校毕业生就业指指导中心登记；② 向学校就业工作部门登记；③ 在自己的网站发布需求信息，供学生上网浏览。当然，有的用人单位还通过电视、报纸、广播发布需求信息。

（3）举行单位说明会。为在大学生中进行广泛宣传，一些用人单位（主要是企业单位）还会到学校举办单位说明会，介绍单位的发展建设状况、人才需求情况、用人制度及人才发展情况等，并回答大学生们关心的各种问题。单位说明会是大学生全面了解一家用人单位的好机会。

（4）收集生源信息。用人单位要招聘到优秀大学生，需要广泛收集学生信息。收集学生信息的渠道主要有：① 来自政府教育主管部门所属高校毕业生就业指导中心和学校学生就业工作部门的推荐；② 参加供需洽谈会（招聘会）收集学生信息；③ 在网站上收集学生信息；④ 通过学生的自荐信获取学生信息。除此之外，目前有的学生在报刊上登的"求职广告"，也是用人单位获取学生信息的渠道之一。

（5）分析生源材料。对收集的学生信息进行分析处理，初选出符合自己的招聘要求的学生，是用人单位招聘过程中的一项重要工作。这项工作的具体内容是：分析学生的性别、专业、知识水平、能力等是否与单位的用人条件基本符合。分析生源材料，是用人单位招聘人才的重要环节，它将把条件基本符合招聘要求的求职学生筛选出来，以便进行下一轮的筛选。有的用人单位对生源性别有严格要求，比如只招男生、限招女生；或只招女生，限招男生等，那么在分析生源的材料时，学生性别就是第一个筛选条件；有的用人单位对生源的专业有一定要求，比如某些岗位只招某几个专业的毕业生，那么其他专业的毕业的求职资料将被"打入冷宫"；另外，不同用人单位对学生的能力、素质要求也不一样，在分析生源资料时，这种要求也得到了充分体现。因此，大学生准备材料、投寄材料时，一定要充分分析所收集的信息、有的放矢，有针对性地向用人单位展示自己的才华，而不要没有方向、没有头绪地进行求职工作，既浪费精力，又没有实际的收获。

（6）组织笔试。为了考核学生是否具有在本单位工作所需的基本知识、能力和素质，一些用人单位会以笔试的形式选拔学生。笔试时间、地点、出题范围，用人单位会提前通知。顺便要说的是，在制作自荐材料、与用人单位进行沟通交流时，要留下随时能与联系上的电话、通讯地址。另外，在参加招聘会、就业市场后，应该隔一段时间就与用人单位人事部门联系一次，询问有关情况。当然，如果用人单位事先说明会把情况及时通知你，那就不必再去询问了，否则反而会引起对方的反感。

（7）组织面试。面试是一些用人单位考核学生综合素质的最后一关。一般而言，有经验的用人单位招聘负责人不会故意提出一些很难、很偏的问题，而是会创造一种较为宽松的氛围，与你进行双向的沟通和交流，从中发现你的兴趣、特长所在，以及你愿意从事什么样的工作等。在面试过程中，不必有如临大敌之感，只要把真实的自我勇敢地展现出来就可以了。

（8）签订协议。

（9）上岗培训。每一个用人单位对新员工都有一套培训计划。培训的内容因用人单位而异，但其目的却是相同的，那就是通过培训，让你明确单位的创业精神、规章制度，让你掌握成为一名称职的工作人员的知识和技能，让你能顺利走上工作岗位，真正成为单位的一分子。

（二）用人单位对毕业生的基本要求

（1）综合素养较好。综合素养不仅包括学习成绩，而且还包括学习能力以外的很多东西。如表达能力、写作能力、组织能力和协调能力等。这些综合素养往往会通过一定形式体现出来，如学生会干部和学生党员。所以这就是大多数单位招聘过程中往往会有"学生会干部或学生党员优先"等说法。简而言之，用人单位需要大学生德智体美劳全面发展。

（2）特别强调团队合作精神和责任心。个人必须服从组织的统一调度和安排，互相之间要密切配合，还要有很强的责任心，因为某个细小的环节没有做好，就会使公司的信誉受损。尤其是医疗卫生单位，对毕业生的团队合作精神要求更高。

（3）要踏实、爱岗敬业。毕业生要有踏实敬业的精神，要有耐心，能在公司长期发展。有些公司将招聘的学历标准由本科放宽到优秀的大专生，就是看重专科生比较踏实的优点。

（4）要有吃苦精神。能适应工作条件比较艰苦的环境。

（5）最重要的一点，是大学毕业生要拿到毕业证书和学位证书，以此证明自己在大学里的努力程度。

二、国有企业、事业单位对应聘者的素质要求

国有企业、事业单位是很多人梦寐以求的"稳定"岗位，因而很多应聘者争先想要"挤入"国有企事业单位的门槛内。国有企事业单位以规模大、重信誉等受到社会各界求职者的青睐。高职毕业生立志到国有企事业单位发挥自己的才能是一种很好的选择。

（一）国有企业单位简介

国有企业是指属国家所有或国家控股的企业。① 按隶属关系可分为中央部门直属企业（简称央企）和地方所属企业。② 按企业部门分类，可分为机械电子企业、石油化工企业、轻工纺织企业、地质矿产企业、内外贸易企业、邮电信息企业、原材料类企业、航天航海航空企业、铁路交通企业、银行保险企业和工程建筑企业等。

国有企业是我国经济发展的命脉，是我国国民经济收入的主要来源。在社会主义现代化建设中起着主导、支撑和带头作用。其支撑作用除了表现在产值、利税等方面之外，还表现在对经济生活、社会稳定等方面的支撑，其资金、人员、技术、管理等方面，都有比较雄厚的基础，科技水平较高。因此，在科学技术、经济管理、人才培养等方面始终处于"龙头"的地位。

（二）国有事业单位简介

事业单位是为党政机关和国民经济、社会生活各个领域服务的，不以为国家积累资金为直接目的的单位。在我国，按原国家标准局和国家统计局制定的《国民经济行业分类标准》，事业单位包括以下范围：① 教育事业单位；② 科研事业单位；③ 文化艺术事业单位；④ 广播电视新闻事业单位；⑤ 综合技术服务事业单位；⑥ 卫生事业单位；⑦ 体育事业单位；⑧ 社会福利事业单位；⑨ 农业事业单位；⑩ 林业和水利事业单位。

（三）国有企事业单位对应聘者的素质要求

国有企事业单位要求大学生要有强烈的敬业精神、良好的品德修养、扎实的专业功底、善于管理的才能和团结他人的协作精神。同时，不同类型的职位对应聘者的素质要求又有不同的侧重。例如：① 科研教育类的工作性质决定了其更看重扎实、全面的基础知识及专业知识。科研工作的性质决定其更为看重发现问题、分析问题、解决问题的能力，追求真理的科学精神等；教育工作的特点决定了应聘者在具有较高的综合素质的基础上，还应具备甘为人梯、为人师表的良好品质，广博的知识积累，良好的语言文字表达能力和一定的教学组织和管理能力；② 工程技术类职位要求应聘者在相关的专业知识的基础上，具备筹划、论证、设计、组织实施和解决各种工程技术实际问题的职位，要求应聘者具有相关的专业知识，通晓有关的专业政策，并具有相应的组织能力、协调能力、社交能力和群众工作能力，认真负责，依法办事，坚持原则，严于律己，讲究实效等，要求工作认真细致、一丝不苟，理论联系实际，积极深入生产第一线；③ 医疗卫生类职位要求应聘者接受过医科院校的专门培训并取得合格的成绩，具有良好的医德医风，正确分析和诊断病情的逻辑思维能力，精确细致的动手能力和遇事不慌、坚定果断的心理素质；④ 文化新闻类职位要求应聘者有较高的政治觉悟，熟悉语法、修辞、逻辑等基础知识，有较强的写作、沟通能力，能讲标准的普通话等。大学生应根据自己的实际情况，适时调整就业期望值，提高

自身的综合素质，争取在激烈的人才竞争中成功应聘到国有企事业单位。

三、非国有企事业单位对应聘者的素质要求

随着我国改革开放的深入发展，各类非国有企业单位，如民营企业、乡镇企业、私有企业、三资企业等为毕业生提供了日益广阔的就业空间，成为大学毕业生就业的主要渠道。从 2015 年云南省高校毕业生毕业去向分布来看，非国有企业吸纳毕业生人数为最多，共有 83 679 人，占就业总人数比例的 54.3％。2014—2018 届本科毕业生在民营企业就业的比例从 50％上升到 54％，与此同时，在国有企业就业的比例从 23％下降到 19％，在中外合资/外资/独资企业就业的比例从 11％下降到 7％；2014—2018 届高职高专毕业生在民营企业就业的比例从 65％上升到 68％，而在国有企业就业的比例从 18％下降到 15％，在中外合资/外资/独资企业就业的比例从 9％下降到 6％。（数据来源：麦可思《2019 年中国大学生就业报告》（蓝皮书））

大力发展非公有制经济，是增强经济发展后劲和活力的关键，也是扩大就业的重要手段。

（一）各类非国有单位

1. 民营企业单位

民营企业单位是指属于劳动者个体所有或联合经办的企业单位。民营经济是我国市场经济的重要组成部分，随着民营经济的进一步活跃，在很大程度上拓宽了就业渠道，缓解了就业压力。民营经济的进一步发展，为大学毕业生就业提供了更加广阔的天地。

2. 乡镇企业

乡镇企业是指农村集体经济组织或农民投资为主，在乡镇（包括所辖村）兴办的以支援农业生产为主的各类企业。乡镇企业是我国工业的重要组成部分，成为为市场提供商品、补充国家财政收入的重要来源之一。

3. 外商投资企业

外商投资企业是建立在我国领土上，根据我国有关法律规定，由一个及以上的国外投资方独立经营或与我国投资方共同经营，实行独立核算、自负盈亏的经济实体。外商投资企业有三种形式：中外合资经营企业、中外合作经营企业、外商独资经营企业，即所谓的"三资"企业。① 中外合资经营企业，是由外商依照中国有关法律，经中国政府批准，在中国境内与中国的企业共同投资组建的、以盈利为目的的股权式联合企业。出资者是中外双方，共同投资决定了共同经营、自负盈亏的特点，实行有限责任；② 中外合作经营企业，是由外商提供资金，按照平等互利的原则，在中国境内同中国企业签订合同，利用中方合作者现有条件，以一方为主经营管理，按合同规定比例分配收益的合作企业。其特点是：合作各方为合伙关系，投资和分配方式灵活；以一方（通常是中方）管理为主；合作期满，资产净值无偿归中方所有；③ 外商独资经营企业，是指外商依照中国有关法律，经中国政府批准，以独立的法人身份在中国境内举办的全部外资成分的经济实体。其特点是：独立投资、独立经营、自负盈亏、自担风险。作为独立法人，受中国法律保护，同时按中国法律办事，照章纳税。

（二）非国有单位的人事档案管理

1. 民营企业单位的人事档案管理制度

随着民营企业的发展，招聘大学毕业生已经占相当大的比重。这些单位所属地区的政府及人才管理部门，为毕业生提供了新的人事档案管理办法。

2. 乡镇企业的人事档案管理规定

乡镇企业的人事档案管理有如下几种模式：① 人事关系全部在区县级企业管理机构人才交流中心；② 档案在区县级企业管理机构，其他关系在企业；③ 区县人事部门、乡镇企业管理部门、企业分工负责，共同管理；④ 区县人事部门、乡镇企业管理部门针对所辖乡镇企业的状况对科技人员重点安排、集中使用。乡镇企业的工资待遇。乡镇企业的资金来源、经营方式及优惠政策决定了其工资待遇一般是按劳取酬，大多实行岗位工资与技能工资为主体的多种工资分配制度，工作业绩、企业经济效益与工资待遇挂钩体现得比较明显。另外，根据企业效益和本人贡献确定奖金制度。此外，一般还有社会保险、失业保险、医疗保险等。

3. 外商投资企业的人事档案管理规定

在人事档案管理方面，外商投资企业一般按照国际惯例进行管理。由于外资企业有较多的自主权，所以大都根据双向选择的原则实行聘用合同制、择优任用制。外商投资企业中，中方职员的任用主要采用3种方式：① 委任(由中方根据法律和合同规定，直接委任中方人员到外企任职)；② 聘任(外商投资企业根据需要，按一定程序，采用签订聘任合同的办法，任用专业技术人员和管理人员)；③ 选任(外企职工内部选举担任一定职务的人员)。外商投资企业中方人员引进的主要方式是招聘。这种招聘既包括到社会上招聘有工作经验的人员，也包括招聘高校毕业生。外商投资企业的特点是人员流动快，按需要聘用和解雇。

（三）非国有单位对应聘者的要求

1. 要有肯于吃苦的思想准备

"时间就是金钱，效率就是生命"。这些单位一般劳动强度较大，工作效率较高，管理制度较严。因此，要做好应付紧张工作的心理准备。

2. 要有一定的风险意识

这种风险意识来自两个方面：① 非国有单位同样面临激烈的竞争。若你进入的非国有单位经营不善，你应承受住由此而产生的压力，坦然面对现实。② 企业内部的竞争也是激烈的，对每一个人来说都面临适者生存、不适者被淘汰的选择，一旦被解聘，应振奋精神，重新寻找新的就业岗位。

3. 要有从事多种工作的能力

由于非国有单位人员较精简，因而要求应聘者具备多种能力，只能从事某一种工作的应聘者是不受欢迎的，而复合型人才备受青睐。其中外资企业对应聘者的外语水平、公关意识有更高的要求。

四、国家公务员的报考程序

(一) 报考条件

(1) 具有中华人民共和国国籍；(2) 18 周岁以上、35 周岁以下；(3) 拥护中华人民共和国宪法；(4) 具有良好的品行；(5) 具有正常履行职责的身体条件；(6) 具有大专以上文化程度和符合职位要求的工作能力；(7) 具备中央公务员主管部门规定的拟任职位所要求的其他资格条件。

招考职位明确要求有基层工作经历的，报考者必须具备相应的基层工作经历。基层工作经历，是指在地市以下(不含副省级城市)党政机关、事业单位、社团组织，各类中小企业和非公有制单位及农村工作的经历。自谋职业、个体经营的人员，视为具有基层工作经历。

曾因犯罪受过刑事处罚的人员和曾被开除公职的人员，在前两年中央机关招考中被认定为有考试作弊行为的人员，现役军人、未满服务期或被辞退未满五年的公务员、在读的非应届高校毕业生，以及具有法律规定不得录用为公务员的其他情形的人员，不得报名。

(二) 职位查询

中央机关及其直属机构各招录机关具体的招考人数、职位、考试类别、资格条件等详见《中央机关及其直属机构考试录用公务员招考简章》(以下简称《招考简章》)。《招考简章》将在《大学生》上刊登，也可通过相关网站查询。

(三) 网上报名

考试报名全部采取网络报名的方式进行，不设现场报名。网址是人事部网站公务员考试报名首页(www.gjgwy.net)。报考海关系统(不含海关总署机关)的人员，需登录 www.customs.gov.cn 进行报名和查询。

1. 提交报考申请

报考人员可在规定的报名期间登录人事部网站，提交报考申请。报考人员只能选择一个部门或单位中的一个职位进行报名，不能用新、旧两个身份证号同时报名，报名与考试时使用的身份证必须一致。报名时，报考者要仔细阅读诚信承诺书，如实提交有关信息和材料，凡弄虚作假的，一经查实，即取消考试资格或录用资格。报考所需的报名推荐表、报名登记表等材料可从人事部网站下载、打印。

2. 查询报考申请审查结果

报考人员请于规定期间登录人事部网站查询是否通过了报考申请审查。通过报考申请审查的，不能再报考其他职位；报考申请尚未审查或未通过报考申请审查的，可以改报其他职位。

3. 查询报名序号

通过报考申请审查的人员，请于规定时间登录人事部网站查询报名序号。报名序号是报考人员报名确认、下载打印准考证和成绩查询等事项的重要依据和关键字，请务必牢记。

(四) 考试内容、时间和地点

考试内容：公共科目笔试包括行政职业能力测验和申论两科。有关情况详见每年的《中央机关及其直属机构考试录用公务员公共科目考试大纲》。

考试时间地点。公共科目笔试的时间为一天。具体安排为

上午 9:00—11:00 行政职业能力测验；下午 14:00—16:30 申论。

每年公务员考试在全国各省会城市、自治区首府、直辖市和个别较大城市设置考场。报考人员应按照准考证上确定的时间和地点参加考试。参加考试时，必须同时携带准考证和身份证。缺少证件的考生不得参加考试。

成绩查询。公共科目笔试的成绩及合格分数线可于规定时间登录人事部网站查询。

（五）国家公务员考试一般程序

（1）国家下招录公务员文件；（2）国家人事考试网公布招考公告；（3）网上报名；（4）网上缴费；（5）领取笔试准考证；（6）笔试；（7）公布笔试成绩及进入面试人名单；（8）面试准考证打印；（9）面试；（10）公示面试结果及进入体检名单；（11）体检；（12）政审；（13）公示最终录用名单。

五、大学生参军的条件及待遇

从 2008 年起，国家征兵的重点转向各级各类院校的应届毕业生，这是适应新时期国防和军队现代化建设需要，进一步优化兵员结构，提高部队战斗力，实现科技强军、人才强军的重要战略举措，也是高校毕业生的一个就业渠道。高校毕业生参军入伍，除享有优先报名应征、优先体检政审、优先审批定兵、优先安置外，还享受优惠政策。

（一）大学生参军的优惠政策

（1）提前预征。对应届高校毕业生实行在当年 5、6 月份提前进校预征的办法。

（2）优先选拔使用。同等条件下，高校毕业生士兵在选取士官、考军校、安排到技术岗位等方面优先。

（3）考学升学优惠。具有高等教育学历的士兵退役后，参加政法院校为基层公检法定向岗位招生时，优先录取；退役后三年内报考硕士研究生初试总分加 10 分；具有高职（高专）学历的，退役后免试入读成人本科，或经过一定考核，入读普通本科；具有本科学历并荣立二等功及以上的，退役后免试推荐入读硕士研究生。

（4）实行学费补偿。从 2009 年起，国家对应征服义务兵役的高等学校毕业生入伍时，对其在正常学习期间所交的学费实行一次性学费补偿。中央部门高校应征入伍毕业生补偿学费资金，由中央财政拨付全国学生资助管理中心，并由其拨付中央部门所属高校；地方高校应征入伍毕业生补偿学费资金，由中央财政下达各省（区、市）财政部门，各省（区、市）财政部门收到中央财政拨付资金 15 日内，会同同级教育行政部门拨付地方所属高校。各中央部门高校和地方高校在收到补偿学费资金的 15 个工作日内，向毕业生补偿学费。

大学生入伍有以下 4 种方式。

（1）在校期间参加年度征兵，即通过学校所在地区年度冬季征兵参军入伍。服役种类为义务兵，到部队后军衔为列兵。服役期间，由学校保留学籍，服役期满后回原学校继续就读。

（2）在校期间参加军队直招士官，即每年夏季军队在部分技术专业直接招收大专在校生或毕业生。到部队后军衔为一级士官，退伍后按照正常复退军人，由地方政府负责安置，安置的种类为就业安置和货币安置双轨制。军队直招士官仅限于大专在校生或毕业生，不含本科生。

（3）大学应届本科毕业生直接招收军官。军队每年要在部分专业的本科毕业生中征招部分毕业生参军入伍，经过短期培训后授中尉军衔，多数为专业技术类军官。

（4）大学毕业生参加年度征兵。通过本人户籍地兵役部门应征入伍，为义务兵，服役期满后按有关规定进行安置。

（二）高校毕业生入伍参军实施办法

（1）征集时间：每年冬季开始。从 2009 年起，对普通高等学校应届高校毕业生实行预征制度，5～6 月份，高校所在地兵役机关会同有关部门进入高校，开展预征工作。

（2）征集对象：参加全国普通高校（包括研究生培养单位）统一考试录取的应届毕业生和毕业研究生。

（3）征集要求：拥护党的基本路线，忠于祖国，热爱军队，志愿献身国防事业，符合公民服现役的政治条件。学习成绩平均在良好以上。本科毕业生年龄不超过 25 周岁；硕士毕业研究生一般不超过 30 周岁；博士毕业研究生一般不超过 35 周岁。身体健康，符合军队院校招收学员体格检查标准。

（4）征集程序：高校毕业生在 5—6 月参加预征，身体初检和政治初审合格，填写应届毕业生预征对象登记表，将户口迁回入学前户籍所在地，档案可转到入学前户籍所在地人才交流中心存放。11—12 月份，确定为预征对象的高校毕业生，冬季征兵开始前持应届高校毕业生预征对象登记表到入学前户籍所在地县（市、区）征兵办公室报名应征。通过体格检查、政治审查并符合其他征集条件的，由县（市、区）人民政府征兵办公室优先批准入伍。

（5）培养使用：根据大学生的专业特长，尽量安排到相应的工作岗位。对表现优秀的大学生士兵，在学习技术、选取士官、报考军校、直接提升军官等方面优先安排。

（三）士官与义务兵的区别

我军现役士兵按兵役性质分为义务兵役制士兵和志愿兵役制士兵。义务兵役制士兵称为义务兵，志愿兵役制士兵称为士官。士官属于士兵军衔序列，但不同于义务兵役制士兵，是士兵中的骨干。义务兵实行供给制，发给津贴；士官实行工资制和定期增资制度。

 **知识拓展**

军营，我青春无悔的选择

——大学生入伍成长记

"军人"这个称呼，从小就深深地印在我的心中。

我的父亲曾是一名军人，他常常给我讲起军营的故事。从小耳濡目染，我时常憧憬着军营生活，立志将来也要像父亲一样，穿上军装，保家卫国。2018 年，在党和国家的号召下，我作为大学生应征入伍，终如此愿。

2018 年 9 月 11 日，是我终生难忘的日子——那天，我走进了日思夜想的军营。

军营的第一站，是新兵集训基地。我知道，这是我梦想开始的地方。虽然新兵训练强度大、要求严，我还在训练中受了伤，但我深知，不经历风雨怎么见彩虹。对于困难挑战，我咬着牙挺了过来。

新兵训练 3 个月，每一个项目，每一个动作，我都力求标准完美。训练结束后，我被分配到战略支援部队某基地，佩戴上列兵军衔，成为一名光荣的解放军战士。

2018 年，基地举行首届"强军杯"篮球比赛。在大学就对篮球情有独钟的我，积极报名参加，更将自己在大学中参加比赛的经验技巧无私地传授给战友们。比赛中，我们全队齐心协力，一举夺得铜牌。看着来之不易的奖牌，我觉得自己训练中洒下的汗水都是值得的。

在军队这所大学校里，还有许多许多需要我学习的东西。2018 年 9 月，由于军政素质过硬，我被抽调到另一个连队参加一项重要专项任务。在执行任务的半年时间里，我认真谦虚地向战友学习、向领导请教。许多新技术，是以前从未见过的，我如饥似渴、加班加点，连队干部和战友们都被我的学习精神感动，给了我许多帮助和勉励。任务中，我凭借自己学到的知识，解决了一些战友们无法解决的难题，受到上级表扬。

梦想有多大，舞台就有多大。半年任务期结束，我又回到自己的连队。这时，正好赶上士兵分队军事体育大比武，我主动发挥自己在体能训练方面的特长，和战友一起组队参加比赛。我们在训练场上挥汗如雨，叫响"流血流汗不流泪，掉皮掉肉不掉队"的口号，训练成绩大幅提高。大比武中，我夺得第三名，连队其他战友也取得优异成绩。看着来之不易的荣誉证书，我知道这是对我的褒奖，更是对我的鞭策。往后的日子里，我要再接再厉！

强军梦，是我们每个军人的梦，需要我们每个人付出自己的努力。既然选择了军营，我便无怨无悔。我将在实现梦想的征途上披荆斩棘，一路前行！

1. 就业信息搜集有哪些途径？应注意什么问题？
2. 大学毕业生出现较多的违约现象的原因何在？大学生应该承担什么违约责任？
3. 国有企事业单位对应聘者的素质有哪些要求？
4. 大学生参军的优惠政策有哪些？

本 章 小 结

本章主要介绍了大学生求职择业的基本程序和步骤。在求职就业时，了解求职就业的一整套程序非常重要和必要。学会收集整理分析就业信息，弄清楚《报到证》的作用，明白违约及违约的后果，熟悉一般用人单位的招聘方式和要求，可以让大学生在求职就业前做好准备，主动把握好求职的每一步，更有利于求职的成功。

第五章　求职择业准备

学习目标

知识目标：

1. 认识选择职业方向的方法；

2. 了解求职需要做的心理准备；

3. 职业资格的概念、职业资格等级的标准和分类；

4. 职业选择的策略；

5. 了解就业时需要准备的材料。

能力目标：通过本章的学习，能自觉按照当前社会的需要，为求职做好各方面的准备。

核心概念：职业方向；求职心理；就业准入；求职策略；求职材料。

案例导入

镜头一：

临近毕业，小丽的求职目标是要在家乡的一所三甲医院里当一名护士。大家都在准备求职材料，有做简历的，有复印各项证书、奖状的，小丽却迟迟不见行动。好朋友小王劝她赶快准备求职材料，小丽自信地说，"没什么好准备的，到时候等医院招聘我人去就行了，人家问什么我就答什么。"

终于等到了招聘的那天，小丽到那傻眼了，她连面试的资格都没有。用人单位要求必须提交简历，有相应从业资格资质，还需要有普通话二级乙等及以上证书。小丽不仅没有简历，她也从未参加过普通话水平测试，哪来的证书呀！

镜头二：

大学生李某，女，中专药剂学专业，大专药学专业，毕业时，顺利通过药士职业资格考试，毕业时准备应聘某市级医院药房的合同工，当被问到是否有相关对应职业资格证书时，李某凭借之前在学校考取的职业资格证书，成功进入医院入职。

想一想：

1. 李某为什么能通过应聘，找到好的工作岗位，而小丽却连面试的资格都没有？

2. 结合自己实际，谈一谈在求职之前应该做好哪些准备。

就业是人生道路上的一次重要抉择，面对竞争日益激烈的就业市场，大学生应学会运用科学的方法，探寻正确的解决途径，完成好人生的这一重大转折，在求职择业的过程中，做好求职择业的准备工作是成功就业的重要保障。现在大学生求职难，除了整体就业形势困难以外，"目标不明确、准备不充分"也是导致大学生求职困难的主要因素之一。因此，大学生应充分认识求职择业准备工作的重要性，打有准备的"仗"。

第一节 确立正确的职业方向

一、客观评价自我的综合素质

自我是独立的、客观存在的实体。对这样一个客观存在的实体，要做出客观的评价并不容易，有些毕业生往往容易出现走极端现象，要么自负，要么自卑。自负与自卑都是由于不能客观地评价自我而引发出来的畸形心态，需要尽快地摆脱。在现实生活中，"人无完人，金无足赤"，每个人都有不可避免的弱点，也有别人没有的独特长处。首先对自己要进行全面、正确的分析，剖析自己的长处和不足之处，然后根据自身的特点分析，只有实事求是、扬长避短，才能使自己的长处得到发挥。一般来说，综合素质包括一般素质评价和职业素质评价等。

一般素质又称素质，是指人的生理上原来的特点，是人们完成某类活动所必需的主观条件和内在依据。素质的内容包括思想品德素质、生理素质、心理素质、科学文化素质和审美素质等。

职业素质是从事专门工作的人自身所具备的条件。每个劳动者，无论从事何种职业都必须具备一定的思想品德素质、生理素质、心理素质、科学文化素质和审美素质等，但不同职业对以上五种素质的要求是不同的。一名合格的医学生应该具备较高的政治素质、高尚的道德品质、扎实的专业知识、良好的身心素质、较好的人文素质、较强的创新能力。人对职业的适应与不适应，主要取决于人的职业素质是否达到了职业对人的要求，不同的职业对人的要求就是对人的适应力的特殊要求，也就是对其素质优势的特殊要求。如果缺乏素质优势作基础，即使职业岗位给人提供的条件再好，也无济于事。

评价是对人或事物的作用或价值的衡量，是对客观对象的主观认识过程。对自身的客观评价，是大学生以自我为客观对象，对自我的认识过程。大学生在择业时的自我评价往往会受到择业观念的影响，因此大学生在进行自我评价时要处理好主客观统一的问题。

自我评价的内容，就大学生择业而言，除了对自己一般素质的评价外，对自己职业素质的评价通常包括对所选择职业的体力倾向、能力和个性等内容进行评价。

（一）评价自我综合素质遵循的原则

自我评价是建立在自我观察、自我分析基础上的，对自我素质的全面评估。就原则而言，正确的自我评价应当注意掌握以下原则。

（1）客观性原则。对自己进行观察、分析、评价要以客观事实为基础和依据。过高或过低的评价是不客观的。过高会使自己脱离现实，过低又往往会忽视自己的长处，使自己缺乏自信，过于自卑。只有客观地评价自己，才能不偏离实际，也才能够更准确定位自己。

（2）全面性原则。自我评价应当全面，既要看到自己的优点和长处，又要看到自己的缺点和不足。既要看到自己某一方面的特殊素质，又要看到自己全面的整体因素。反之，任何一种片面、孤立、不分主次的自我评价都是不全面的。全面评价自己，不仅看到自己的优缺点，也要看到自己身边的机会和机遇。

（3）发展性原则。自我评价时应以发展变化的眼光看待自己的现实素质，作出客观、全面的评价，而且应当着眼于未来的发展变化，预见自己将来的发展潜力和前景。要看到自身的发展潜力，也要看到时代的更新换代。

（二）评价自我综合素质的基本途径

评价自我综合素质的基本途径主要包括：(1) 自己与自己的比较；(2) 自己与他人的比较；(3) 自己与自己行为结果的比较；(4) 自己与社会需求之间的比较。

（三）评价自我综合素质的方法

评价自我综合素质主要包括自我分析、听取他人的评价、进行心理测试等。自我分析时可用 SWOT 分析方法，也称为态势分析方法。SWOT 分别代表 Strengths（优势）、Weaknesses（劣势）、Opportunities（机遇）、Threats（威胁）。在择业之前进行全面的自我分析，可从四个方面进行：自己的优势及如何运用，自己的弱势及应该如何弥补，自己的机会及应该如何利用，目前所面临的威胁及应该如何排除或避免。

作为处于择业期间的大学生来说，应当注意使用正确的自我评价方法。既要重视反省，又要广泛听取他人的评价；既要重视心理测量结果的重要参照作用，又不应对其迷信。总之，不论采取何种方法，都要注意相互之间的参照和综合，这样才有利于对自己作出准确、全面的自我评价。

二、正确处理社会需求与个人需求的关系

从心理层面来讲，个人需求就是想干什么，未来希望干什么，通过工作想得到什么。西方有一句谚语说：如果你不知道你要到哪儿去，那通常你哪儿也去不了。同样，一个不知道自己想干什么的人通常什么也干不好。所以，确立一个具体的职业目标和专业方向，清楚地知道自己未来想干什么是选择就业的前提条件。做到这一点的关键就是认清自己，找到自己的兴奋点和兴趣所在。

对于处在职业准备阶段的大学毕业生来说，其兴趣已经随着年龄增长逐渐变得清晰，但兴趣不稳定的因素还是存在，所以处在这一阶段的大学生要在父母、老师甚至心理专家的帮助下，找出自己的真正兴趣所在，正确处理好社会需求和个人需求之间的关系，据此选择就业方向。

个人需求从现实层面对于大学毕业生来说主要有以下三个。

(1) 获得某一具体的社会劳动岗位，取得一定的经济报酬，从而获得自身生活资料的来源，即维持生计；

(2) 在职业劳动中，逐步适应社会，完成个人的社会化过程，这有利于自身的全面发展，即实现自身价值；

(3) 完成国家、社会所赋予的历史任务，这是高校毕业生义不容辞的责任。

当代大学毕业生需要懂得，个人的抱负不可能孤立地实现，只有与时代和人民的要求紧密结合起来，用自己的知识和本领为祖国为人民服务，才能使自身的价值得到充分实现，如果脱离时代，脱离人民，必将一事无成。新时代的中国，为青年人展示才华，实现志向提供了广大舞台，生长在这样的时代是幸福的。当代的大学生，就应当用人类社会创造的一切优秀文明成果丰富和提高自己，继承中华民族的优秀文化传统，努力担当起振兴中华的历史使命，创造出无愧于时代和人民的业绩。

大学生就业应当以社会需求为客观前提。按照马克思主义的观点，社会存在决定社会

意识，社会需求是客观存在的，不以人的意志为转移，大学生择业必须以社会需求为客观前提。首先，社会需求决定人才需求，对于作为重要人力资源的大学生来说，社会需求对其就业起决定作用。其次，社会需求决定专业需求，专业的设置直接影响学生知识的主攻方向、专业技能、职业素质，从而最终影响大学生的择业。最后，社会需求决定企事业单位对人才需求的变化，进而影响大学生的就业。

当代大学生应当正确认识个人需求和社会需求的关系，以社会需求为客观前提，以个人的兴趣为发展方向，把个人需求与社会需求统一到我国的社会主义现代化建设当中，确立正确的人生信念，将个人建功立业的志向与服务于为人民服务的人生追求、实现中国特色社会主义共同理想联系起来，自觉地、主动地到基层去、到艰苦的地方和行业去就业、创业，把个人的聪明才智融入到为实现中华民族伟大复兴共同奋斗的洪流中。

第二节　求职择业的心理准备

一、毕业前应做好的心理准备

对于一个即将毕业的大学生来说，克服各种心理障碍，澄清模糊认识，调整好心态，做好充分的心理准备，勇敢地迎接挑战，在求职择业过程中是非常重要的。

具体来讲，毕业生在毕业前应做好以下几方面的心理准备。

（一）能够客观地评价自我

不满和排斥会导致现实自我和理想自我的差距，产生心理障碍，阻碍职业选择。正确评价自我可以利用以下三种方法。

（1）比较法。把自己放入人群中，从比较中认识自己，这种比较虽然带有主观色彩，但却是认识自己常用的方法。在比较中，要寻找环境和心理条件相近的人比较，才更符合自己的实际水平和自己在群体中的地位。

（2）评价法。从别人的评价中认识自己，如果自我评价与周围人的评价有较大的相似性，则表明自我评价较成熟。反之，则表明自我评价有偏差，往往别人评价比自我评价更具有客观性。当然，对待别人的评价时，要有认识上的完整性，不要以自己的心理需要为主而只注意某一方面的评价，也不要只听取同自己关系密切的人的评价，应全面听取、综合分析各方面评价，公正评价自己。

（3）实践法。毕业生可以通过自己的成功或失败的经验教训来发现个人人格、能力上的特点，在"自我反省、自我检查、自我总结"中认识自我，认识自己的长处和短处，把握自己的人生方向。如果你对自己的某些才能、特点没有把握，不妨寻找机会实践一番，只有经过实践，才能客观明断，实践出真知。

（二）正确对待挫折，增强心理承受力

"自古英雄多磨难"。大学毕业生在求职择业过程中，一定会遇到各种障碍，受到各种挫折。对待和处理挫折的态度方法不同，产生的影响和效果也是迥然不同的。有的人在挫折中徘徊、沉沦，有的人在挫折中奋发、崛起。有了强烈的自信心、乐观开朗的性格、顽强的意志和优良的心理素质，大学生才能够经得起失败和痛苦的考验，战胜挫折。

人生难免经历顺境和逆境，没有谁的人生是一帆风顺的。当人生处于顺境时，要善于抓住时机，不骄不躁，实现人生目标；当处逆境时，不要灰心，要善于总结经验教训，迎难而上，事物矛盾之间会相互转化，大学生要通过自己的努力，将自己人生的逆境变为人生顺境，从而增强对待挫折的心理承受能力。

（三）敢于正视社会现实

大学生总要走向社会，社会具有复杂性，大学生需要正视社会、适应社会。中国特色社会主义进入了新时代，新时代是奋斗者的时代，习近平指出，"当代青年是同新时代共同前进的一代。我们面临的新时代，既是近代以来中华民族发展的最好时代，也是实现中华民族伟大复兴的最关键时代。广大青年既拥有广阔发展空间，也承载着伟大时代使命。"大学生们要把握时代脉搏，牢记社会主义核心价值观，不懈奋斗，到祖国最需要的地方去，为中华民族伟大复兴贡献自己的智慧和力量。

（四）转换角色，适应社会需要

一个人从出生到从事社会职业活动前的漫长时期，都是处在接受社会教育培养之中，是在为其踏上社会做准备，以便更好地服务社会、建设社会并推动社会的发展。就业将使大学生走进一个新的人生阶段。因此，走向职业工作的背后，是人生的一个关键转折点，大学生的社会角色将会发生较大变化。所谓社会角色，简单地说就是一个人的身份，是其所处的相应社会关系的反映。由于不同的社会关系有与其相应的社会规范，对于不同的社会角色，就会有不同的行为规范和要求。例如在就业以前，大学生的社会角色是学生，社会就会以学生的要求来衡量和评价其所作所为；而就业以后，大学生的社会角色就是种种社会职业人员，社会便会以职业人员的行为规范和要求去衡量和评价他们，大学生要做好角色转换的心理准备。

二、求职择业中几种不正常的心理状态

心理状态是指人在某一时刻的心理活动水平。例如一个人在一定时间里是积极向上还是悲观失望，是紧张、激动还是轻松、冷静等。心理状态犹如心理活动的背景，心理状态的不同，可能使心理活动表现出很大的差异性，心理状态是联系心理过程和心理特征的过渡阶段。

我们正处于社会主义新时代，新时代的就业环境既为广大的大学生提供了公平竞争和施展才华的机会，同时也对大学生的心理素质提出了新的挑战，特别是近年来就业矛盾日益突出，就业难度日趋增大，给广大毕业生带来了巨大的心理压力。有相当一部分毕业生在严峻的就业形势面前，心理准备不足，在就业过程中出现了种种心理偏差，有的甚至产生了严重的就业心理障碍。

由于各自家庭环境、社会背景、个人经历、专业基础的差异，个人的就业期望值也不尽相同，不少毕业生面对纷繁复杂的人才市场，感到无所适从，产生了种种心理问题。大学生择业的过程，是一个复杂的心理变化过程。面对严峻的就业形势，面对众多的竞争对手，要想获得择业的成功，没有充分的心理准备，没有良好的心理状态是不行的。但通过近年来对毕业大学生的跟踪调查表明，不少大学生在求职择业过程中表现出不正常的心理状态，主要有以下几种。

1. 自卑畏怯的心理状态

有的同学大学几年顺利地走过来了，也具备了一定的实力和优势，面对激烈的竞争，却觉得自己这也不行，那也不如别人。自卑心理使他们缺乏竞争勇气，缺乏自信心，走进就业市场心里发怵，参加招聘面试心里忐忑不安。一旦中途受到挫折，更缺乏心理上的承受能力，总觉得自己确实不行。在激烈的择业竞争中，这种心理状态是走向成功的大敌。

2. 盲目自信的心理状态

有的同学认为自己在择业中具备种种优势：学习成绩优秀，专业需求旺，求职门路广，因而盲目自信，择业胃口吊得很高，到头来往往会由于缺乏对社会环境的正确把握，对自己估计过高，对自己的缺点和遇到的困难估计不足而在择业中受挫。

3. 患得患失的心理状态

职业的选择往往也是对机遇的一种准确把握。错过机遇，往往与成功失之交臂。患得患失，这山望着那山高，常常是导致许多毕业生陷入择业误区的一种心理状态。

4. 急功近利的心理状态

有些同学在择业时过分看重地位，过分看重利益回报，一心只想进大城市，到挣钱多、待遇好的单位，期待少付出高回报，为了眼前的利益放弃长远的发展，这种心理状态可能会使你得到一些眼前的利益和满足，但从长远发展看恐怕并非明智的选择。

5. 焦虑恐惧的心理状态

焦虑在就业中主要表现为恐惧、不安、忧虑及某些心理反应。出现这种情况的原因很多：求职过程中复杂严格的笔试、面试程序，性别歧视，学历层次不高等。毕业生找不到理想工作时，就容易产生不安情绪，容易形成焦虑的就业心理。毕业前夕，过度焦虑恐惧的心理状态是影响就业效果的一个重要因素。

三、毕业生中常见的心理异常表现及常见心理调节方式

（一）大学生常见的就业心理异常

大学生常见的就业心理异常主要表现在以下几方面。

1. 心理矛盾缠绕

大学生在求职择业的过程中，面临着种种剧烈的心理冲突，因而产生了种种矛盾的心理：他们希望自主择业，但又不愿承担风险；渴望竞争，又缺乏竞争的勇气；胸怀远大理想，却不愿正视眼前的现实；注重专业能力的发展，但又互相攀比、爱慕虚荣；重事业、重才智的发挥，但在实际价值取向上重物质、重利益；对自我有充足的信心，但在遇到挫折之后，又容易自卑；既崇尚个人奋斗、自我实现，又有较强的依赖感。职业目标上理想和现实的反差，自我认知上自傲与自卑并存，职业选择上独立性和依赖感错位，使得部分大学生在就业中感到十分迷惘和困惑。

2. 心理依赖增强

在择业过程中，一些大学生缺乏主动参与意识和竞争意识，信心和勇气不足，在社会为其提供的就业机会面前顾虑重重，不能主动地参与就业市场的竞争、向用人单位展示自我、推销自我，依靠自身的努力去赢得竞争、赢得用人单位青睐，而是寄希望于学校，寄希望于地方毕业生就业主管部门，缺乏择业的主动性，"等、靠、要"思想和依赖心理严重，使自己在就业中处于劣势。

3. 心理焦虑加剧

大学生在求职择业过程中普遍出现焦虑和烦躁不安甚至恐惧的心理。有的同学对用人单位严格的录用程序感到胆战心惊，尤其是自己向往的高职位、高待遇的单位，参加竞争的人越多，录用条件越严格，有的同学就越容易失去被录用的信心。当然还有的因自己是女生而畏惧，有的因自己学习成绩不佳而烦恼，有的因自己能力低而紧张。这些都是心理焦虑的表现。刚走出校门，没有社会经验的大学生对选择职业这一人生大课题产生焦虑心理是正常现象。但是，如果心理上过度地焦躁、沮丧、不安，自己又不能在一定时间内化解这些情绪，这些情绪就会成为心理障碍或心理疾病。它会严重影响学生本人主观能动性的发挥，埋没他的潜能和才华，给就业带来不必要的困难，甚至造成择业失败。

4. 心理攀比明显

在择业过程中，由于每个人的生活环境、家庭背景、能力、性格和机遇是不尽相同的，因而在择业目标、职业选择上不具有可比性。而大学生血气方刚、喜欢争强好胜、虚荣心较强，容易引发攀比心理。他们在求职择业过程中表现为，忽视自身特点，对自我缺乏客观正确的分析，不从自身实际出发，不考虑所选单位是否适合自己，而是盲目攀比，不屑到基层工作，总想找到一份十全十美的工作。这种攀比心理使得不少毕业生迟迟不愿签约。

5. 心理从众性趋强

大学生正处于人格逐渐完善和成熟的阶段，容易受社会思潮和社会观念的影响，人云亦云，缺乏个人主见，从众心理较为严重。他们在求职择业过程中表现为，忽视所学专业的特点，过分追求实惠，盲目奔向经济发达地区和中心城市就业，追求功利，一味追求所谓的热门单位、热门职业，没有从国家需要、职业发展与个人前途去考虑。求安稳，缺乏积极进取精神，功利主义、实用主义思想严重。

6. 心理挫折抬头

生活中有成功就会有失败。大学生一直囿于校园，生活经历比较简单，未曾经历过波折，很少经受过挫折的考验，所以心理承受能力和自我调节能力较差，情绪波动大，情感较为脆弱，缺乏面对挫折的勇气。在择业过程中，一旦受到挫折，往往产生挫折心理，感到失落、悲观失望、自惭形秽，对自己、对未来失去信心，或不思进取、消极等待，或怨天尤人、顾影自怜。

7. 心理自卑增强

一些大学生自我评价过低，过低估计自己的知识和能力水平，在求职过程中缺乏自信、过于拘谨、优柔寡断，不能向用人单位充分展示自我，从而错失良机；有的大学生因为学历、成绩、能力、性格方面的某些缺陷和不足而丧失了勇气，悲观失望、抑郁孤僻、不思进取，觉得自己事事不如他人，不敢参与就业市场的竞争。

8. 心理嫉妒加强

这种嫉妒心理的主要特征是把别人优越的自身条件视为对自己的威胁，因而感到心理不平衡，甚至是恐惧和愤怒，于是借助贬低、诽谤以致报复的手段来求得心理的补偿或摆脱恐惧和愤怒的困扰。例如看到别人某些方面条件好，或找到比较理想的工作时，产生羡慕，转而痛苦，又不甘心的心态。甚至为不让别人超过自己，而采取背后拆台等不良手段。在择业中，嫉妒心会使人把朋友当对头，使曾经良好的关系恶化，嫉妒心还会使团体内（班级或宿舍内)人心涣散、人际关系冷漠，嫉妒者本人也会增加内心痛苦和烦恼，甚至影响求职的顺利进行，所以大学生一定要注意克服嫉妒心理。

(二) 大学毕业生的心理调适

毕业生在求职择业过程中难免会产生一些心理上的误区，应当及时予以调整，以利于求职就业的顺利进行。毕业生可以根据各自的不同情况，采取相应办法，这里着重介绍以下几种方法。

1. 保持乐观心态和平常心

毕业生就业，有乐观的心态最重要。毕业生正确择业，把握好就业机会，总会有那么一份坚持让我们走上工作岗位，也总有一个行业是适合我们去干的。

有人总结出"万事无忧三定律"：① 不要为小事担忧；② 所有的事都是小事；③ 万一真遇到大事，别慌，参照第②条。毕业生就业，心态最重要。不管在就业择业中遇到困难还是有好的机遇，都要理性对待，有时候塞翁失马，焉知非福，即便春风得意，也不要忘乎所以。因此，在我们毕业生选择就业目标的时候，一定要明确就业取向，择业目标要明确，遇到逆境和顺境都要保持乐观的心态和一颗平常心。

2. 排除不良情绪的影响

心理学研究发现，积极的情绪体验与积极的行为变化总是有一致的关系，毕业生在择业时，要尽可能多地形成这种关系。毕业生要掌握自我调节情绪的方法，能及时从消极情绪中解脱出来，促使有害情绪无害化。排除不良情绪的方法可参照以下几种。

(1) 自我激励法。自我激励法主要是用生活中的哲理、榜样的事迹或正确的思想观念来激励自己，自觉克服各种不良情绪。如果一次求职失败，要勇敢地面对下一次，坚信未来是美好的，"留得青山在，不愁没柴烧"，不要被灰心、失望、悲观的情绪所控制。

(2) 言语暗示法。言语暗示法通过自言自语，甚至在无人处大声疾呼来暗示自己；或通过书面语言暗示，将提示语写在墙上，记在日记本上，达到调节情绪的目的。比如较自卑、胆怯的学生应当写上"不要紧张，相信自己，你是好样的"；爱自夸的同学可写上"一切真正的和伟大的都是淳朴和谦逊的"。经验表明，只有在松弛平静、排除杂念、专心致志的情况下进行各种自我暗示，才会对情绪的好转有显著的作用。

(3) 注意力迁移法。就是把注意力从消极情绪转移到积极方面去。如在消极、苦闷时，可通过听音乐、散步、聊天排遣不良情绪，或通过做自己喜欢的事来转移注意力，当人沉浸在自己喜欢的事务中时，烦恼是奈何不了的。

(4) 行为补偿法。当所追求的目标受到挫折或因个人的某种缺陷而失败时，可及时改变方向以其他可能获得成功的活动来弥补因失败而丧失的自尊和自信。

(5) 宣泄法。当不良的情绪积郁在胸的时候，应该通过向家人、朋友倾诉等方式来宣泄自己的情绪，也可以痛痛快快地哭一场。只要能释放这种有害的情绪，就不必过于压抑感情。宣泄的关键在于将有害情绪及时排遣。

(6) 幽默调节法。从心理学角度看，幽默是一种心理防御机制，是人们处于困难境地时自我解脱的一种方法，并能借以达到心理上的平衡。在人的精神世界里，幽默实在是一种丰富的养料，是精神的润滑剂。如果你善用幽默，通过适当的自我解嘲，就会及时化解不良情绪，保持自己身心的愉快。

3. 主动找师长请教

一个人的视野、思维、控制能力是有限的，对自我的审视也带有主观色彩，一旦出现心理失调的情况，单靠个人的力量和智慧不一定能全部解决，这时获得他人的帮助和指导是十分必要的，主动找师长求教就是一条有效的途径。

4. 从友情和亲情中寻求力量

亲情和友情是大学生就业时保持积极心态的重要环境，从亲情和友情中寻找力量，把内心的压抑、不满、隐痛通过适当的途径和方式宣泄出来，不断获得鼓励、信任和希望，是大学生就业时心理调适的重要途径。

5. 心理咨询

心理咨询医生经过严格的、科学的心理咨询业务训练，具有一定的理论水平和实践经验，看待问题更科学、更客观，调整咨询者心理状态更快捷、更有效。毕业生如果产生了严重的心理问题无法自我调整，不妨去找心理医生咨询。

（三）毕业生求职需把握的几个"度"

1. 求职心气要有"度"

每个人的学历、经历大致决定了职业方向，每个人的能力、经验决定了职位层次，每个人的家庭、背景往往又决定了工作地域。所以，这些因素决定了你必然在某个职业圆周内。在求职时，可以适当地放大半径，放宽选择范围，但是圆心不能偏离，范围不能太广，否则，摆脱了自己的职业圆周，就会偏离自己的职业轨道，漫无边际的寻找，很难选到合适的职位，甚至在这一轮中踏空，成了流浪者，所以毕业生要掌握好这个度。

2. 求职心情要有"度"

有的人急于求成，整日忙于奔波，不去思考成功之路；有的人慢条斯理，全然不顾形势的变化。只有认识到变化的形势，加速进入求职就业的快车道，才能跟上飞速奔驰的列车，否则，就会被丢在某个驿站。所以，求职不能操之过急，也不能不紧不慢，要掌握好一个度。

3. 追求理想要有"度"

没有理想，就会让人没有追求，碌碌无为，然而，理想与现实的差距是一条不可逾越的鸿沟。往往理想太远大，现实太残酷。所以找工作要切合实际做一个职业规划，要想做大牌，首先做小卒。调整心态，先从梦中醒来，认清职场形势，看到竞争的激烈性，让自己不切实际的想法软着陆，给自己重新定位。否则，就会犯水中捞月、雾里看花的错误。

4. 简历重点掌握两个"度"

（1）写简历要有个"度"。职场竞争太激烈，没有竞争意识是要吃亏的，所以，简历中，适当加点亮点和调料，使自己的简历有吸引力，自己的能力、经验可以适当请"放大器"和"扩大镜"帮助一下，否则，很难在茫茫人海中寻求到发展空间，如愿以偿进入职业发展的高速公路。无论哪个行业，哪个企业，哪个职位，实力才是竞争的核心，有了过硬的技能，未来才能抱回一个"金饭碗"！但是，如果只注重简历大加注水，胡编乱造，把真实的经历描绘成天方夜谭，简历就会给你帮倒忙。企业在招人中更看重的是诚实可信、沟通协调能力、团队精神、承受压力的能力、较高的情商等，这些指标通常被归入综合素质一类，所以写简历要掌握好这个度，可不要让人给你综合素质差的结论。

（2）投简历要有个"度"。投简历的时候，如果只投自己曾经做过的行业、职位，那就把自己绑在一个小圈子里，限制了自己的职业发展。可以适当地选择新兴的行业和职位，但是最好与自己学历、专业有连带关系。

5. 面试过程要把握好八个度

（1）仪态仪容要有度。服装整洁，得体大方，不要鲜艳时髦、袒胸露臂；装饰合理、搭配得当，不要珠光宝气、画蛇添足；头发整齐、略带素妆，不要油头粉面、浓妆艳抹；仪态大方、举止得体，不要矫揉造作、故作姿态。

（2）面试礼仪要有度。彬彬有礼，温文尔雅的风度代表了一个人的素质，是求职的法宝，但是如果装腔作势、唯唯诺诺，就显得不太得体。

（3）心理上要有度。充满自信是必备条件，自信是敲门砖，自信是一种骨子里的东西，它是不言败的信心。但是自信不是自负，不是自大，也不是自傲。自骄自傲、非我莫属，是求职的最大障碍。但是自卑自贬、忐忑不安，也是阻碍成功的最大敌人。二者的结果都是与机会擦肩而过，失之交臂。所以，既要充满信心，又不要旁若无人，要掌握好这个度。心存疑惑，就会失败，相信胜利，必定成功。

（4）准备工作要有度。万一你被通知要参加面试，一定要做好面试前的全方位六大准备：物质准备、心理准备、研究准备、问题准备、仪表准备、礼仪准备，对面试中的每一个环节都仔细分析，认真研究，充分的准备可以帮助你镇静下来。打有准备之仗，充满必胜的信心。可是，也不要诚惶诚恐，小题大做。

（5）介绍优缺点要有度。优点是指任何你能运用的才干、能力、技艺与人格特质。这些优点是你能有贡献、能继续成长的要素，这些优点是你竞争的法宝。竞争最好的办法是把自己的优点集合起来，一一列举，形成一个优势。但是不能因自己的优势而盲目自信，志得意满，陶醉在已有的光环之中，面试中流露出一副咄咄逼人、独占鳌头的模样，那就可能会自取灭亡。

（6）回答问题要有度。在面试过程中，最大的困难就是如何回答面试人员的问题。其实如果你能够好好准备，语速不紧不慢、用词不温不火、表情不僵不狂、眼神不呆不滞、举止不浮不板，加上临场镇定的表现和充分发挥，针对不同类型的问题，以不同的方式应答，灵活机动，就能助你轻松过关，争取求职成功。

（7）观察问题要有度。对周围的环境，面试官的表情、态度毫无察觉，不能随机应变，不能灵活处理，面试注定失败。同时，也不能观察过度，甚至太过仔细分析、想入非非，扰乱了回答问题的思路，如果因此没有听到面试官的问话，那便会乱了阵脚。

（8）面试后查询要有个度。面试之后，若机会恰当，要向给予你面试的人表示感谢，同时不要坐不住板凳，四处打探，甚至电话不断，让人讨厌。

第三节　职业了解和就业准入

一、职业资格和就业准入

发达国家一般都建立并实行了职业资格证书制度和就业准入制度。而就业准入制度是实施职业技能鉴定和职业资格证书制度的强制性措施。一般来说，多数国家都是通过立法或实行强制性国家政令来执行这一制度，同时辅以严厉的监察制度，以保证就业准入制度落到实处。这方面的法令或政策规定，求职者无论是初次进入劳动力市场，还是失业后再次进入劳动力市场，都必须持有国家规定的职业资格证书才能就业和上岗。

（一）职业资格介绍

职业资格是对从事某一职业所必备的学识、技术和能力的基本要求，反映了劳动者为适应职业劳动需要而运用特定的知识、技术和技能的能力。职业资格由国务院劳动、人事行政部门通过学历认定、资格考试、专家评定、职业技能鉴定等方式进行评价，对合格者授予国家职业资格证书。

职业资格证书是国家对申请人专业（工种）学识、技术能力的认可，是求职、任职、独立创业和单位录用的主要依据。劳动部负责以技能为主的职业资格鉴定和证书的核发与管理（证书的名称、种类按现行规定执行）。

开展职业技能鉴定，推行职业资格证书制度，是我国人力资源开发的一项战略措施。它对于提高劳动者素质，促进人力资源市场的建设以及深化国有企业改革，培养技能型人才，促进经济发展都具有重要意义。

根据劳动和社会保障部规定，国家职业资格分为五个等级，从高到低依次为高级技师、技师、高级技能、中级技能和初级技能。根据劳动和社会保障部制定的《国家职业标准制定技术规程》的规定，各等级的具体标准为表 5－1 所示。

表 5－1　国家职业资格等级划分

国家职业资格五级（初级技能）	能够运用基本技能独立完成本职业的常规工作
国家职业资格四级（中级技能）	能够熟练运用基本技能独立完成本职业的常规工作；并在特定情况下，能够运用专门技能完成较为复杂的工作，能够与他人进行合作
国家职业资格三级（高级技能）	能够熟练运用基本技能和专门技能完成较为复杂的工作，包括完成部分非常规性工作；能够独立处理工作中出现的问题；能指导他人进行工作或协助培训一般操作人员
国家职业资格二级（技师）	能够熟练运用基本技能和专门技能完成较为复杂的、非常规性的工作；掌握本职业的关键操作技能技术；能够独立处理和解决技术或工艺问题；在操作技能技术方面有创新；能组织指导他人进行工作；能培训一般操作人员；具有一定的管理能力
国家职业资格技能一级（高级技师）	能够熟练运用基本技能和特殊技能，在本职业的各个领域完成复杂的、非常规性的工作；熟练掌握本职业的关键操作技能技术；能够独立处理和解决高难度的技术或工艺问题；在技术攻关、工艺革新和技术改革方面有创新；能组织开展技术改造、技术革新和进行专业技术培训；具有管理能力

职业资格证书制度是指按照国家职业标准，通过政府认定的考核鉴定机构，对劳动者的技能水平和从业资格进行评价和认证的国家证书制度。职业资格证书制度由从业资格证书制度和执业资格证书制度组成。职业资格包括从业资格和执业资格。职业资格证书包括从业资格证书和执业资格证书。

专业技术人员职业资格是对从事某一职业所必备的学识、技术和能力的基本要求。专业技术人员职称，称为专业技术资格。职称分为初级职称（员级、助理级）、中级职称、高级职称（副高级、正高级）。

国家职业资格等级与专业技术资格等级对比：取得中级技能（中级工）资格，相当于技术员待遇；取得高级技能（高级工）资格，相当于助理工程师待遇；取得技师资格，相当于工程师待遇；取得高级技师资格，相当于高级工程师待遇。

从业资格是指从事某专业（工种）学识、技术和能力的起点标准，一般通过学历认定或考试取得。

具备下列条件之一者，可确认从业资格：具有本专业中专以上学历，见习一年期满，经单位考核合格者；按国家有关规定已担任本专业初级专业技术职务或通过专业技术资格考试取得初级资格，经单位考核合格者；在本专业岗位工作，经过国家或国家授权部门组织的从业资格考试合格者。

从业资格证书是建立在从业资格确认的基础上，从业资格确认工作由省、自治区、直辖市人事部门会同业务主管部门组织实施，通过学历认定或考试取得。

职业资格与学历文凭的区别：职业资格是对从事某一职业所必备的学识、技术和能力的基本要求，反映了劳动者为适应职业劳动需要而运用特定的知识、技术和技能的能力。学历文凭主要反映学生学习的经历，是文化理论知识水平的证明。

职业资格证书的作用：职业资格证书是就业的"入场券"；职业资格证书是择业的"通行证"；职业资格证书是转业的"桥梁"。

（二）就业准入

所谓就业准入是指根据《劳动法》和《职业教育法》的有关规定，对从事技术复杂、通用性广、涉及国家财产、人民生命安全和消费者利益的职业（工种）的劳动者，必须经过培训，并取得职业资格证书后，方可就业上岗。实行就业准入的职业范围由劳动和社会保障部确定并向社会发布。

目前，劳动和社会保障部依据《中华人民共和国职业分类大典》确定了实行就业准入的66个职业目录。分别是车工、铣工、磨工、镗工、组合机床操作工、加工中心操作工、铸造工、锻造工、焊工、金属热处理工、冷作钣金工、涂装工、装配钳工、工具钳工、机修钳工、汽车修理工、摩托车维修工、锅炉设备安装工、维修电工、电子计算机维修工、手工木工、精细木工、贵金属首饰手工制作工、土石方机械操作工、砌筑工、混凝土工、钢筋工、架子工、防水工、装饰装修工、电气设备安装工、管工、汽车驾驶员、起重装卸机械操作工、音响调音员、纺织纤维检验工、贵金属首饰钻石宝玉石检验员、动物疫病防治员、动物检疫检验员、沼气生产工、推销员、中药购销员、鉴定估价师、医药商品购销员、中式烹调师、中式面点师、西式烹调师、西式面点师、调酒师、保健按摩师、职业指导员、物业管理员、锅炉操作工、美容师、美发师、摄影师、眼镜验光员、眼镜定配工、家用电子产品维修工、家用电器产品维修工、钟表维修工、办公设备维修工、秘书、计算机操作员、话务员、用户通信终端维修员。

国家对实行就业准入的具体规定：职业介绍机构要在显著位置公告实行就业准入的职业范围；各地印制的求职登记表中要有登记职业资格证书的栏目；用人单位招聘广告栏中也应有相应职业资格要求。职业介绍机构的工作人员在工作过程中，对国家规定实行就业准入的职业，应要求求职者出示职业资格证书并进行查验，凭证推荐就业；用人单位要凭证招聘用工。从事就业准入职业的新生劳动力，就业前必须经过一到三年的职业培训，并取得职业资格证书；对招收未取得相应职业资格证书人员的用人单位，劳动监察机构应依法查处，并责令其改正；对从事个体工商经营的人员，要取得职业资格证书后工商部门才办理开业手续。

二、职业对人才素质的要求

所有职业，对人才素质都有共性的要求，而每一种具体职业，对人才素质又有特殊的要求。职业对人才素质的要求体现了普遍与一般、共性与个性的统一。

（一）所有职业都要求具备的基本素质

所有职业都要求具备的基本素质包括有较强的事业心与责任感，与企业同甘苦、共患难、荣辱与共，具有吃苦精神，基础扎实、知识面宽，懂管理善沟通。

（二）一些从事具体职业人员的具体素质要求

1. 企业管理人员的素质要求

企业管理人员既要具有扎实的专业知识，又要有胆有识，敢于开创，不怕艰苦，具有拼搏精神，能够在企业的新产品开发、老设备改造、降低消耗、提高经济效益方面作出贡献；不要怕基层条件的艰苦，要有"长期作战"的思想，要有较强的应变能力和实际操作能力；不仅懂技术，还要善经营、会管理。

2. 科研单位骨干的素质要求

科研单位骨干要求学习成绩拔尖，专业基础扎实；具有较好的外语基础；善于收集和利用信息，能够进行实验操作和数据处理等，并从中找出规律；具有较强的应用开发能力；具有严谨的治学态度。

3. 政府机关公务员的素质要求

一般属于技术主管部门的机关都要求大学生通晓专业，并具有一定的交际能力、表达能力、独立工作能力、文字能力。现阶段这些机关还特别要求大学生的外语水平、计算机水平具有较高水平。国家机关对大学生的政治素质要求较高，要求他们关心国家命运前途，坚持四项基本原则，遵纪守法文明礼貌。

4. 教师的素质要求

教师应该爱岗敬业，诲人不倦；以身作则，为人师表；具有广博扎实的专业基础；品学兼优、性格较活泼；热爱学生；具有较强的口头表达能力和科研能力；善于接受新事物，勇于进取；谦虚谨慎，团结协作，身体健康。

5. 报社记者、出版社编辑的素质要求

报社记者要具有较高的政治热情，热爱新闻事业，有全心全意为人民服务的精神；具有较高的马克思主义理论水平，能及时全面深刻地理解党的方针政策；具有较强的事业心和正直的品格，深入实际，实事求是，敢于坚持原则，敢于向不良倾向作斗争；不但有扎实的专业基础，还要有广博的知识；记忆力强，灵敏度高，有强健的体魄、充沛的精力和吃苦耐劳的精神；善于跟各种人打交道，具有很强的活动能力；精通新闻写作，具有较强的新闻嗅觉和新闻敏感；具有创新能力；科技记者还要掌握比较广博的科技知识，特别是科技发展的前沿知识。出版社编辑还要求具有扎实的编辑专业基础，既是本领域的"专家"又是知识面宽广的"杂家"。

6. 财会人员的素质要求

财会人员既要求熟练掌握所学的专业知识，又要熟悉本职工作有关的政策规章制度，还需要掌握一定的法律学、经济学以及营销学等方面的知识；诚实可靠、保守机密、严守纪律、坚持原则，是财会人员应具备的基本素质和基本要求；有思想，能在经营决策的重要关口当好领导的参谋；有较强的社交能力，善于处理与各类人员、各相关单位人员交往中出现的一些问题。

7. 涉外单位人员的素质要求

涉外单位人员要热爱祖国、自尊自信；严守纪律，保守机密；精通业务，要有较高的外语水平，要熟练掌握所从事的政治、经济、文化等个体涉外工作的业务；要有广博的知识面，涉猎古今中外、政经文史；平等待人，不卑不亢；热情服务，讲究礼貌，注意仪表。

8. 公共关系人员的素质要求

公共关系人员要求具有良好的品德修养；有思想头脑，善于学习、分析与判断，善于把握机遇，是能为领导提供高质量信息的参谋与助手；要有广泛的社交能力和干练的办事能力；要会说能写，要能随机应变，勤于思考，要善于分析，及时捕捉鉴别和利用各种信息，从普通的资料和信息中看出趋势，从平静的表现中发现潜在的危机，并以果断的措施应付各种危机和突变，有不断创新的能力。

三、各类资格证书与考试介绍

（一）各类职业资格证书

（1）经贸类专业：报关员、跟单员、外销员、货代员、物流师等。

（2）管理类专业：导游员、高级营销员、商务策划师、企业人力资源管理师等。

（3）财经类专业：会计员、初级会计师、证券从业资格证、期货从业资格证等。

（4）计算机类专业：电子商务员、初级程序员、高新技术应用员、信息管理师等。

（5）外语类专业：翻译（笔译、口译）、秘书等。

（6）护理类专业：护士，护师，主管护师、副主任护师、主任护师。

（7）药学类专业：初级药士（中药士），初级药师（中药师），中级主管药师（中药师），副主任药剂师、主任药剂师。

（8）临床医学专业：助理医师、医师、主治医师，副主任医师、主任医师。

（9）检验专业：初级检验技士，初级检验技师，检验主管技师、副主任检验师、主任检验师。

（二）热门职业资格证书介绍

当前，热门职业资格证书主要有：健康管理师、注册会计师（CPA）、建造师、消防工程师、特许金融分析师（CFA）、精算师、ACI注册国际营养师、人力资源管理师、电子商务师、物流管理师、人力资源管理师、营销师（推销员）、秘书、企业培训师、跟单员、报关员。

（三）职业资格考试介绍

国家职业资格考试即职业技能鉴定，鉴定是一项基于职业技能水平的考核活动，属于标准参照型考试。它是由考试考核机构对劳动者从事某种职业所应掌握的技术理论知识和实际操作能力作出客观的测量和评价。职业技能鉴定是国家职业资格证书制度的重要组成部分。

执业资格通过考试方法取得。参加执业资格考试的报名条件根据不同专业有不同规定。执业资格考试工作由人事部会同国务院有关业务主管部门按照客观、公正、严格的原则组织进行。

执业资格考试由国家定期举行。考试实行全国统一大纲、统一命题、统一组织、统一时间，所取得的执业资格经注册后，全国范围有效。

凡符合规定条件的中华人民共和国公民，均可报名参加执业资格考试。

国务院有关业务主管部门负责组织执业资格考试大纲的拟定、培训教材的编写和命题工作，并组织考前培训和对取得执业资格人员的注册管理工作。培训要坚持考培分开、自愿参加的原则，参与考试管理工作的人员不得参与培训工作和参加考试。

人事部负责审定考试科目、考试大纲和审定命题；确定合格标准；会同有关部门组织实施执业资格考试的有关工作。各地人事（职改）部门会同当地有关业务部门负责本地区执业资格考试的考务工作。

第四节　职业选择的策略

一、职业选择的考虑因素

大学生职业选择受到多种隐性因素和显性因素的影响，这些因素基本上可归纳为主体因素和客体因素两大类。

（一）主体因素

主体因素是主体内部产生的、与自我意识密切关联的影响因素。主要的主观因素包括兴趣与能力，它们是左右大学生职业选择的主要因素。

1. 兴趣

兴趣是最好的老师，兴趣在大学生职业选择过程中发挥着重要作用。凡是符合个人兴趣的活动，就能提高人们的积极性，使人积极愉快地从事某种活动。社会学研究表明，自主选择与自己兴趣、爱好、能力相符职业的劳动者，其劳动生产率比不符合要求的劳动者要高 40%。另据资料表明，如果一个人对某一工作有兴趣，就能较长时间保持高效率而不感到疲劳；而对工作缺乏兴趣的人，即使发挥其全部才能的 20%～30%，也容易筋疲力尽。大学生之所以在职业中取得突出成就，或者拥有专业优势而无工作业绩，一个重要原因就是职业兴趣。兴趣爱好一旦确定，兴趣产生的内在驱动力会形成不断进取的工作精神，在不自觉中会推动个体排除种种困难，为职业成功奠定基础。

李时珍是明代伟大的医药学家、科学家。他从小喜爱医药，在兴趣的指引之下，精读四书五经、经典传奇，走上研究医药、研究自然科学的道路，编纂了我国古代具有世界影响的博物学著作《本草纲目》。

个人的兴趣爱好有很多，一般说来，兴趣爱好广泛的人，选择职业时的自由度就大一些，他们更能适应各种不同岗位的工作。广泛的兴趣可以促使人们注意和接触多方面的事物，为自己选择职业创造更多有利条件。

2. 能力

能力是指人们成功地完成某种活动所必须具备的个性心理特征。在职业选择时，要特别注意能力与职业的匹配，因为不少人往往将兴趣误认为是能力，这一点一定要搞清楚，否则，你将进入误区，事业难以成功。所以，要想获得事业成功，还要注意发现你的能力，并将你的能力与职业相匹配。

社会上任何一种职业对工作者的能力都有一定的要求。想要成为一名合格的医生应该具备救死扶伤、对疾病作出准确判断的专业能力，并具备设计正确治疗方案的能力、医患沟通能力、科学研究能力、创新探究的能力等。在选择职业时不能好高骛远或单从兴趣爱好出发，要实事求是地检测一下自己的学识水平和职业能力，这样才能找到有"用武之地"的合适工作。

（二）客体因素

客体因素是指职业选择中环境因素的总和，也包括职业本身因素。如果说主体因素起着基础性作用，那么客体因素则发挥了制约和平衡的牵制作用。客体因素主要包括社会评价、经济利益、家庭影响等。

1. 社会评价

大学生身处象牙塔，却不是生活在真空状态。社会对各类职业所持的倾向性态度总会通过传媒、习惯、舆论等各种渠道渗透到大学生职业评价心理中，成为大学生社会化认识的重要一面。尽管我们经常会听到关于"职业分工不同，职业没有高低贵贱"之类的强调，但是，在现实社会中，人们实际普遍地存在着职业高低贵贱之分的认识，这种认识即是职业的社会评价。

职业的社会评价受到社会心理的强有力制约。一般来说，有什么样的社会心理，就有什么样的社会评价，尤其是在传统心理仍然根深蒂固的当代社会，职业的社会评价往往体现出浓厚的传统色彩和保守色彩。这点越是在不发达地区，便越是明显。个体工商户虽腰缠万贯，但其社会评价一直不高，这一现象与古代流行的轻商观念有密切联系，而恰恰是轻商意识成为大学生进入个体者行列的主要心理障碍。职业的社会评价又是一动态发展过程。每个时代的职业目标都会有所差异，之所以会不断地演变，正是由于各个时代的具体内容决定的。

职业的社会评价对大学生职业选择的影响是潜移默化的，它已经进入了大学生的社会认知领域，成为不自觉地考虑因素，尤其是他们对某种职业缺乏深入了解与切身感受时，社会评价作用会格外突出。大学生的社会评价内容也会发生变迁，观念的更新、思想的冲击、价值取向的调整都会改变其原有的内容，以至重新排列、组合理想职业的序列。不过，不管怎样变迁，社会评价对大学生职业选择的影响是始终存在的，问题仅在于影响的大小。

2. 经济利益

经济利益在当今大学生职业选择中扮演着愈加重要的角色。发展中的商品经济必然导致金钱意识的抬升，这是一个好事，又不一定是一个好事，这中间存在着极大的转换性和可能性。说它是好事，是因为职业必须具有物质激励才能保持长久的吸引力，否则将无法获得选择者的青睐。说它不一定是一个好事，是因为金钱意识如果一味膨胀，必然损害许多职业的本色，职业将不再是"职业"，而蜕化成获取经济利益的工具。有人曾说，在当代中国社会，金钱扮演着上帝的角色。此言放在一部分人身上可以，倘若及之于全体(包括大学生)则不免过激。

从历史上来看，以上现象是对传统职业选择意识的强烈反弹。计划经济下的职业选择坚决排斥经济因素的介入，不同职业的经济收入几乎是同一的，大学生毕业后的工资由国家统一规定，各种职业的收入差异相当小，小到在职业选择中完全不被考虑的程度。随着经济结构的改革，经济收入在不同职业之间的差距开始迅速扩大，以至扩大到某些职业收入让人无法接受、引起社会不满的程度，加上灰色收入的大量存在，引起了社会心理的失衡。

对于刚刚走出象牙塔、尚未迈入职业社会的大学毕业生来说，经济因素不可能被演绎得淋漓尽致。他们只能在其能力范围内追求经济收入，获得经济收入。但是，如果大学生付出的劳动不能以合理的经济报酬加以实现，那么这就会促使其重新选择职业，并且将经济利益放到其考虑因素中更加重要的位置。经济杠杆在当代大学生职业选择中发挥着举足轻重的作用。

3. 家庭影响

家庭在大学生人生大事上会留下深刻痕迹，其中，大学生职业选择就融合了家长意志。职业选择的前奏是专业选择，许多家长对子女的专业选择并不是耳提面命式的命令，更多的是通过家庭环境的熏陶，逐渐影响了大学生的心里期待。出身农民家庭的大学生，对父母面朝黄土背朝天的农作生活有着强烈感受，从父母的言谈举止和谆谆教诲中，可能会拒绝选择父母所从事的职业。医学家庭出身的大学生，在长期与家庭成员的接触中，很可能继承父母的职业价值观，从而走上了父母的职业道路。但是，当子女与家长在职业目标上发生冲突，或者子女极力摆脱家长的意志的时候，两者的矛盾就会产生。父母们有一个天然的倾向，即把对子女的爱与对子女的控制乃至干涉简单地等同起来，父母对子女常说的一句话是：我这样做是为了你好。"这样做"是父母对子女的控制措施，"为了你好"是父母对子女的爱的表达，通过这么简简单单的一句话，父母控制子女就会获得合法形式和情感支持。

大学毕业后，大学生又面临着具体职业的选择。这时家庭作用又会凸显出来。不过，此时它的影响力已远不如昔，因为大学生专业知识已较为丰富，职业意识也更加明晰，心理正在日渐成熟，相应地对家庭的心理依赖也就大为减弱。但是，家庭作为大学生的后盾力量，对职业选择发挥的影响不会从根本上丧失，尤其当子女在职业选择道路上犹像不决并寻求帮助时，父母意志的作用又会放大，对子女的职业选择产生重要影响。有些大学生完全按照自己的意愿选择了某种职业，有些大学生则被引入了父母正在从事或者希望子女从事的职业。在后者的情况下，大学生子女被看作是父母希望的延伸，或者家庭的代表，他们的使命是实现父母的理想，这种职业选择的效果不能一概而论，不过，这也在无形中出现了一种危险，即如果职业不尽如人意，那么子女很可能会将这种结果归咎于父母，让父母来承担职业实践不理想的责任。

二、职业选择的原则

职业选择是人们根据自己对职业的评价、意向以及对就业所持的态度，从社会现有的职业中选择其一的过程。在选择职业岗位时应当遵循一定的原则。大学毕业生在就业过程中，能否掌握正确的职业岗位选择原则，不仅关系到个人能否找到合适的职业岗位，而且影响到个人的成长、成才和职业理想的实现。在具体的职业选择过程中，每一个人都希望找到一份与自己兴趣、爱好、能力相当的职业，这是可以理解的，然而要实现这种理想却又不那么简单，因为就业是一项关系到社会、经济、文化以及家庭等诸多因素的复杂的系统工程，不是单凭主观愿望就能解决好的。所以，大学毕业生在选择职业时应注意遵从职业选择的原则。

（一）从个人的角度来看职业选择的原则

1. 发挥个人素质优势的原则

所谓发挥个人素质优势的原则，是指一个人在选择职业时，应综合自己的素质情况，根据自身的特长和优势选择职业岗位，以利于今后在职业岗位上顺利地、出色地完成本职工作。对于人的素质，不同的学科，从不同角度可以有不同的理解。这里所讲的个人素质，是指青年学生在选择职业岗位时应具备的基本条件。主要包括思想品德素质、才学文化素质、身体素质、个性心理品质素质等。在坚持符合社会需要原则的前提下，为什么还要发挥个人的素质优势呢？这是因为以下几个原因。

（1）有利于青年学生的自身成长。由于受主观因素的限制，任何人都不可能十全十美，各人有各人的长处，各人有各人的短处，重要的是怎样做到扬长避短。从心理学上讲，当一个人的主观体验感到满意时，就会情绪饱满、干劲倍增；而当一个人的主观体验不满意时，就会心灰意冷、意志消沉。因此，如果一个人所在的职业岗位正是其素质所长和优势所在，就会比其他人更容易完成本职工作，这样就会受到周围同事、领导的肯定，从而激励他更加努力地去完成一个又一个的任务，而在完成任务的过程中，不仅提高了技术能力水平，使其更加成熟，而且也从中感到价值实现的意义，从而不断提高思想觉悟，使自己健康成长。

（2）有利于胜任工作。任何一项事业都是实实在在的实践活动，而实践的好坏，则与个人素质的优势有着直接的关系。比如一个企业，同样的硬件，如果全体员工的整体素质高，则该企业的发展速度就快；如果全体员工的整体素质较差，则企业的发展速度就慢，甚至停滞不前或者更糟。对于一个人来讲，如果按照自己的素质所长选择职业岗位，则不仅有利于胜任工作，而且也为自己出色地完成任务创造了条件。因此，根据自己的素质优势情况选择适合发挥自己素质优势的职业岗位，不仅体现了人尽其才、学用一致的要求，而且体现了对职业负责、对社会负责的精神。

（3）有利于创造性劳动。心理学研究表明，人们对某项工作兴趣越浓，其投入就越大，就容易克服困难，从而成就某项事业。对一个人来讲，由于其所选择的职业正是其自身的素质优势所在，他就会产生浓厚的兴趣，并随着兴趣的发展逐步形成职业兴趣，在顺利而出色地完成本职工作的同时，随着经验的丰富，能力的提高，加上个人刻苦钻研，就可能出现灵感上的火花，从而有所发明和创造。

坚持发挥个人素质优势的原则，最基本、最重要的就是要客观地认识自己的长处和短处。应该承认，每个人在素质上是有差异的，正可谓"骏马能历险，犁田不如牛；坚车能载重，渡河不如舟"。因此，大学毕业生选择职业岗位时要真正做到扬长避短，充分发挥自己素质优势，同时还必须做到以下几点。

（1）发挥专业所长。大学毕业生经过三到五年的学习，不仅具有较为扎实的基础理论和基础知识，而且具有一定的专业知识，因此在选择职业岗位时，一定要从所学专业特点出发，做到专业基本对口，这样，根据自己的专业所长，就可以在职业岗位上大显身手，否则的话，学非所用，不能发挥专业优势，对自己、对单位都是不利的。当然，这里我们所说的专业对口，是指基本对口，因为在实际工作中，完全的专业对口是较少的，这也要求我们在职业岗位上发挥自己专业特长的同时，还要主动适应职业岗位的需要。

（2）发挥能力所长。同一专业的同届毕业生，由于各人的情况不同，能力也有差异。根据不同的能力选择不同的职业岗位，是充分发挥个人素质优势的最佳体现。比如有的毕业生语言表达能力较强，适合搞教学、宣传工作；有的毕业生设计能力较强，适合从事设计工作；有的毕业生研究能力较强，适合搞科研；有的毕业生组织管理能力强，则适合于从事领导或管理工作；有的毕业生文字表达能力较强，则适合从事文秘、编辑等工作。由此可见，根据自己的能力所长选择职业岗位，既是胜任工作的需要，也是发挥个人的最大潜力进行创造性劳动的需要。否则的话，事与愿违，功不成、业不就，贻误事业与前程。

2. 与自身性格特点相适应的原则

就性格本身来讲，并不能决定一个人的成才方向和成就的高低。同性格的人，有的可能很有作为，有的则可能一事无成；性格相异的人也可能在同一领域、同一职业中成才。但是，在选择职业岗位时，适当考虑自己的性格优点，充分发挥性格所长则是十分必要的。比如在职业活动中，有的人总是用理智去衡量一切并支配行动，这样的人就适合从事基础理论研究工作；有的人很有主见，并善于发现问题和解决问题，这样的人就较适合从事科学研究或领导工作。

3. 主动选择的原则

所谓主动选择的原则，是指大学毕业生在职业选择中不能消极等待，而应主动出击，积极参与。这里所说的主动选择，主要包含以下三个方面的意思：第一，主动参与职业岗位竞争。"竞争"，过去人们一直将它作为资本主义的代名词，目前，这种误解已随着我国社会主义市场经济体制的建立而赋予全新内容。竞争机制的引入，冲击着各行各业，也冲击着人才就业市场。反映在毕业生就业过程中，竞争的展开使得原来的"皇帝女儿不愁嫁"变为"自己找婆家"，原来的"学好学坏一个样"变为"优胜劣汰"。竞争使人们增加了紧迫感和危机感，也增加了责任感。第二，主动地了解人才供求信息和规格要求。随着中国特色社会主义体制建立和发展，各项改革的进一步深化，社会对大学生的要求也随之发生变化。从最近几年的毕业生就业情况看，下面几种类型的毕业生最受用人单位的欢迎。

（1）综合素质较高的毕业生。近几年来，综合素质较高的毕业生普遍成为用人单位的"抢手货"，在选拔录用毕业生时，往往把综合素质放在第一位。

（2）有敬业精神和职业素质高的毕业生。一位企业负责人说过，我们需要的毕业生不仅要具有一定的专业知识，更重要的是要有与企业同甘苦、共患难、荣辱与共的企业精神。具有强烈的事业心与责任感，一心一意干事业，是许多单位对大学毕业生提出的普遍要求。企业希望学校对学生加强社会观、价值观的教育，加强对学生职业素质、情商、适应能力和心理素质的培养。

（3）有吃苦精神的毕业生。根据近年来用人单位反馈的信息，现在的大学生与五六十年代的大学生相比，最大的弱点就是怕吃苦，缺乏实干精神。而一个企业的发展，最需要全体员工同心协力，踏踏实实地共渡市场竞争的难关。

（4）团队精神强、具有协作能力的大学生。许多科研机构、大型企业对团队精神和协作能力特别看重。因为从人才成长的角度看，一个人是属于团队的，要有团队协作精神和协作能力，只有在优良的社会关系氛围中，个人的成长才会更加顺利。

（5）懂专业、会管理、善交际的毕业生。从最近几年的毕业生就业情况看，许多用人单位最欢迎既懂专业、懂管理，又善于交际的多面手。因为这样的大学生适应能力强，工作上路快，发挥作用明显。特别是随着中国特色社会主义市场经济的快速发展，国家一带一路政策的实施。这类毕业生将越来越受到用人部门的普遍欢迎。由此可见，主动了解用人单位对人才规格的要求和需求信息，对有的放矢地选择职业岗位有着重要的意义。根据目前高校的毕业生就业办法，使得部分毕业生在毕业前较长的时间内就明确了就业单位。比如对于委培生、定向生来说，工作单位一般是早已确定了的；一些自费生由于行动较快，也较早地确定了接收单位；对于统招毕业生说，通过春节前后各种形式的供需见面、信息交流和双向选择会，相当一部分毕业生也较早地确定了工作单位。所以，对这部分毕业生来说，在毕业前这段有限的时间内，千万不能有松口气的思想，而是要抓紧时机，根据工作岗位的需要调整自己、提高自己。要明确未来的工作岗位对自己有哪些要求，比如你将从事什么样的具体工作，工作内容和范围包括哪些，该工作对你的知识、能力、技能等方面有哪些要求等。然后充分利用在校的这段时间，有的放矢地学习、训练和充实自己，以便尽早、尽快地适应新的工作岗位。要进一步了解单位对你的录用意图和培养方向，并按这一要求分析自己还有哪些薄弱环节。如果是知识和技能方面的，就抓紧在校的这段时间，努力学习和完善；如果是思想素质方面的，就在思想上做好准备，今后严格要求自己，在实践中不断进步，逐步提高。

（二）从社会的角度看职业选择的原则

1. 服从国家需要，适应社会需求的原则

作为受党和国家培养、教育多年的大学生，在选择自己的职业时，应该把国家的利益和社会需要放在首要位置上加以考虑，把个人意愿和社会需要结合起来，把个人理想融入祖国和人民的共同理想之中。当个人利益与国家利益发生矛盾时，要顾全大局，服从国家需要。因为大学生虽然以不同的方式憧憬并塑造着自己所期望的未来，但毕竟还是生活在社会中的。只有把个人利益和国家利益、个人意愿和社会需要紧密结合起来，才能使自己真正融入到社会中，成为被社会所承认的人才，从而实现个人的远大理想。

目前，新能源、新材料、生命科学、生物医药、信息网络、空间海洋开发、地质勘探等都是国家大力支持的项目。在未来几年这些势必将成为我国人才需要的主要市场。所以，大学毕业生在选择职业时，应该首先立足于国家需要和社会需求的大局。职业岗位的产生，是随着社会历史的发展而产生的，社会上每一个职业岗位的出现和更替，也都是社会发展的需要。比如因开矿的需要，才有人从事矿业；因航海的需要，才有人从事造船业；因交通的需要，才有人制造车辆；等等。正是由于社会不断发展，需要越来越多的人从事职业活动，才有了职业岗位的选择。由此可见，没有社会的需要，就没有职业分工，也就没有职业岗位的选择。因此，在选择职业时，我们首先要把社会需要作为选择职业的出发点，把个人意愿和社会需要结合起来，统一起来。始终坚持职业岗位符合社会需要的原则，当个人利益与国家利益、集体利益发生矛盾时，自觉地服从社会需要，到祖国最需要的地方去建功立业。

2. 面对现实的原则

习近平同志在党的十九大报告中强调"坚持社会主义市场经济改革方向""加快完善社会主义市场经济体制"，并指出"经济体制改革必须以完善产权制度和要素市场化配置为重点，实现产权有效激励、要素自由流动、价格反应灵活、竞争公平有序、企业优胜劣汰"。随着高校毕业生总数的不断增大，造成总体的就业形势比较严峻。这就要求大学生必须正确认识自己，并根据社会需要来调整自己的知识结构，不断充实、完善自己，努力为自己创造适合社会需要的条件。

用人单位从实际工作需要出发选择人才，并分层次择优录用各种求职者，大学生必须正视这些客观现实：在你选择用人单位的同时，用人单位也在选择你。就总体而言，虽然社会对大学生的需求在不断增加，国家为大学生就业创造了更加宽松和良好的环境，尤其是在政策方面，积极支持、鼓励推动和促进毕业生就业和创业，但是具体到某个地区、某个学校、某个专业，情况就不尽相同了。

因为社会发展变化迅速，不同时期的人才需求数量和模式也有很大变化，更何况经济活动有一定的波动性，一定阶段的生产力发展水平和社会劳动分工结构，会直接影响用人单位和社会对专业人员数量、规模、质量及所学专业的要求。人才的社会总需求情况是大学生在择业时必须认真地面对现实。

大学生应该现实地分析自己所处的择业环境，了解国家的有关政策、正在实施中的改革措施及发展趋势、劳动人事管理办法及动态、用人数量和标准等，同时还应该尽可能全面、详尽地了解有关的政策和法规。

3. 分清主次的原则

在毕业生就业过程中，摆在毕业生面前的选择是多方面的。比如单位性质、工作地点、工作条件、生活待遇、使用意图、发展方向等诸多的方面，不可能样样遂人的心愿，重要的是在择业过程中怎样权衡利弊，分清主次。

从用人单位的情况来看，有的单位可能性质较好，比如科研、设计部门，既有较好的工作环境，又有较高的社会地位，也容易出成果，但也许其所在地域较偏僻，生活条件较差；有的单位可能生活条件较好，待遇也高，但工作劳动强度大，有风险；有的单位在大城市或沿海地区，文化条件较好，但专业不对口，英雄无用武之地；也有的单位虽然生活条件艰苦，基础条件差，但其发展前景广阔，而且有利于毕业生的成长和成才。如此种种，该怎样取舍，如何选择？事实上，在目前的社会条件下，很少有单位是十全十美的，作为新时代的大学毕业生，应从是否有利于自己才智的发挥，是否符合社会的需要出发，分清主次，作出抉择，切不可一味求全、急功近利、好高骛远而失去良机。

4. 着眼长远面向未来的原则

毕业生在选择职业时，不能只看眼前实惠，不看企业发展前景；不能只看暂时困难，而不看企业的未来；不能只图生活安逸，而不顾事业的追求等。青年是社会主义现代化建设的生力军和突击队，是祖国的未来，肩负着光荣的历史使命，所以选择职业时，要站得高，看得远，放开视野，理清思路，不仅着眼于本世纪，更要看到下世纪，把自己的命运紧紧地和祖国的命运联结在一起，找到自己的最佳位置，牢牢把握职业选择的主动权。建设有中国特色的社会主义这伟大事业呼唤着千百万人才，而大学毕业生只有在改革开放的伟大事业中才能被打造成祖国栋梁之才。

（三）从择业主体大学生的角度看职业选择的原则

站在择业主体大学生的角度，我们可以将职业选择的原则概括为：择己所爱、择己所长、择世所需、择己所利。

（1）择己所爱。从事项你所喜欢的工作，工作本身就能给你一种满足感，你的职业生涯也会从此变得妙趣横生。兴趣是最好的老师，是成功之母。调查表明：兴趣与成功概率有着明显的正相关性。在设计自己的职业生涯时，务必注意：考虑自己的特点，珍惜自己的兴趣，选择自己所喜欢的职业。

（2）择己所长。任何职业都要求从业者掌握一定的技能，具备一定的能力条件。而一个人一生中不能将所有技能全部都掌握，所以你必须在进行职业选择时择己所长，从而有利于发挥自己的优势。运用比较优势原理充分分析别人与自己，尽量选择冲突较少的优势行业。

（3）择世所需。社会的需求不断演化着，旧的需求不断消失，新的需求不断产生，新的职业也不断产生。所以在设计你自己的职业生涯时，一定要分析社会需求，择世所需。最重要的是，目光要长远，能够准确预测未来行业或者职业发展方向再作出选择，即不仅要考虑社会需求，而且还要考虑这个需求的长久性。

（4）择己所利。职业是个人谋生的手段，其目的在于追求个人幸福。所以你在择业时，首先考虑的是自己的预期收益——个人幸福最大化。明智的选择是在由收入、社会地位、成就感和工作付出等变量组成的函数中找出一个最大值，这就是选择职业生涯中的收益最大化原则。

三、就业准备的内容

就业准备，是未就业者为了了解从事某种职业或获得某种职位，在一个相当长的时期内所做的准备工作。对于大学生来说，它是大学生就业的基础和前提，是非常重要的。一方面，就业准备是大学生求职、择业的基础。大学生只有进行了必要的就业准备，才有可能产生相应的求职、择业行为；做好了充分的就业准备还有助于大学生选择一个理想的、合适的职业，实现就业目标。另一方面，就业准备是社会发展的客观需要。随着社会经济的繁荣、科技的进步，社会职业对从业者的身体素质、心理素质、思想素质、科学文化素质等提出了新的要求。这就决定了大学生只有做好充分的就业准备，才能适应社会发展对人才的客观需要，更好地为社会作贡献。就业准备的具体内容有以下几方面。

（一）确定合理的就业目标

所谓合理的就业目标，就是指选择的职业既符合个人的特点，也符合社会需要，体现人职合理的匹配，能充分运用自己所学的知识，发挥个人优势，多为社会作贡献的就业目标。今天大学生合理的就业目标主要包括两个方面。（1）就业的主要目标。对于一个特定专业的大学生来说，在目前的就业形式下，最大的可能是从事与所学专业相关的职业。因此大学生应把能充分运用自己所学专业知识的职业作为自己就业的主要目标，这既符合学校教育的培养目标，又能充分运用自己的专业知识，发挥专业特长。（2）就业的次要目标。这是由社会职业结构的不断变化，相应地对人才的需求也随之变化所决定的。这就要求大学生在学好专业知识的同时，根据自己的兴趣、爱好，利用课余时间，通过自学等途径，学习有关知识，培养能力，决定与自己兴趣、爱好相一致的就业目标。要确定合理就业目标，就要求大学生合理调整就业期望值，优化自己就业的心理坐标。

（二）身体素质的准备

无论哪种职业，对从事者的身体素质都有一定的要求，不少职业对从业者身体素质的要求还比较高。所以，大学生应该始终养成良好的生活习惯，积极参加体育锻炼，自觉遵守作息时间，形成学习和生活的规律，做好身体素质的准备，以迎接社会对自己的选择与职业的挑战。

（三）知识、能力和技能准备

一切职业都要求从业者具有相应的知识、能力和技能。知识是人类认识的成果，是培养能力和提高技能的基础。知识可分为专业知识和一般常识，前者指从事某种专门职业或进行的某种特殊活动所必备的知识，后者指人的日常或一般活动所需要的普通常识。知识是大学生就业的基础条件。能力则属于个性心理特征的范畴。能力可分为一般能力和专业能力。

1. 一般能力

一般能力包括：（1）自学能力，如阅读、使用工具书、利用文献信息资料、独立思考等方面的能力；（2）表达能力，主要有口头的、书面的、图表和数字的表达能力；（3）环境适应能力，如独立生活、应付挫折、独立工作等能力；（4）创造能力，如从事科研活动提出新见解、新发明等；（5）自我教育能力，如自我评价、自我监督、自我管理等；（6）管理能力，即人的管理和技术的管理等；（7）动手能力，如具体的操作能力。

2. 专业能力

因专业的不同，有不同的内容和要求。但无论是什么专业的大学生，都要具有一定的专业能力，在就业准备期应该做到：学好专业知识；参加有关的科技活动和科研活动；结合专业参加社会实践活动；认真进行专业实习；认真做好毕业设计和论文等。能力准备是大学生就业的关键。技能属于人的行为范畴，是运用自己已有的知识和能力去完成某一活动的行为方式，常体现为实际操作技术和技巧，它是丰富知识和发展能力的重要能力基础，它能不断促进人的知识的丰富和能力的提高。大学生除了学好专业基础知识外，还要多参加有意义的校园文化活动和社会实践活动，在活动中不断提高能力和技能，为就业准备奠定坚实的基础。

（四）良好的就业意识准备

人们进行就业准备是为了能够从事某种职业，承担起某种职务。在就业准备的过程中，准备者不仅应具备相应的知识、能力和技能，进行生理和心理方面的准备，还应了解社会中职业的性质和价值，掌握一定的职业知识、树立良好的就业意识。处于就业准备期的大学生，树立良好的就业意识，是就业准备的重要内容，它将对其择业和就业产生十分重要的影响。那么，当今大学生应该树立什么样的就业意识呢？大学生应该树立按专业就业的意识；对口就业的意识；到艰苦行业、边远地区就业的意识；先就业后调整的就业意识等。

（五）进入人才市场，参加"双向选择"的准备

在市场经济条件下，大学生就业的主要场所是人才市场，在人才市场进行"双向选择"。这就要求大学生做好进入人才市场的准备工作，掌握好在市场竞争中求职择业的技能和技巧，做好进入人才市场，参加"双向选择"的准备。需要大学生首先写好求职信和自荐书。要求实事求是，简明扼要地写清楚求职的动机和愿望，所学专业，自己的兴趣、特长、被录用后的打算以及自己的思想状况、学习成绩、动手能力等方面的内容。其次，掌握"双向选择"洽谈的技能与技巧。应该充分发挥自己的优势，正确运用眼、口、手的配合，举止大方自然，穿着与自身相符合，沉着冷静地回答对方提问，千万不要牵强附会，不懂装懂，但也不必过谦，而应充满自信，展示青年大学生应有的风度和品格。

（六）心理准备，特别是抗挫折的心理准备

当前，由于受多种因素的影响，在大学生就业中存在某些不健康心理，特别是当就业的现实与理想存在一定距离时产生自卑或恐惧，产生某些不健康的心理，那么，怎样才能使自己有一个健康的心理呢？

（1）进行自我调节，充分相信自己，看到自己的优势、前景，减轻心理负担，保持良好的精神状态。

（2）做好充分的心理准备。树立正确的择业观；看问题不要极端化；处理好自我价值实现与社会的关系。

第五节　求职择业的材料准备

大学生求职择业，除了进行思想、心理、知识技能方面的准备外，还要准备求职材料，求职材料被人力资源专家称为"通往面试的护照"。因此，每个同学必须精心打造自己求职"护照"，才有可能踏上成功求职之路。

一、求职材料的基本作用

适当的自荐材料在很大程度上决定你是否能够获得参加面试的机会。

二、求职择业材料准备的原则

1. 真实性原则

求职材料是对自己大学生活的全面总结和反映，在内容上必须真实，切忌为赢得用人单位的好感而弄虚作假。小李是农民的儿子，平时生活俭朴，作风踏实。而用人单位就想选用一位这样的毕业生。但是当用人单位看到小李求职材料中父母一栏中未填写时，问小李是不是父母去世了，而小李未填写的原因是他认为写父母是农民害怕别人歧视他。本来小李是农民的儿子对于该单位是优势，但他却理解为劣势，最后，小李也因为材料中的不真实而失去了该单位的工作机会。

2. 规范性原则

这一原则的确立，是对毕业生所有文字材料的基本要求。求职择业材料，可以说是对学生的大学生活的一个全面总结，在材料中既要全面反映自身的基本情况，例如姓名、性

别、出生日期、政治面貌、生源地、学习成绩等，又要反映自身优势、特长、爱好；不仅要突出自己的优点、成绩，也要说明自身存在的缺点；不仅要说明自己对用人单位职位感兴趣的原因，还要表达自己努力工作的决心。求职材料不仅格式规范，而且填写术语要规范。例如在健康状况一档，一般应填写"健康"，而不能填写优秀、良好、一般、健壮等。

3. 富有个性原则

这原则主要是要求求职者的材料要体现求职者的个性，不能"千人一面"，更不能"张冠李戴"。由于不同的用人单位对求职者的要求不尽相同，求职材料的准备也应根据不同的单位有所差异。

4. 重点突出原则

求职材料必须讲求简明扼要，突出重点，要让想了解你的人能很快地、明确地看到你的基本情况。有些同学的求职材料做工精巧，设计美观，但就是没有突出重点，前面很多页全是一些无关紧要的东西，如学校简介、院系简介、人生格言等。有些用人单位如果投递材料的人比较多，这样的求职材料一般不会去看。这样就会影响你的求职成功率。

5. 全面展示原则

一个好的求职材料是在突出重点的前提下全面展示自己。一个全面的材料至少应包括几方面内容：封面（写有姓名和联系方式）、照片、个人简历、求职信、推荐表、成绩单、外语等级证书复印件、技能证书复印件（计算机等级证、驾照等）、获奖证书复印件。

6. 设计精美原则

准备求职材料的目的之一是吸引用人单位对求职者的注意力或者让用人单位对求职者感兴趣。因此，求职择业材料的设计就显得尤其重要。

一般来讲，求职择业材料，无论是文字的，还是表格的，都应采用 A4 复印纸打印或复印。复印件不要放大或缩小，并进行必要的版面设计。理工类专业的毕业生，求职材料的版面要讲究自然、朴实、理性、洁净的风格；文学、艺术、管理、软件设计等专业的毕业生，求职材料要富有创意。

7. 杜绝错误原则

所有的材料要杜绝一切错误，无论是语法上的、文字上的、用词上的、标点符号还是打印错误，都应尽量避免。试想，一个连求职材料都错误连篇、漏洞百出的毕业生，他本人是一个认真的人吗？

三、求职材料的构成

一般来说，毕业生求职材料大致包括以下主要内容：

（1）封面；

（2）求职信（或称自荐信）；

（3）个人简历；

（4）毕业生推荐表复印件；

（5）成绩单复印件（由学校教务部提供并有印章）；

（6）相关证书复印件：外语等级证书、技术等级证书、职业资格证书、各级荣誉证书等；

（7）毕业学校概况介绍。

四、求职材料的制作

（一）封面的制作

封面要简单明了，不要做得花哨，不要做成卡通式，不要添加各种口号式语句。比如"真诚合作，共创辉煌""给我一个机会，还您十分回报"等。题目就用"XXX 大学 XX 届毕业生求职材料"。下面列上自己的姓名、院（系）、联系电话、电子邮箱、邮政编码、通讯地址、个人主页（如有可能），以方便用人单位与你联系。

（二）求职信的制作

（1）求职信字数不超过 1000 字，用 A4 纸打印，页数为 1 页；

（2）求职信排版要工整，保持整洁，放置在个人简历前面；

（3）求职信的格式一般由标题、称呼、正文、落款共四个部分组成。

标题：求职信。

称呼：写明收信人的姓名和称谓或职务。如果写给国家机关、事业单位的人事领导，则用"尊敬的 XX 司长（处长、领导等）"称号；如果对企业老板，则用"尊敬的 XX 董事长（总经理、招聘主管、先生、女士）"。

正文：一般包括三到四个简短的段落。第一部分，写明你要申请的职位和你是如何得知该职位的招聘信息的。第二部分，陈述你是谁以及个人技能，描述你对公司的认识和理解，说明你如何满足公司的要求，强调自己能为公司作出哪些贡献。第三部分，表明你非常愿意接受面试，并希望迅速得到回音，同时标明与你联系的最佳方式。第四部分，感谢对方阅读并考虑你的应聘。

落款：包括署名和日期。署名即手写的签名，日期一般写在署名下方，最好用阿拉伯数字写，并把年、月、日全写上。

写自荐信的技巧。怎样写自荐信和自荐信所要表达的内容是一样重要的，因为一份自荐信体现了你与别人交往的能力，没有一位聘用者会愿意招聘一个不善于交流的人。所以我们列出了一些建议，使你的自荐信看上去或读起来都比较专业化。

（1）信要个人化。只要有可能，信应当写给具体的负责人。一般的称呼会显得你不熟悉公司；也会给读信人留下一个你对这份工作不够热情的印象。同样，"给有关负责人"这类称呼可能不会有人来关心这封信。至于"亲爱的先生"或者"亲爱的夫人"也是不可取的，这样会冒犯了你的读信人，如果有必要，可以上网查询具体招聘部门的负责人。

（2）语气要自然、积极，语言和句子要简单明了。不要使用令人费解的词语和句子；语言要正式但不能僵硬且表达要直截了当。

（3）内容要具体，紧扣主题。

（4）要自信但不要自傲。

（5）要礼貌、专业。

（6）有效率。

（7）不要坐等招聘者的决定。

（8）校对。

（9）签名。

（10）包装得体。

（11）备用一份复印件供今后参考。

下面是一封求职信模板：

求　职　信

尊敬的 XXX 总经理：

您好！

本人欲申请贵公司网站上招聘的美工职位。我自信符合贵公司的要求。

我是北京 xxx 大学电脑美术设计专业应届本科毕业生。多年来的勤学苦练，为我奠定了扎实的美术功底和手绘能力，培养了良好的创意思维和理解能力，并熟练掌握了 Dreamweaver、Flash、Photoshop、PageMaker 等设计软件，这些技能恰恰也是从事美工工作所必须具备的。作为一名大学生，我曾从事过美工、网页设计等兼职工作，对美工工作有一定的了解和熟悉，也积累了工作经验。我还担任过班长、团支书，培养了良好的沟通能力和团队合作精神。能力＋经验，这会使我很快就进入美工角色，为贵公司创造效益。

基于对网络和美术设计的精通和喜好，以及我自身的客观条件和贵公司的要求，我相信贵公司能给我提供施展才能的一片天空，而且我也相信我的努力能让贵公司的事业更上一层楼。如有机会与您面谈，我将十分感谢。我的联系电话是……

感谢您在百忙之中所给予我的关注，愿贵公司事业蒸蒸日上，屡创佳绩，祝您的事业百尺竿头，更进一步！

希望您能够对我予以考虑，我热切期盼您的回音。谢谢！

此致

敬礼！

XXX

XXXX 年 XX 月 XX 日

（三）个人简历的制作

在求职择业时，它是用人单位对求职者进行分析、比较、筛选，决定是否录用应聘者的主要依据。

简历的要求：

（1）个人简历的内容要真实、客观；

（2）简历的排版要工整，用 A4 纸打印，保持整洁；

（3）简历的制作页数不超过 2 页，尽可能为 1 页；

（4）简历制作一定要保存电子版。

简历格式与写作要点：

① 求职意向（具体应聘职位）；

② 个人基本信息（包括姓名、性别、出生年月、民族、籍贯、政治面貌、身体状况（身高、体重、视力等）、毕业院校、专业、学历、联系电话、电子邮箱、通讯地址、邮编）；

③ 教育背景（学历教育和培训教育）；

④ 实践经历（勤工俭学、暑期工、义务工作等）；

⑤ 获奖情况（专业奖项，市、区级奖励，学校奖励，院系级奖励）；

⑥ 能力与特长(计算机技能——你熟悉哪些计算机软件与工作环境、各类证书——你得到过哪些专业的证书、英语水平——四六级证书及其他证书、其他的技能——你具有哪些特长);

⑦ 主修专业课程;

⑧ 自我评价(包括性格、处事态度、与人沟通能力、独立工作能力、团队协作精神、接受新事物的能力等)。

以下为成就动人简历的十二项原则。

(1) 内容资料要简单扼要。

(2) 避免咬文嚼字以及用令人难以理解的措词。

(3) 用第三人称的立场写作(仿佛描述另一个人)。

(4) 不要只列出过去的职责——要强调你如何做出成果,例如拉到新的生意、控制预算、节省开支、引进新理念(要显示出你的与众不同)。用精准的事实和数据把成就列清楚。

(5) 采用文字处理机创造专业形象,并设计一份文件格式,可以适用于特定的申请之用。

(6) 采用优质的纸张(履历表经常会被影印成许多副本,在公司里流传)。基于同样的理由,也不要把履历表订成一份。

(7) 采用效果良好的打印机,如果你给的是影印本,效果要很好。这点绝对不要随便将就,必要的话,可以找家印刷公司。

(8) 需要强调的部分采用粗体字,但是不要用太多花哨的字体或者斜体字,因为会分散对方对于重点讯息的注意力。

(9) 版面设计需吸引人而且容易阅读。

(10) 采用强而有力的字眼展示你如何取得成果,例如:获得、创造、发动、贯彻、增加、坚决、重建、革新、管理、凌驾、促成、解决等。

(11) 最多以两页为限,并且一定要把重点写在第一页。

(12) 要积极争取,但不要撒谎,万一你获准面试或者需要接受测试,很容易露出马脚。

要制作一份完整又能令主考官印象深刻的简历其实很简单,只要记住三大要点:

(1) 内容要切重要点;

(2) 格式要简洁大方;

(3) 要慎选照片。

(四) 推荐表的制作

(1) 统一使用普通高校毕业生就业推荐表;

(2) 推荐表填写须真实、客观,经所在院、系的就业指导中心盖章后有效;

(3) 推荐表每人一份,在求职材料中使用复印件。

(五) 成绩单的制作方法

(1) 可到学院教务处查询、打印成绩单,并加盖教务处公章;

(2) 将成绩单设置成1页,用A4纸打印,盖章后复印。

（六）相关证书的制作方法

（1）挑选重要的、有效的、与求职相关的各种证书进行复印；

（2）尽可能将多种证书缩印在同张 A4 纸上，页数不超过 2 页，证书内容要保持清晰。

 **知识拓展**

MBTI 职业性格测试

MBTI 职业性格测试是国际最为流行的职业人格评估工具，它是一种对个性的判断和分析的理论模型。它从纷繁复杂的个性特征中，归纳提炼出 4 个关键要素——动力、信息收集、决策方式、生活方式，进行分析和判断，从而把不同个性的人区别开来。从古希腊、古印度的哲学家，远至公元前 450 年的希普克里兹（Hippocrates），到中世纪的帕拉萨尔斯（Paracelsus），都早已注意到所有的人可以归纳为四种：概念主义者、经验主义者、理想主义者和传统主义者。同一种类型的人的性情具有惊人的相似之处。1921 年，心理学家荣格（Carl Jung），弗洛伊德的正宗门徒，发表了他经典的心理学类型学说。他在书中设计了一套性格差异理论，他相信性格差异同时会决定并限制一个人的判断。他把这种差异分为内向性/外向性，直觉性/感受性和思考型/感觉型。同时，他认为这些差异是与生俱来的，并且在一个人的一生中相对固定。

Jung 把感知和判断列为脑的两大基本功能，前者帮助我们从外部世界获取信息，后者则使我们以特定的方式作出决定。它们在大脑活动中的作用受到各人生活方式和精力来源的节制，从而对人的外部行为和态度产生各不相同的影响。正是在这个意义上，性格被视为一种人与生俱来的天性。

20 世纪 40 年代，美国一对母女在荣格的心理学类型理论的基础上提出了一套个性测验模型。伊莎贝尔·迈尔斯（Isabel Myers）和凯瑟琳·布里格斯（Katharine Briggs）把这套理论模型以她们的名字命名，叫作 Myers-Briggs 类型指标（Myers-Briggs Type Indicator，MBTI）。MBTI 作为一种对个性的判断和分析，是一个理论模型，从纷繁复杂的个性特征中，归纳提炼出 4 个关键要素——动力、信息收集、决策方式、生活方式，进行分析判断，从而把不同个性的人区别开来。MBTI 人格分类模型和理论的意义在于"解释人与人之间的差异现象"以及优化决策，对决策流程"进行理性的干预"。

心理学家大卫·凯尔西（David Keirsey）发现，这些由不同文化背景和不同历史时期的人各自独立研究得出的 4 种不同性情的划分，对性格的描绘有着惊人的相似。同时他发现，MBTI 性格类型系统中的四种性格倾向组合与古老智慧所归纳的四种性情正好吻合。这四种组合是：直觉（N）＋思维（T）＝概念主义者、触觉（S）＋知觉（P）＝经验主义者、直觉（N）＋情感（F）＝理想主义者、触觉（S）＋判断（J）＝传统主义者。MBTI 人格理论的基础是著名心理学家卡尔·荣格先生关于心理类型的划分，后经一对母女 Katharine Briggs 与 Isabel Myers 研究并加以发展。这种理论可以帮助解释为什么不同的人对不同的事物感兴趣、擅长不同的工作，并且有时不能互相理解。这个工具已经在世界上运用了将近 30 年的时间，夫妻利用它增进关系，老师学生利用它提高学习、授课效率，青年人利用它选择职业，组织利用它改善人际关系、团队沟通、组织建设、组织诊断等多个方面。在世界五百强中，有 80％的企业有 MBTI 的应用经验。

健康管理师

健康管理师是从事个体和群体从营养和心理两方面健康的检测、分析、评估以及健康咨询、指导和危险因素干预等工作的专业人员。为了适应全面建设小康社会的需要，提高全民族的健康意识和身体素质，培养和造就健康管理人才，人力资源和社会保障部教育培训中心推出健康管理师岗位能力培训课程。

主要从事的工作内容包括采集和管理个人或群体的健康信息；评估个人或群体的健康和疾病危险性；进行个人或群体的健康咨询与指导；制订个人或群体的健康促进计划；对个人或群体进行健康维护；对个人或群体进行健康教育和推广；进行健康管理技术的研究与开发；进行健康管理技术应用的成效评估。

如想考取此证书请在当地卫健委咨询，当地卫健委职业技能鉴定指导中心负责评审、核发和管理。部分地区支持此职业技能的鉴定，部分地区还未有鉴定资质。可跨省报考证书全国通用，该证书在中国卫生人才网和国家职业资格证书查询网双网可查。

特许金融分析师

特许金融分析师（Chartered Financial Analyst，CFA）是由美国投资管理与研究协会于1963 年开始设立的特许金融分析师资格证书考试。考试每年举办两次，是世界上规模最大的职业考试之一，是当今世界证券投资与管理界普遍认可的一种职业称号。CFA 的课程以投资行业的实务为基础。要成为一名 CFA 持证人，必须经过美国投资管理与研究协会命题、组织的全球统一考试。分初、中、高三个等级。每年每人只能报考一个等级。只有通过全部三个级别的考试，且有 4 年金融从业经历者才能最终获得资格证书。

CFA 协会定期对全球的特许金融分析师进行职业分析，以确定课程中的投资知识体系和技能在特许金融分析师的工作实践中是否重要。考生的 Body of Knowledge TM（知识体系）主要由四部分内容组成：伦理和职业道德标准、投资工具（包括权益类证券产品、固定收益产品、金融衍生产品及其他类投资产品）、资产估值（含数量分析方法、经济学、财务报表分析及公司金融）、投资组合管理及投资业绩报告。

全世界公认金融投资行业最高等级证书——CFA 是国际"特许金融分析师"证书。凭此证书可应聘投行、证券公司、基金、外企、上市公司、银行金融机构、世界 500 强等企业工作，从事国际高级金融分析、投资与管理工作。

思 考 与 讨 论

1．简述评价自我综合素质应遵循的原则、基本途径和方法。

2．大学生择业时应如何处理个人需求和社会需求的关系？

3．简述大学生常见的心理异常表现及心理调适方式。

4．大学生职业选择应遵循的原则是什么？

5.职业资格等级的标准和分类有哪些？

6.求职材料准备的原则有哪些？

7.根据自身情况，制作一份个人简历。

本 章 小 结

本章通过介绍职业方向的选择、求职择业的心理准备、职业了解和就业准入、职业选择的策略、求职择业的材料准备等内容，指导求职择业者做好求职的准备。

第六章　求职技能指导

学习目标

　　知识目标：

　　1. 了解笔试和面试的种类与内容；

　　2. 熟悉笔试和面试前的准备及常见问题；

　　3. 掌握笔试和面试的方法技巧及面试礼仪。

　　能力目标：通过学习本章知识，建立大学生对于求职过程中参加笔试和面试的能力。

　　核心概念：笔试方法及技巧；面试前准备；面试方法及技巧；面试礼仪。

案例导入

　　进入大学的最后一个学年，药学系的小侯开始关注毕业后就业求职的问题，他抓住身边的所有资源，主动寻找就业机会。通过参加招聘会、宣讲会，关注学校发布的就业信息，在网络上搜索相关求职信息等途径来寻找工作机会。他不仅关注医药公司的医药代表职位，还留意了与医药、市场营销相关的工作，投了很多简历，陆续收到了一些考试通知。小侯发现，这些考试通知中有的是笔试，有的是面试，并且考试的内容也有所不同。

　　小侯参加的第一次面试是失败的，主考官当时让他模拟市场销售人员，向用户介绍公司的新产品，由于没有经验，加上情绪紧张，他表现不佳没能被录用。

　　后来，小侯又参加了另一个医药企业的求职，先进行了笔试，考察了一些专业知识和综合能力，在接下来的面试中，这个企业采用了无领导小组讨论的面试方法，小侯第一次接触，对考察的规则和目的都不熟悉，小心翼翼地结束了这次面试，他对于没能抓住机会展示自己的能力感到懊悔不已。

　　通过这两次面试，小侯明白了，不同的单位对于求职者有不同的要求，对此就会采取不同的考试方法。回到学校，小侯认真研究招聘常用的面试方法和技巧，熟悉自己的简历，并对于常见的问题提前进行了准备，在同学面前进行模拟练习……

　　最终，经过充分准备的小侯，凭借着扎实的专业基础和机敏的应答，顺利地找到了心仪的工作。

　　想一想：

　　1. 小侯前两次求职失败的原因是什么？

　　2. 结合自己实际，如何做好求职准备。

　　很多大学毕业生求职失败的原因表明，他们并不缺乏就业技能，但缺乏求职技能，许多人把就业技能和求职技能两个概念混为一谈，其实这二者有很大的不同。就业技能是"干"工作的业务能力；而求职技能是"找"工作的能力。每个大学生都经历了十多年的苦读，其实每个人都具备了相应的就业技能，然而由于求职技能的缺乏，使许多原本就业技能和就业条件很不错的人却面临就业艰难的局面。

在求职的过程中，笔试和面试是事关成败的两个重要环节，因此，提高笔试和面试的技巧是大学生能否顺利实现就业目标的关键。

第一节　参加笔试的方法与技巧

一、常见的笔试种类

笔试是一种常用考核办法。目的是考核应聘人员的文字能力、知识面和综合分析事物的能力。它通常用于一些对专业技术要求很强和对聘用人员素质要求很高的单位，如一些技术要求很高的专业公司及国家机关选聘公务员等。作为医学生，未来面向的工作单位和企业大都是对专业技术要求很高的医疗卫生领域，因此，笔试将会是医学生求职过程中需要面对的第一关。目前常见的笔试种类如下。

1. 专业能力考试

这种考试主要是检验应聘者担任某一职务时是否能达到所要求的专业知识水平和相关的实际能力。比较常见的是国家机关公务员资格考试，其笔试包括《行政职业能力测验》和《申论》两个部分，以此来评估应聘者是否具备国家机关公务员的能力要求。同样的，为检验毕业生专业技术能力，一些医院在招聘时也会设置笔试环节来筛选符合能力需求的应聘者，通过考察医学专业知识，来评估所设岗位对应的医学专业知识。

2. 技能测验

技能测验的目的在于考察岗位对应的某种专业或者工作岗位相关的操作能力的考核，医药卫生领域准入门槛高，对于从业者的专业知识和技能要求也较高，在笔试环节设置技能测验能进一步考察求职者对专业知识的掌握及操作能力，如护士招聘时要求说明重症监护仪器的使用方法、血压测量方法及注意事项等。

3. 心理测试和智商测试

心理测试是用事先编制好的标准化量表或问卷要求被试者完成，根据完成的数量和质量来判定其心理水平或个性差异的方法，目的是在短时间内了解到应聘者的心理状态，并筛选出符合岗位需求的人。近年来心理测试逐渐被国内的一些单位在人才选拔时使用，以此来测试求职者的态度、兴趣、动机等心理素质。有的招聘单位还会对求职者进行智力测验，意在考察求职者分析、思维和解决问题等能力。

4. 综合能力测试

综合能力测试是对阅读理解能力，发现、分析和解决问题的能力，知识面等素质的全方位测试，比如应试者要在规定的时间内对一组数据、一组资料进行分析，找出其合理的地方和存在的问题，并设计出解决问题的方案。对于一些特殊的机构或岗位，一些特殊的能力也会是应聘中的加分项，如语言能力要求等。

二、笔试前的准备和技巧

(一)笔试前的准备

（1）了解笔试内容，做到心中有数。熟悉笔试会涉及的笔试类型和内容，根据应聘职位要求，复习在大学里学习的相关知识，提前做好准备。

（2）了解笔试重点，进行认真复习。仔细阅读应聘单位在笔试通知公告中对于笔试内容的说明，并以此为重点进行准备。

（3）了解笔试目的，运用综合能力。笔试除了考察求职者的专业知识、技能外，也会根据用人单位的需求考察求职者的心理状况及综合能力，因此在笔试过程中要注意细节的处理，如卷面整洁、字迹端正、答题结构等。

（4）熟悉考试环境，做到有备无患。参加笔试前最好提前熟悉考场环境，包括交通方式、路途时间、考场分布等。还应仔细阅读考场注意事项，按照要求将需要的物件提前准备好。

（5）保持良好的身心状态。参加笔试前应注意调整好作息，充分休息，考试当天可提前到场熟悉，调整好心态，尽量消除应试时的紧张心理。

(二)笔试的技巧

1."内紧外松"，集中注意力

使注意力高度集中，思维异常积极，这叫内紧。但如果紧张程度过重，则会走向反面，导致怯场，产生焦虑，抑制思维，所以又要清醒愉快，放得开，这叫外松。调整心态，不要把考试当成多大的事，有的同学总是给自己这样那样的压力，到考试的时候就会下意识地想万一考不好怎么办等问题，反而容易分散注意力。

2.一"慢"一"快"，相得益彰

考场上一味地求快，会导致题意未清，便急于解答的情况出现，欲速则不达，结果往往是思维受阻或进入死胡同，也会出现所答非所问的审题不清的问题，最终导致失败。因此，科学的做法应该是审题要慢，解答要快。必须仔细阅读，充分搞清题目提供的信息是什么，问题是什么，再抓紧时间尽快完成解答。

3.讲求规范书写，力争既对又全

考试的又一个特点是以卷面为唯一依据。表述不规范、字迹不工整是造成试卷非智力因素失分的一大方面。考官的阅卷时间通常很有限，在短暂的时间里，能给考官留下怎样的印象直接影响到最终的得分。最应规避的就是字迹潦草，一方面会使阅卷老师对该生产生不好的第一印象，他会认为考生学习不认真、基本功不过硬，"感情分"也就相应打得低。另一方面，在有限的阅卷时间中，考官没有多余的时间来仔细辨认潦草的书写内容，因此得分也会受到影响。第二点应注意的是答题格式，分段、分点答题，关键句、关键词列在最前都能让考官快速锁定得分点，并展现出有逻辑、有条理的思维过程。

4.回避结论的肯定与否定，解决探索性问题

对探索性问题，不必追求结论的"是"与"否"、"有"与"无"。不需要给出你"站在哪一边"的答案，可以从一开始就综合所有条件，进行严格的推理与讨论，将思维的方式和过程展现出来，步骤所至，则结论自明。

第二节 参加面试的方法与技巧

一、面试的种类与内容

(一)面试的种类

1. 结构化面试

结构化面试又叫结构化面谈,是指面试的内容、形式、程序、评分标准及结果的合成与分析等构成要素,按统一制定的标准和要求进行的面试。结构化面试的主要要求是对应聘相同职位的考生,应测试相同的面试试题和内容,使用同样的评价标准。考官根据考生的应答表现,对其相关能力素质作出相应的客观评价。这样通过相同的面试试题和内容从众多应聘者中进行客观、明确的对比,从而筛选出最符合岗位需求目标的应聘者。

2. 情景模拟

所谓情景模拟,具体来说就是设置一定的模拟情景,要求考生根据应聘职位的特点来处理业务问题或突发情况,如应聘医药代表进行情景模拟向医生推销新药品。情景模拟突破了常规面试主考官和考生一问一答的机械模式,在这种面试形式下,面试者的综合素质可以得到更加全面的展现,考官对考生的评价也更为全面和直观。

3. 无领导小组讨论

无领导小组讨论也叫小组集体讨论,这种面试方法将考生根据相同或相近的报考职位按一定数量(一般5~8人)分成小组,每个小组在无人组织的情况下,围绕一个与工作相关的问题进行讨论,并提出自己的见解。其中包括准备阶段、个人陈述阶段、自由讨论阶段、总结陈词阶段,小组成员通过整个过程展现自己的专业素质和综合能力水平。

4. 实际操作

实际操作主要是设计某种工作环境,在模拟中运用各种手段测试考生的专业技术、操作能力和对某种业务技能掌握的熟练程度。作为医学专业的毕业生,专业技能的实务水平是用人单位非常关注的一方面,因此在面试中往往通过实际操作的技能试题来进行评价,如进行具体情景下的院外心肺复苏来考察考生的应变能力、专业知识和技能的运用和熟练情况。

在以上四种面试方式中,结构化面试是比较普遍的一种考查方式,与其他面试方法相比,结构化面试更适合大型人才选拔考试,更有利于遵循公平、公正选拔人才的原则,更便于组织实施。实际操作在医学领域的招聘中也比较常见,特别是操作性强的专业和岗位。

(二)面试的主要内容

从理论上讲,面试可以测评应试者的综合素质,但由于人员甄选方法各有其长处和短处,扬长避短综合运用,则事半功倍。因此在人员甄选实践中,我们并不是以面试去测评一个人的所有素质,而是有选择地用面试去测评它最能测评的内容。

一般来讲,面试测试的主要内容有以下几方面。

(1)仪表风度。这是指应试者的体型、外貌、衣着举止、精神状态等。研究表明,仪表端庄、衣着整洁、举止文明的人,一般做事有规律、注意自我约束、责任心强。

(2)情商。情商是考察毕业生的人生观、价值观、敬业精神、人际关系、适应能力、处理压力的能力和自我激励能力等，一般通过设置情景问题、两难问题来进行考察，测试求职者在岗位情景中情商的表现。

（3）专业知识。了解应试者掌握专业知识的深度和广度，其专业知识更新是否符合所要录用职位的要求，作为对专业知识笔试的补充。

（4）口头表达能力。面试中应试者是否能够将自己的思想、观点、意见或建议顺畅地用语言表达出来。考察的具体内容包括逻辑性、准确性、感染力等。

（5）综合分析能力。面试中，应试者是否能对考官所提出的问题，通过分析抓住本质，并且说理透彻、分析全面、条理清晰。

（6）反应能力与应变能力。主要看应试者对主考官所提的问题理解是否准确，回答是否迅速、准确等。对于突发问题的反应是否机智敏捷、回答恰当，对于意外事情的处理是否得当、妥当等。

（7）自我控制能力与情绪稳定性。自我控制能力对于国家公务员及许多其他类型的工作人员显得尤为重要，医护人员也不例外。一方面，在工作过程中遇到批评指责、工作有压力时，能够克制、容忍、理智地对待，不因情绪波动而影响工作；另一方面工作要有耐心和韧劲，是否能正确认知工作性质，不管在怎样的情形下，都能肩负起职责和使命。

二、面试前的准备

"机遇只垂青于有准备的人"。作为一名大学毕业生，在求职面试时就该做好以下几个方面的准备工作。

（一）提前了解应聘单位和职位的要求

"知己知彼，百战不殆"，面试前掌握用人单位和应聘职位的有关资料对面试的成功与否有着非常重要的作用。在面试的过程中，面试官的目的是在众多应聘者中找到最符合招聘岗位要求的求职者，作为应聘者，我们应尽可能了解对方的需求，才能做好全方位的准备。一般可以从单位性质、主要职能、人员结构、福利情况等方面入手，最重要的是应聘的岗位对于工作人员的专业、能力、个性等方面的专门要求。根据掌握的这些资料，再结合自身的条件进行准备。了解信息的途径包括上网查询、浏览官方网站、向单位员工咨询等。

（二）面试资料的准备

毕业生在面试时大多与用人单位是初次接触，彼此了解少，这就需要毕业生通过具体的材料推荐自己，并向用人单位展示自己在校内、校外不同学习阶段的情况。因此，在面试前要做好自荐材料的准备工作，自荐材料一般包括以下几个方面的内容。

（1）学习成绩材料。包括学习成绩单、英语和计算机等相关等级证书。

（2）荣誉证书。如三好学生、优秀学生干部、优秀团干部、优秀毕业生等证书，以及各种社会实践活动、各种竞赛活动的证书等。

（3）成果证明材料。如获得的发明专利证书和正在申请的专利材料，在报刊、杂志上发表的文章、论文、出版的专著和有一定价值的科研成果报告等。

（4）证明自己具备某方面素质或能力的其他材料，如汽车驾照、技能鉴定证书、大赛获奖证书等。

（5）个人简历、求职信、推荐书等。求职信是最重要的自荐材料，因为它概括了求职者的全面情况，而且又在一定程度上直接表现了求职者的个人素质，如文字的表达能力、书写水平等。

在做好自荐材料之后，必须将个人的有关情况，如个人简历、性格、能力、爱好、特长等，反复阅读熟悉，以便在面对考官时胸有成竹，信心十足。

（三）注意仪表大方、符合情景

在面试过程中，服装和外貌也是面试官对应聘者打分的重要标准，符合职业要求的、干净整洁、合身的服装能让人接收到"专业""正式"的非语言符号。端庄大方的发型和妆容也能使自己在面试时展现一个良好的精神面貌。

（四）常见面试问题的准备

提前对一些面试中可能出现的常见问题做好准备，不少大学生在面试前怯场、紧张，主要原因就是不知道面试中会提什么问题，怎样回答，心中无数，难免恐惧。因此，要能在面试中轻松回答，就必须在面试前做适当的准备，把握一般性原则，参考收集到的用人单位信息和自身状况的特点，对这些可能提及的问题先进行认真思考，然后将其要点写下来，反复说几遍，并模拟正式面试的情景，自问自答进行演练。同时，也可以准备一些向用人单位提出的问题，在机会合适时提出，了解到你所关心的内容。

三、面试常见问题及回答提示

问题一：请你做一个简短的自我介绍。

回答提示：一般人回答这个问题过于平常，只说一些基本信息，但这些内容在简历上都有。其实，企业最希望知道的是求职者能否胜任工作，包括最强的技能、个性中最积极的部分、主要的成就等，这些可以和学习无关，也可以和学习有关，但要突出积极的个性和做事的能力，说得合情合理企业才会相信。在简短的时间里一定要做有效的陈述，尽可能不要重复简历上已经提供过的信息。抓住有限的时间传达给面试官你的优势。

问题二：你觉得你个性上最大的优点是什么？

回答提示：沉着冷静、条理清楚、立场坚定、顽强向上，乐于助人和关心他人、适应能力强、乐观和友爱。在作答时应注意结合应聘岗位特点，尽可能选择自己个性中与应聘岗位需求相符合的特点来进行阐述，总述结束若面试官没有打断或示意停下，可进一步展开进行解释说明。

问题三：说说你最大的缺点。

回答提示：这个问题企业问的概率很大，通常不希望听到直接回答的缺点是什么等，如果求职者说自己小心眼、爱忌妒人、非常懒、脾气大、工作效率低，企业肯定不会录用你。建议不要给出"我最大的缺点是过于追求完美"这样的答案，有的人以为这样回答会显得自己比较出色，但事实上，这样的答案有些"虚"，面试官并不会真的认可你这样的"缺点"，同时还会留下自作聪明的印象。建议大家可以从自己的优点说起，中间加一些小缺点，最后再把问题转回到优点上，这样的回答有逻辑性且合情合理，让人觉得真实，同时不会放大缺点而影响自己的面试结果。

问题四：你对加班的看法？

回答提示：实际上好多公司问这个问题，并不证明一定要加班。可以根据自己的情况来进行回答，可以参考这样的思路：如果是工作需要我会服从公司安排加班，但同时我也会找原因，在保证工作质量的前提下提高工作效率，减少不必要的加班。

问题五：你对薪资的要求？

回答提示：如果你对薪酬的要求太低，那有贬低自己能力的嫌疑；如果你对薪酬的要求太高，那又会显得你分量过重，公司受用不起。一些雇主通常都事先对应聘的职位定下开支预算，他们问你只不过想证实一下这笔钱是否足以引起你对该工作的兴趣。针对这样的问题，建议可以提前做市场调查，对目前市场上相同的岗位类型薪资的范围区间有基本的了解，结合自己的情况，给出自己的薪资要求。

问题六：如果通过这次面试我们单位录用了你，但工作一段时间却发现你根本不适合这个职位，你怎么办？

回答提示：工作了一段时间发现工作不适合我，一般有两种情况：如果我确实热爱这个职业，那我就要不断学习，虚心向领导和同事学习业务知识和处事经验，力争减少差距；反之，如果我发现工作实际与预期差别太大，我会静下心来找原因并再次尝试，如果最终发现确实不适合，那还是趁早换个职业，去发现适合我的、我也热爱的职业，我会提前三个月向公司说明自己的意向，为公司统筹安排预留时间以免影响工作延续性，这样对单位和个人都有好处。

问题七：在完成某项工作时，你认为领导要求的方式不是最好的，自己还有更好的方法，你应该怎么做？

回答提示：① 首先，原则上我会尊重和服从领导的工作安排，同时私底下我会找机会以请教的口吻，婉转地表达自己的想法，看看领导对我的方法作何评价；② 如果领导没有采纳我的建议，我也同样会按领导的要求认真地去完成这项工作，不影响工作的正常进行；③ 还有种情况，假如领导要采用的方式违背原则，我会提出反对意见，并向领导说明原因。

问题八：如果你在这次考试中没有被录用，你怎么打算？

回答提示：我会从以下几个方面来正确看待这次失败：① 要敢于面对。面对这次失败不气馁，接受现实，从心理和精神上体现出对这次失败的抵抗力。要有自信，相信自己经历了这次失败之后经过努力定能够超越自我；② 善于反思。对于这次面试经验要认真总结，思考剖析，能够从自身的角度找差距。正确对待自己，实事求是地评价自己，辩证地看待自己的长短得失，做个明白人；③ 走出阴影，要克服这一次失败带给自己的心理压力，时刻牢记自己的弱点，防患于未然，加强学习，提高自身素质。

问题九：工作中你难以和同事、上司相处，你该怎么办？

回答提示：① 我会服从领导的指挥，配合同事的工作。② 我会从自身找原因，仔细分析是不是自己工作做得不好让领导不满意，同事看不惯。还要看看是不是为人处世方面做得不好。如果是这样的话我会努力改正。③ 如果我找不到原因，我会找机会跟他们沟通，请他们指出我的不足，有问题就及时改正。④ 作为优秀的员工，应该时刻以大局为重，即使在一段时间内，领导和同事对我不理解，我也会做好本职工作，虚心向他们学习，我相信，他们会看见我的努力，总有一天对我微笑的！

问题十：最能概括你自己的三个词是什么？

回答提示：经常用的三个词是：适应能力强，有责任心和做事有始终，可以结合具体例子向主考官说明。同样应注意结合岗位需求来选取关键词。

问题十一：你通常如何处理别人的批评？

回答提示：① 沉默是金。若非原则性问题在当下不必多说什么，不过我会接受建设性的批评；② 如其中有误会或信息不对称的部分，我会等大家冷静下来再讨论。

问题十二：你为什么愿意到我们公司来工作？

回答提示：对于这个问题，你应提前对单位做基本调查，回答一些详细的原因，像"单位本身的工作环境和氛围很吸引我"，"你们公司一直都稳定发展，在近几年来在市场上很有竞争力"或者"我认为贵公司能够给我提供一个与众不同的发展道路"，这都显示出你已经做了一些调查，也说明你对自己的未来有了较为具体的远景规划。

问题十三：你工作经验欠缺，如何能胜任这项工作？

回答提示：突出自己的吃苦能力和适应性以及学习能力（不是学习成绩好）为好，可多谈可迁移能力和自我管理能力。① 如果招聘单位对应届毕业生的应聘者提出这个问题，说明招聘公司并不真正在乎"经验"，关键看应聘者怎样回答；② 对这个问题的回答最好要体现出应聘者的诚恳、机智、果敢及敬业；③ 如"作为应届毕业生，在工作经验方面的确会有所欠缺，因此在读书期间我一直利用各种机会在这个行业里做兼职。我也发现，实际工作远比书本知识丰富、复杂。但我有较强的责任心、适应能力和学习能力，而且比较勤奋，所以我相信我一定能胜任这个职位 。"

四、面试的礼仪与技巧

根据心理学研究显示，人的第一印象是在见面后 20 秒决定的。面试，是求职过程中必经的一步，求职者在面试中的表现如何，将直接关系到是否能成功获得工作，而在面试中的一些个人细节表现，更会直接影响面试考官对应聘者的综合评价质量，我们整理了一些面试时应注意的礼仪与技巧，希望对大学生在面试中有所帮助。

（一）面试的礼仪

1. 着装得体

1）男生面试的仪表

西装：首先应该注意西装应该保持同色配套，并且面料以深色，如黑色、灰色、深蓝色为好。另外，还有一点特别值得注意，就是不要等到面试前一天才去买西装，因为西装是需要精挑细选才会选中合适的，不合身的西装会让求职者显得邋遢、不精神，在匆忙之中挑选不出得体的西装。

裤子：除了要与上身西装保持色调一致以外，还应该注意不要太窄，要保留有一定的宽松度，也不要太短，以恰好可以盖住皮鞋的鞋面为好。同时，千万记住：不要穿背带裤；运动裤、牛仔裤都不是正装，也不适宜在面试的时候穿着。

衬衣：颜色以白色或浅色为主，需要特别注意与西装颜色和款式的配合，否则将会很难看。浅色易脏、难以保持清洁，尤其在天热或空气质量较差的时候，刚换的白衬衣往往一天就脏，因此，白色的衬衣应该多买几件，经常换洗。挑选衬衣的时候，应该注意领子不要太大，领口、袖口不要太宽，以刚好可以扣上并略有空隙为宜。并注意在面试前提前熨平整。

领带：领带的色调、图案如何配合衬衣和西装是一门很大的学问，也与个人的品位有关，男生参加面试领带材质应特别注意，整体来说要干净整洁。

袜子：穿西装时的袜子须是深色的，平时经常见到一些人穿白袜子，这在国际商务着装中是不会出现的。深色的袜子应该没有明显的图案、花纹，另外，也不应该穿较透明的丝袜。

皮鞋：以黑色为宜，要注意经常擦鞋，保持鞋面的清洁光亮。另外还需要注意的是，不要把新皮鞋留到面试那天才穿，因为新皮鞋第一次穿可能会不合脚，走起路来不舒服，影响形象。

2）女生面试的仪表

套装：女士套装的式样很多，每个人可以根据自己的喜好来选择，裙装是职业女性的正式着装，及膝长度的 A 字裙是比较普遍的选择，材质随季节不同进行调整。

衬衫：长袖衫最合适，短袖衬衫不太好，无袖衬衫绝对要避免。颜色上除了中规中矩的白色、黑色外，其他淡色也可以选择，总体来说应素雅大方，过多蕾丝边或图案、造型复杂、夸张的衬衫则是面试中比较忌讳的。

鞋袜：鞋跟不应太高，3 厘米比较安全，款式应端庄大方，建议穿浅口轻便鞋，不易穿露出脚趾的凉鞋，颜色可以在黑色、棕色、海军蓝中选择与套装相配的颜色，丝袜以肉色为宜，即使夏天也不要因为贪图凉快而裸露双腿或者穿凉拖鞋、短丝袜，破坏整体形象。另外，面试前一定要检查袜子是否残破。

头发：无论长发或短发都应该保持干净整洁，切忌油腻。如果头发过长建议将头发束起，如果是披散的发型，切忌凌乱，最好不要染发。

妆容：适当地化一些淡妆有助于提升自己的气色，最好不要化浓妆。选择适合肤色的粉底、淡淡的腮红和唇彩，希望突出眼睛的可以用一下眼线笔。

饰品：不佩戴首饰当然不会错，但是样式素雅的耳环或者简单造型的吊坠可以增加成熟气质，首饰的佩戴应遵循符合职业身份，以少为佳的原则，最好不要佩戴珠宝首饰，过分张扬、高调的饰品并不加分。另外，最好不要涂指甲油。

2. 文明礼貌

不讲究文明礼貌是面试失败的重要原因之一。文明礼貌、讲究礼节是一个人素质的反映、人格的象征。因此，面试时应注意以下问题。

（1）在开始面试之前肯定有段等候的时间，切忌在等待面试时到处走动，更不能擅自到考场外面向里观望，应试者之间的交谈也应尽可能地降低音量，避免影响他人应试或思考。

（2）切忌贸然闯入面试室，应试者一定要先轻轻敲门，得到主考官的许可后方可入室。入室时不要先把头探进去张望，而应整个身体一同进去。

（3）走进室内之后，背对考官，将房门轻轻关上，然后缓慢转身面对主考官。

（4）向主考人员微笑致意，并说"你们好"之类的招呼语，在主考人员和你之间创造和谐的气氛。

（5）若非主考人员先伸手，你切勿伸手向前欲和对方握手；如果主考人主动伸出手来，就报以坚定而温和的握手。

（6）在主考人员没有请你坐下时切勿急于坐下。请你坐下时切勿噤若寒蝉，应说声"谢谢"。

（7）面谈时要真诚地注视对方，表示对他的话感兴趣，绝不可东张西望，心不在焉，不要不停地看手表；要注意和考官的目光接触。

（8）回答问题要口齿清晰，声音大小适度，但不要太突然，答句要完整，不可犹豫，不可用口头禅。

（9）说话时目光要与主考人员接触。若主考人有几位，要看首席或中间的那位，同时也要兼顾其他主考人员。

（10）注意用敬语，如"您""请"等，尽量避免使用俗语，以免被认为油腔滑调。

（11）不要随便打断主考人的说话，或就某一个问题与主考人争辩，除非有极重要的理由。

（12）口中不要含东西，更不要吸烟。

（13）不要在主考人结束面试前表现浮躁不安、急欲离去或另赴约会的样子。

（14）主考人示意面试结束时，微笑、起立，道谢，说声"再见"，无需主动去握手。

（15）出去推门或拉门时，要转身正面面对主考人再说声"谢谢，再见"，然后轻轻关上门。

（16）如果在你进入面试房间之前，有秘书或接待员接待你，在离去时也一并向他或她致谢告辞。

3. 表情自然

面试成功与否与表情关系很大。应试者在面试过程中，应轻松自然、镇定自若，给人以和悦、清爽的感觉。需要注意以下几点。

（1）进门时要表现得自然，不要紧张或慌张。

（2）面试时要始终面带笑容，谦恭和气。表现出热情、开朗、大方、乐观的精神状态。

（3）不要直盯对方，也不要以眼瞟人、漫不经心。

（4）不要窥视主考人员的桌子、稿纸和笔记。

（5）面试顺利时，不要喜出望外，拍手叫好。

（6）作为应试者，不仅要时时注意着主考人员在说什么，而且也要注意着主考人员的表情有哪些变化，以便能准确地把握住对方的思想感情。

4. 举止优雅

举止体现着一个人的修养和风度，粗俗习气的行为举止，会使一个人失去亲和力，而稳重大方则会受到人们的普遍欢迎。在陌生的主考人面前，坐、立、行等动作姿势正确雅致、成熟庄重，不仅可以反映出青年人特有的气质，而且能给人以有教养、有知识、有礼貌的印象，从而获得别人的喜爱。具体说来，以下几点值得注意：① 动有动态；② 站有站相；③ 坐有坐相；④ 手势宜少不宜多；⑤ 避免一些不必要的小动作。

（二）面试的技巧

1. 语言运用的技巧

面试场上你的语言表达艺术标志着你的成熟程度和综合素养。对求职应试者来说，掌握语言表达的技巧无疑是重要的。那么，面试中怎样恰当地运用谈话的技巧呢？我们认为，应试者语言运用过程中主要应把握以下几点：① 口齿清晰，语言流利；② 语气平和，音量适中；③ 语言含蓄、机智、幽默；④ 注意听者的反应。

2. 手势运用的技巧

在日常生活交际中，人们都在自觉不自觉地运用手势帮助自己表达意愿。在与他人交谈中，要对对方的谈话表示关注，要表示出你在聚精会神地听。对方在感到自己的谈话被人关注和理解后，才能愉快专心地听取你的谈话，并对你产生好感，面试时尤其如此。

3. 回答问题的技巧

（1）结构清晰。

（2）简洁明了。

（3）确认提问内容。

（4）结合自身特点。

（5）诚恳坦率。

4. 消除紧张的技巧

由于面试成功与否关系到求职者的前途，所以大学生面试时往往容易产生紧张情绪，有些大学生可能由于过度紧张而导致面试失败。这里介绍几种消除过度紧张的技巧，供同学们参考。

（1）面试前可翻阅一本杂志书籍或浏览一些轻松的新闻。这可以转移注意力，调整情绪，克服面试时的怯场心理，避免等待时紧张、焦虑情绪的产生。

（2）面试过程中注意控制谈话节奏。进入考场致礼落座后，若感到紧张先不要急于讲话，而应集中精力听完提问，再从容应答。

（3）回答问题时，目光可以对准提问者的额头。经验证明面试时把目光集中在对方的额头上，既可以给对方以诚恳、自信的印象，也可以鼓起自己的勇气，消除自己的紧张情绪。

5. 正确对待面试中的失误和失败

一次失误不等于面试失败，重要的是调整好心态，不要轻易地放弃机会。即使这次面试没有成功，也要分析具体原因，总结经验教训，以新的姿态迎接下一次的面试。

如果你向几家单位求职，面试回来后，则必须收拾心情，全身心投入应付第二家的面试，因为未有聘书之前，仍未算成功，你不应放弃其他机会。一般来说，你如果在面试两周后或在单位许诺的通知时间到了，还没有收到对方的答复时，就应该写信或打电话给招聘单位或主考官，询问是否已作出了决定。

应聘中不可能个个都是成功者，万一你在竞争中失败了，也不要气馁。关键是必须总结经验教训，找出失败的原因，并针对这些不足重新作准备，"吃一堑，长一智"。

 **知识拓展**

在无领导小组讨论中你可以扮演哪些角色？

在无领导小组讨论当中，你担当什么样的角色其实取决于你多年的性格和你对自己的自我认知是否清晰。比如说有的人不适合担任领导的角色，他不善于掌控全局，但是如果做一些细节工作他能够处理得很完美，这种人就没有必要去逼迫自己一定做一个领导者。因此，先了解一下在无领导小组讨论当中都有哪些角色，以便更好地发挥自己性格中的优势，积极对应和承担更多的角色，从而给自己加分。

角色一：破冰者。第一个吃螃蟹的人好处有很多，首先你会让考官马上注意到你，会留下一个整体印象。其次，在其他人之前发言，你不会担心之后其他人的发言跟你重复。最后，在自由讨论环节你可以站出来把你在个人陈述环节对每一个人的选择的记录情况进行一个汇总并对接下来的讨论指明方向。但是当第一个发言的人一定要有足够的实力和自信，不然可能反主为客。

角色二：领导者。领导者是一个带头人，他要引导组员进行讨论的推进，组织协调组员的观点，但一个好的领导者切记凌驾于他人之上。要更多地去照顾别人的感受，不能以突显自己的表现欲为主，而应该以团队目标的达成为终极目的。

角色三：计时员。他负责时间的分配与监控。因为小组讨论的总时间是固定的，过程中或许需要对问题的多个点进行讨论，计时员的存在是为了避免组员在一些片面的观点上一直争执，从而耽误整个讨论的进程。计时员需要注意的是，你不只是一个报时者，也需要在适当的时候说出自己的观点，最重要的还是要有有效的发言。

角色四：记录员。记录整理组员的观点并归类总结，就像开会的时候我们都会有一个会议记录员他会对团队的观点进行整理与梳理。记录员跟计时员一样，他也承担了记录的职责，但是同理不要忘了要有效表达自己的观点。在记录的时候一定要言简意赅，清晰明了，否则可能因为书写错过别人说的关键信息。

角色五：最后做总结陈词的陈述员。无论自荐还是他荐，都要把握好机会，有足够的自信再承担。

在无领导小组讨论中的加分项包括：

（1）仔细倾听别人的想法或意见并给予反馈。

（2）及时地对别人正确的想法或意见予以支持。

（3）适时地提出自己的观点并设法得到小组成员的支持。

（4）对别人的方案提出富有创造性的改进点。

（5）在混乱中试图向正确的方向引导讨论。

（6）在需要妥协的时候妥协，以便小组在规定时间前达成结论。

（7）具有时间观念。

（8）能够对整个讨论进行领导。

关于无领导小组讨论的角色分工需要注意的是这些角色分工一定是相互配合，相互补充的，他们不能够完全的分割开，一个人可以扮演多个角色，你既可以充当领导者也可以作为记录员，记录大家的发言。希望大家都能找到自己适合的角色，在无领导小组讨论中充分展现自我。

思 考 与 讨 论

1. 笔试前该怎样作准备？

2. 参加面试前应该做好哪些方面的准备？

3. 在目前阶段，你能为未来求职提前做些什么？

本 章 小 结

本章主要介绍了目前求职应聘时常见的笔试种类，参加笔试前的准备和笔试过程中可以运用的技巧；面试的种类和面试内容，如何做好面试的准备等内容。

第七章　就业协议与毕业生就业权益保护

学习目标

知识目标：

1. 就业协议的主要内容及条款；

2. 劳动合同的条款与作用；

3. 就业协议与劳动合同的区别；

4. 就业协议争议和劳动争议的解决途径；

5. 毕业生就业权利保护。

能力目标：学习本章，使学生了解就业协议和劳动合同的作用与签订，掌握权益保护的方法与途径，学会守法履约，懂得依法维护个人的合法权益，依法承担法律责任。

核心概念：就业协议；劳动合同；毕业生的基本就业权利；毕业生维护自身权益，防范就业陷阱。

案例导入

2006 年 2 月，季小莉获悉江苏省海门市升海空调设备有限公司（以下简称升海公司）欲招收一名办公室文员后，持学院发给的毕业生双向选择就业推荐表前去报名应聘，双方于 2006 年 2 月 27 日签订了劳动合同协议书一份。协议约定：季小莉担任职务为办公室文员；合同期限一年，从 2006 年 2 月 27 日至 2007 年 2 月 27 日止；其中试用期三个月，从 2006 年 2 月 27 日至 2006 年 5 月 27 日止；试用期月薪 500 元，试用期满后，按季小莉技术水平、劳动态度、工作效益评定，根据评定的级别或职务确定月薪等。合同订立后，季小莉即在升海公司上班。此时，季小莉的毕业论文及其答辩尚未完成。2006 年 4 月 21 日，季小莉发生交通事故，之后未到公司上班。季小莉在治疗和休息期间，经学校同意，以邮寄方式完成了论文及答辩，并于 2007 年 7 月 1 日正式毕业。

2006 年 11 月 8 日，季小莉向劳动部门提出认定劳动工伤申请，同时升海公司也向劳动部门提出仲裁申请，要求确认劳动合同无效。海门市劳动争议仲裁委员会于 2007 年 4 月 20 日作出了海劳仲裁字（2007）第 1 号仲裁裁决书，认为季小莉在签订劳动合同时仍属在校大学生，不符合就业条件，不具备建立劳动关系的主体资格，其与升海公司订立的劳动合同协议书自始无效。遂裁决：升海公司与季小莉于 2006 年 2 月 27 日签订的劳动合同协议书无效。季小莉不服此裁决，诉至法院，要求确认双方签订的劳动合同协议书有效。

想一想：

1. 季小莉的应聘行为属于就业还是勤工助学，抑或是实习？

2. 季小莉是否具备劳动主体资格，双方签订的劳动合同协议是否有效？

3. 毕业生有哪些就业权益？应该如何保护自己的就业权益？

　　毕业生在经过求职应聘、面试考核等环节后，就要与用人单位签订就业协议和接受试用期考察，到用人单位正式报到并与其签订劳动合同。如何签订就业协议书、签订劳动合同、办理就业过程中的有关手续，是大学生在求职就业过程中十分关心的问题。

　　全面了解掌握就业协议书和劳动合同的内涵与区别、就业协议书和劳动合同签订的注意事项，有助于大学毕业生顺利就业、切实维护自身的合法权益。

第一节　就业协议书与劳动合同

一、就业协议书

　　就业协议书是《全国普通高等学校毕业生就业协议书》的简称，又称三方协议，一般由国家教育部或各省、市、自治区就业主管部门统一制表，由高等学校统一发放给毕业生。《就业协议书》是普通高等学校毕业生和用人单位在正式确立劳动人事关系前，经双向选择，在规定期限内确立就业关系、明确双方权利和义务而达成的书面协议。该协议在毕业生到单位报到、用人单位正式接收后自行终止。

（一）就业协议书的主要内容

　　（1）毕业生的基本情况及意见。包括姓名、性别、年龄、民族、政治面貌、培养方式、健康状况、专业、学制、学历、家庭住址等。了解用人单位的使用意图，表明自己的就业意见，在规定的时间内到用人单位报到，若遇到特殊情况不能按时报到，需征得用人单位同意。

　　（2）用人单位的情况及意见。包括单位名称、单位隶属、联系人、联系电话、邮政编码、通信地址、所有制性质、单位性质、档案转寄地址、用人单位意见、用人单位上级主管部门意见等。明确对毕业生的要求及使用意图，做好各项接收工作。

　　（3）学校意见。包括学校联系人、联系电话、邮政编码、学校通讯地址、院系意见、学校毕业生就业部门意见等。学校要如实向用人单位介绍毕业生的情况，做好推荐工作，用人单位同意录用后，经学校审核列入建议就业计划，报主管部门批准，学校负责办理派遣手续。

　　（4）各方应严格履行协议，任何一方若违反协议，应承担违约责任。

　　（5）其他补充协议。

（二）就业协议书的主要条款

　　协议涉及三方：甲方（用人单位）、乙方（高校毕业生）和学校。

　　（1）甲方应如实向乙方介绍情况，经了解，同意接收乙方，并负责有关接收手续。

　　（2）乙方应如实向甲方介绍情况，同意到甲方工作，服从甲方的工作安排。

　　（3）学校经审议，同意乙方到甲方工作，负责列入就业建议计划和派遣。

　　（4）三方如有其他约定，应在备注栏明确，并视为本协议书的一部分。

　　（5）三方中若有一方要变动协议，须提前一个月征得另外两方的同意，否则按违约处理。

　　（6）本协议一式三份，三方各执一份，复印件无效。

（三）就业协议书订立的原则

1. 主体合法原则

签订就业协议的当事人必须具备合法的主体资格。对用人单位而言，必须具有从事各项经营或管理活动的能力，即有录用毕业生计划和录用自主权，否则毕业生可解除协议且无须承担违约责任。对毕业生而言，必须要取得毕业资格，在派遣时，未取得毕业资格的学生，用人单位可以不予接收毕业生且无须承担法律责任。

2. 平等协商原则

就业协议书的三方在签订就业协议时，其法律地位是平等的，不得将自己的意志强加给其中一方。学校不得采用行政手段要求毕业生到指定单位就业（不包括有特殊情况的毕业生），用人单位亦不应在签订就业协议时要求毕业生交纳过高数额的风险金、保证金。除协议书规定内容外，三方如有其他约定事项可在协议书"备注"内容中加以补充确定。

3. 诚实守信原则

签订就业协议书是一种严肃的法律行为，毕业生和用人单位应在签约前就协议事项进行充分协商并选择。就业协议一旦签订，双方应本着诚信的原则，全面履行协议中的各项约定。

（四）就业协议书订立的步骤

就业协议的订立一般要经过两个步骤，即要约和承诺。

1. 要约

毕业生持学校统一印制的就业推荐表或其复印件参加各地的供需洽谈会（人才市场），进行双向选择。也可以向各用人单位寄发书面材料，视为要约邀请，用人单位收到毕业生材料，对毕业生进行考察后，表示同意接收并将回执寄到高校毕业生就业工作部门或毕业生本人，应为要约。

2. 承诺

毕业生收到用人单位回执或通过其他方式得到用人单位答复后，从中作出选择并到学校毕业生就业工作部门领取就业协议书，与用人单位签订协议，即为承诺。

（五）无效协议

无效协议是指欠缺就业协议的有效要件，或违反就业协议订立的原则，从而不发生法律效力的协议。无效协议自订立之日起无效。出现下列情况，视为无效协议。

（1）未经学校同意的就业协议书视为无效。如有的协议经学校审查认为对毕业生有失公平，或违反公平竞争、公平录用的原则，学校可不予认可。

（2）采取如欺骗等违法手段签订的就业协议无效。如用人单位未如实介绍本单位情况，根本无录用计划而与毕业生签订的就业协议，或大学毕业生伪造学历及技术等级证后与用人单位签订的就业协议。无效协议产生的法律责任应由责任方承担。

为了维护就业协议书的严肃性和学校的声誉，毕业生与用人单位签订了就业协议书后，毕业生和用人单位都应认真履行协议。倘若已签订就业协议书的毕业生因特殊原因要求违约，需办理解约手续，并应承担违约责任。

（六）就业协议的解除

就业协议书经毕业生、用人单位、学校签署即具有法律效力，任何一方不得擅自解除，否则违约方应向权利受损方支付协议条款所规定的违约金。一般来说，就业协议的解除分为单方解除和三方协商解除。

（1）单方解除，包括单方擅自解除和单方依法或依协议解除。

单方擅自解除协议属违约行为，解约方应对另两方承担违约责任。

单方依法或依协议解除，是指一方解除就业协议时，有法律上的或协议上的依据，如学生未取得毕业资格，在录用之后，用人单位有权单方解除就业协议；或依协议规定，毕业生未通过用人单位所在地组织的招聘考试，用人单位有权解除协议。此类单方解除，解除方无须对另两方承担法律责任。

（2）三方协商解除，是指毕业生、用人单位、学校三方经协商一致，解除原订立的协议，使协议不发生法律效力。此类解除原因是三方当事人真实意思表示一致的体现，三方均不承担法律责任，三方解除应在就业计划上报主管部门之前进行，若就业派遣计划下达后才三方解除，还须经主管部门批准办理调整改派。

解除就业协议的步骤：

（1）到原签协议书的单位办理书面同意的解约函（盖单位公章）。

（2）向学校毕业生就业工作部门提出书面申请（阐明解约理由），并附上单位及上级人事主管部门审核同意的解约函。

（3）学校毕业生就业工作部门根据有关规定审批换发新的就业协议书。

注意：毕业生如遗失就业协议书，请于就近的报刊登报声明作废，随后带报纸经所在系部负责学生就业工作的老师签署意见，到学校毕业生就业工作部门审核同意后，予以补发。补发的就业协议书上注明"该生原件已遗失，此份为遗失补办件"，以示有别于正式的就业协议书。毕业生若谎报遗失就业协议书，将视情节轻重给予相应校规校纪处分。

就业协议书是毕业生落实用人单位，用人单位同意接收毕业生的主要依据，也是毕业生就业主管部门编制毕业生就业计划，学校制订毕业生就业方案的重要依据之一，更是明确毕业生、用人单位、学校三方在毕业生就业工作中的权利和义务的书面表现形式，任何签约方如果因故需要解除协议，必须征得另外两方的书面同意，并按协议规定遵守执行。因此，它是学生对自己就业机会的合法保障。

二、劳动合同

《劳动法》第十六条规定：劳动合同是劳动者与用工单位之间确立劳动关系，明确双方权利和义务的协议；是确立劳动者与用人单位之间存在劳动关系的法律形式；是组织社会劳动、合理配置劳动资源、稳定劳动关系、促进社会生产力发展的重要手段。劳动合同根据《劳动合同法》的相关规定，对劳动内容和法律未尽事宜进行详细、具体的规定，促进双方全面履行合同，防止因违约而导致责任发生。

1. 劳动合同的内容

（1）用人单位的名称、住所和法定代表人或者主要负责人；

（2）劳动者的姓名、住址和居民身份证或者其他有效证件号码；

（3）劳动合同期限；

（4）工作内容和工作地点；

（5）工作时间和休息休假；

（6）劳动报酬；

（7）社会保险；

（8）劳动保护、劳动条件和职业危害防护；

（9）法律、法规规定应当纳入劳动合同的其他事项。

2. 劳动合同的三种类型

根据《劳动法》规定，用人单位与劳动者签订的劳动合同可以分为以下三类。

（1）固定期限劳动合同，即在合同中明确约定效力期间，期限可长可短，长到几年、十几年，短到几年或者几个月。

（2）无固定期限劳动合同，即劳动合同中只约定了起始日期，没有约定具体终止日期。无固定期限劳动合同可以依法约定终止劳动合同条件，在履行中只要不出现约定的终止条件或法律规定的解除条件，一般不能解除或终止，劳动关系可以一直存续到劳动者退休为止。

（3）以完成一定工作为期限的劳动合同，即以完成某项工作或者某项工程为有效期限，该项工作或者工程一经完成，劳动合同即终止。

3. 劳动合同的特征

（1）劳动合同主体具有特定性；

（2）劳动合同内容具有劳动权利和义务的统一性和对应性；

（3）劳动客体具有单一性，即劳动行为；

（4）劳动合同具有诺成、有偿、双务合同的特性；

（5）劳动合同往往涉及第三人的物质利益关系。

4. 劳动合同的作用

（1）劳动者实现劳动权的重要保障；

（2）用人单位合理使用劳动力、巩固劳动纪律、提高劳动生产率的重要手段；

（3）减少和防止发生劳动争议的重要措施；

（4）建立规范有效劳动关系的重要载体。

5. 劳动合同的效力

劳动合同的效力就是劳动合同对当事人的约束力。根据《劳动法》第十八条的规定，违反法律、行政法规的劳动合同和采取欺诈、威胁等手段订立的劳动合同都是无效劳动合同。

劳动合同的无效，由劳动争议仲裁委员会或者人民法院确认，引起无效的原因大体有以下几种。

（1）合同主体不合格。如受雇一方提供了假的学历、学位、专业技术资格证书，聘用单位不具备招聘资格等。

（2）合同内容不合法，即劳动合同有悖法律、法规，或是损害了国家及社会的公共利益。如约定制造冰毒、假钞等。内容不合法的劳动合同不受法律保护。

（3）意思表示不真实。劳动合同是双方合议的产物，应该是当事人真实的意思表示。采取欺诈、威胁等手段订立的劳动合同，违背双方的真实意愿，因而是无效的。

（4）合同形式不合法。这是指劳动合同没有采取书面形式、当事人也未实际履行主要义务，或者依法或应当事人要求应当鉴证的劳动合同没有鉴证等。在一般情况下，只要当事人采取补救措施，使合同形式上合法化后，就可以认定合同有效。

6. 劳动合同的订立

（1）《劳动合同法》第三条规定：订立劳动合同，应当遵循合法、公平、平等自愿、协商一致、诚实信用的原则。依法订立的劳动合同具有约束力，用人单位与劳动者应当履行劳动合同规定的义务。

（2）签订劳动合同由用人单位与劳动者协商一致，并经用人单位与劳动者在劳动合同文本上签字或者盖章生效。劳动合同文本由用人单位和劳动者各执一份。

7. 劳动合同的变更、解除和终止

1）劳动合同的变更

劳动合同的变更是指劳动者与用人单位对依法成立的劳动合同条款所做的修改或增删。劳动合同依法订立后，双方当事人必须全面履行合同规定的义务，任何一方不得擅自变更劳动合同。但在下列情况下可以变更劳动合同：① 经双方当事人协商同意；② 订立劳动合同所依据的法律法规已经修改或废止；③ 企业经上级主管部门批准或根据市场变化转产或调整生产任务；④ 劳动合同订立时的客观情况发生重大变化，致使劳动合同无法履行；⑤ 法律法规允许的其他情况。

2）劳动合同的解除

劳动合同的解除是指在劳动合同期限届满之前终止劳动合同关系的法律行为。根据劳动法规定，劳动合同当事人经协商一致，可以解除劳动合同。另外，当法定事由出现时，用人单位或劳动者也可以单方解除劳动合同。

3）劳动合同的终止

劳动合同的终止是指劳动合同的法律效力依法被废除，即劳动关系由于一定法律事实的出现而终结，劳动者与用人单位之间原有的权利义务不再存在。有下列情形之一的，劳动合同即可终止：① 劳动合同期限届满；② 企业宣告破产或者依法被撤销；③ 劳动者达到退休年龄；④ 劳动者完全丧失劳动能力或者死亡；⑤ 法律法规规定的其他情形。

三、就业协议与劳动合同的区别

就业协议发生在学生毕业之前，由学生、学校、用人单位三方共同签订，以确定就业意向和相关权益，包括擅自解除约定方应支付的违约金。但是，就业协议只约束在毕业前，毕业后如何安排，应由劳动合同明确。一旦学生毕业离校后，学校将脱离三方关系，毕业生和用人单位双方应确立劳动关系，签订劳动（聘用）合同，而就业协议则同时终止。

就业协议与劳动合同都是用人单位录用毕业生时所订立的书面协议，但两者分处两个相互联系的不同阶段，具体表现在以下几方面。

（1）性质不同。就业协议是毕业生在校时由学校参与见证并与用人单位协商签订的就业意向协议，是编制毕业生就业计划方案和毕业生派遣的依据。劳动合同是毕业生与用人单位依法确立劳动关系、明确双方权利和义务的协议，学校不是劳动合同的主体，也不是劳动合同的见证方，劳动合同是上岗毕业生从事何种岗位、享受何种待遇等权利和义务的依据。

（2）内容不同。毕业生就业协议的内容主要是毕业生如实介绍自身情况，并表示愿意到用人单位就业，用人单位表示愿意接收毕业生，学校同意推荐毕业生并列入就业计划进行派遣。劳动合同的内容更为具体的涉及劳动报酬、劳动保护、工作内容、劳动纪律等方方面面，且劳动权利义务更为明确。

（3）签订顺序不同。一般来说就业协议签订在前，劳动合同订立在后，如果毕业生与用人单位就工资待遇、住房等有事先约定，亦可在就业协议备注条款中予以注明，日后订立劳动合同对此内容应予以认可。

（4）法律效力不同。就业协议是毕业生和用人单位关于将来就业意向的初步约定，经用人单位的上级主管部门和高校就业部门同意和见证，一经毕业生、高校、用人单位主管部门签字盖章，即具有一定的法律效应，是编制毕业生就业计划和将来可能发生违约情况时的判断依据。而劳动合同是劳动关系双方严格依据国家法律法规，特别是劳动法的有关规定签订的，具有严格的法律效力。

（5）解决纠纷的手段不同。就业协议发生争执，目前尚没有专门的一部法律对毕业生协议加以调整，除根据协议本身内容之外，主要依据现有的毕业生就业政策和《民法》、《合同法》的一般规定和相关原则处理。而劳动合同发生争议可依据《劳动法》、《劳动合同法》等劳动法律法规来处理。另外还要说明的是，劳动合同争议处理有个劳动争议的仲裁程序，即先通过劳动保障部门的仲裁，仍有疑义，则按照法定程序进入司法程序。

四、就业协议争议和劳动争议的解决途径

（一）就业协议争议的解决途径

毕业生与用人单位签订就业协议书后出现一方违约或对协议产生争议的现象后，解决的途径有三个：首先是协商，其次是仲裁，第三是到法院起诉。毕业生和用人单位如果因就业协议书的订立、效力、履行和解除等发生争议，可按程序的先后通过以下途径解决：

（1）毕业生和用人单位通过学校进行协商；

（2）由省一级就业主管部门进行调解；

（3）向劳动争议仲裁委员会申请仲裁；

（4）向法院提起诉讼。

在实际运用过程中，前两种方法效率高，易于操作；后两种程序复杂，但更具权威性。毕业生在签订就业协议书之前一定要考虑周详，尽量避免日后产生纠纷。当发生纠纷导致自己的权益受损时，要学会运用法律武器保护自己，通过合法的途径和正常的程序，维护自己的正当权益。

（二）劳动争议的解决途径

劳动争议又称劳动纠纷，是指劳动者与用人单位之间因执行劳动法律、法规或履行劳动合同、集体合同而发生的争执。毕业生到单位报到上班后，要与单位签订劳动合同，假如毕业生与用人单位间就解雇、劳动保护、福利、保险、培训等与劳动合同有关的题目等发生争议，双方可以协商解决，假如协商无法达成一致意见，也可以通过申请调解、仲裁、提起诉讼来解决。

1. 调解

调解是指在查明事实、分清是非、明确责任的基础上，依照国家劳动法的规定以及劳

动合同约定的权利和义务，推动用人单位和劳动者之间相互谅解，解决争议的方式。劳动争议调解委员会是解决劳动争议的第一道防线，可以设在用人单位内部，也可以由各地方的工会负责组织。劳动争议的调解应当遵循当事人双方自愿的原则。需留意的是，调解委员会只能起调解作用，它本身并无决定权，不能强迫双方接受自己的意见，也无权做出对双方具有法律约束力的文件。但是假如双方经调解达成了调解协议的，调解委员会应当制作调解协议书，对于协议书，双方当事人应当自觉履行。

2. 仲裁

仲裁是一个法律术语，是指由双方当事人将争议提交（具有公认地位的）第三者，由第三者对争议的是非曲直进行评判并作出裁决的一种解决争议的方法。我国劳动争议的仲裁是由劳动争议仲裁委员会以第三方身份为解决劳动争议而做出裁决的劳动执法活动，兼有行政和司法的双重性质。发生劳动争议的主体向劳动争议仲裁委员会提出仲裁申请，仲裁委员会受理案件，经过开庭审理，确定事实后，应先进行调解，如调解不成或双方不愿进行调解，可以做出仲裁裁决，该裁决具有强制性。如当事人双方未在法定期限内向法院起诉，则裁决生效，当事人必须履行，假如一方不履行仲裁裁决，另一方可以请求强制执行。

3. 诉讼

仲裁委员会可以对劳动争议做出有法律效力的裁决，但是依照我国的法律，只有法院才享有对劳动争议的最后决定权。仲裁委员会依法裁决后，假如当事人一方或双方不服，在法定期限内有权向法院起诉。当事人起诉后，原裁决即无约束力，人民法院有权对该劳动争议独立审判，并作出判决。在诉讼阶段，假如当事人不服一审法院的判决，还可以提出上诉，由二审法院作出终极裁决。

第二节　毕业生就业权益保护

目前，侵权行为在高校毕业生就业过程中是一种屡见不鲜的现象。由于我国的维权保护体系尚不健全、就业市场中人才供求失衡和高校毕业生的维权意识薄弱等因素，诱发了高校毕业生的就业侵权现象。因此，为保护高校毕业生就业权利，国家需要制订和完善高校毕业生就业的相关法律法规，政府要加大对就业市场的监管，并加大反就业侵权的宣传，同时，高校也需注重提高毕业生的维权意识和自我保护能力。

一、毕业生的基本就业权益

毕业生作为就业的一个重要主体，在就业过程中享有多方面的权益，根据目前就业规范的有关规定，毕业生主要享有以下几方面的权益：

第一，获取信息权。就业信息是毕业生择业成功的前提和关键，只有在充分占有信息的基础上，才能结合自身情况选择适合自身发展的用人单位。毕业生获取信息权，应包括以下三方面内容。

（1）信息公开，即所有用人信息向全体毕业生公开。凡需录用高校毕业生的用人单位，须到有关学校的毕业生就业部门办理信息登记，由学校的毕业生就业部门通过各种渠道向毕业生发布用人需求信息，任何单位和个人不得隐瞒、截留需求信息。

（2）信息及时，即毕业生获取的信息必须是及时、有效的，而不能将过时无利用价值的信息传递给毕业生。

（3）信息全面，毕业生有权获得准确、全面的就业信息，以便对用人单位有全面的了解，从而作出符合自身要求的选择。

第二，就业指导权。学校成立专门机构，对毕业生进行就业、择业指导；向毕业生宣传国家关于毕业生就业的有关方针、政策；引导毕业生根据国家、社会需要，结合个人实际情况进行择业。除此之外，毕业生也可从学校接受就业指导转为主动寻求社会上具有就业指导资质的合法机构的就业指导。

第三，被推荐权。高等学校在就业工作中的一个重要职责就是向用人单位推荐毕业生。学校的推荐往往在较大程度上影响到用人单位对毕业生的取舍。学校根据毕业生的在校表现，实事求是、公平、公正、择优的向用人单位介绍、推荐毕业生，真正体现优生优分，学以致用、人尽其才。

第四，择业选择权。根据国家有关规定，毕业生只要符合国家的就业方针、政策，可以自主地选择用人单位。毕业生可结合自身情况自主与用人单位协商，要求学校予以推荐，直至签订就业协议。任何将个人意志强加给毕业生，强令毕业生到某单位就业的行为都是侵犯毕业生选择权行为。

第五，公平待遇权。用人单位录用毕业生的过程中，应公平、公正，一视同仁。但在当前，由于各项配套措施滞后，完全开放公平的就业市场尚未真正形成，用人单位录用毕业生仍存在不同程度的不公平、不公正现象，如女生就业难仍然是困扰女毕业生就业的一大问题。

第六，违约求偿权。毕业生、用人单位、学校三方签订协议后，任何一方不得擅自毁约。当用人单位无故要求解约，毕业生有权要求对方严格执行就业协议，否则毕业生有权利要求用人单位进行补偿，用人单位应对毕业生承担违约责任、支付违约金等。

第七，个人隐私权。由于目前的就业市场供大于需，求职者被应聘单位侵权的现象不断发生，招聘者越来越关心毕业生的私生活，从家庭出身到有没有谈恋爱，对于涉世不深的大学生来说，遭遇这样的尴尬，许多情况下不知如何应对，有硬着头皮回答的，也有一气之下走掉的。在现实招聘中，也有由于一些简历不符合用人单位的要求或是由于招聘单位的疏忽等原因，导致许多高校毕业生简历被用人单位丢弃。而一些浑水摸鱼的用人单位或者是别有用心的人则把这些简历收走，然后与毕业生取得联系，最终使大学生受骗上当，并蒙受损失。毕业生明知招聘者这种行为是违法的，却不知道如何保护自己。

毕业生在就业过程中存在着各种各样的侵犯毕业生权利的情况。毕业生在就业过程中亦经常担心自己在就业中的合法权益能否得到维护，担忧自己因权益受到侵害而在就业竞争中处于不利地位。因此，了解毕业生的基本就业权利，并维护这些权利就显得非常重要。

二、维护自身权益，防范就业陷阱

（一）毕业生权益保护

在就业过程中往往会出现一些侵害毕业生权益的行为，毕业生可通过以下途径对自身权益实施保护。

第一，政府保护。毕业生就业主管部门可通过制定相应的规范来确定毕业生的权益及义务，对侵犯毕业生权益的行为加以抵制或处理，从宏观上进行政策的指导及保护。

第二，学校保护。学校对毕业生权益的保护是最为直接的。学校可通过制定各项措施来规范毕业生就业指导和就业推荐，对于用人单位在录用毕业生过程中的不公平、不公正行为，学校有权予以抵制以维护毕业生的就业权益。对于用人单位与毕业生签订不符合有关规定的就业协议，学校有权不予同意，未经学校同意的就业协议不发生法律效力。

第三，毕业生自我保护。主要体现在以下几个方面。

（1）自觉学习有关就业的法律法规，提高自身的权益保护意识。包括了解与就业相关的方针、政策和规范以及它们之间的关系，熟悉毕业生在就业过程中的权利和义务，这是毕业生权益自我保护的前提。

（2）毕业生应自觉遵循有关就业规范，接受其制约，保证自己的就业行为不违反就业规范，不侵犯其他毕业生的合法权益。

（3）毕业生应学会运用法律手段维护自身的合法权益。针对侵犯自身就业权益的行为，毕业生有权向用人单位上级主管部门和学校进行申诉并听取他们的处理意见，同时也可提交给当地的劳动争议仲裁机构进行调解和仲裁，也可以直接向人民法院提起诉讼。

（二）就业陷阱的防范

由于学生接触范围与对象的狭窄与单一，加之就业形势严峻，常常导致学生在就业过程中出现"饥不择食"的心理，常有毕业生在择业过程中坠入形形色色的就业陷阱之中。广义上的就业陷阱是指毕业生在就业过程中出现的致使毕业生遭受损失的形式多样的骗局。狭义上的就业陷阱是指用人单位违背与毕业生之前的约定，违背毕业生意愿，使其承担就业协议范围之外的工作，或以诱骗、胁迫的方式要求毕业生从事违反法律或道德的行为。

（三）就业陷阱的典型特征

当前大学生面临的就业陷阱主要有四个典型特征。

第一，欺骗性。主要表现为招聘单位故意夸大虚假宣传、用冠冕堂皇的不实承诺来取得大学生的信任和期望，并在协议中提出苛刻条件，隐藏各种不法目的。

第二，诱惑性。主要表现为招聘单位着力包装自己，以虚假的各种招牌、荣誉、待遇和发展前景诱惑大学生。

第三，隐蔽性。违法的用人单位骗人伎俩都有十分华丽的诱人说辞，涉世不深的大学生往往比较单纯，难辨真伪，容易成为受骗的对象。

第四，违法性。一类是通过扣留大学生的户口、证件等非法途径强行留住人才，使大学生欲走难行，迫使大学生签下"生死契""卖身契"、接受不公正待遇等。另一类就是坑蒙拐骗，诱骗大学生入股、推销、传销等，使大学生掉进自己挖下的高薪陷阱、培训陷阱、协议陷阱、合同陷阱或试用期陷阱，让大学生感到欲罢不能，求助无门。

（四）就业过程中的一些陷阱

在大学生就业过程中，主要有以下一些陷阱需要注意防范。

1. 中介陷阱

一些不法分子冒充合法机构，通过广告宣传，虚构招聘岗位，收取中介费用后便人间蒸发。甚至有些所谓的求职中介或人力资源公司，通过举办招聘会，接收大量简历，介绍一些廉价劳力工厂的工作给求职者从中收取所谓的介绍费，意在敛取求职者的钱财。2008年1月1日起实施的《就业服务与就业管理规定》对中介机构的收费做了明确规定：公共就业服务机构不得从事经营性活动，要免费为求职者提供就业相关方面的咨询，还应对就业困难人员实施就业援助，招聘会不得向应聘者收取费用等。同时，用人单位委托公共就业服务机构或职业中介机构招用人员，或者参加招聘洽谈会时，应当提供招用人员简章，其内容包括用人单位基本情况、招用人数、工作内容、招录条件、劳动报酬、福利待遇、社会保险等。另外，用人单位招用人员时，应当依法如实告知求职者有关工作内容、工作条件、工作地点、职业危害、安全生产状况、劳动报酬以及求职者要求了解的其他情况。按照《就业服务与就业管理规定》依法成立的职业中介机构，可以在相关部门核准的前提下，收取一定的登记手续费、中介服务费等。

所以毕业生如果通过职业中介机构找工作，不要轻易交纳费用，而要具体咨询相关事项并要求其出具正规证明。而且介绍工作不成功的，应当退还中介费，否则将由劳动保障行政部门责令改正，可处1000元以下的罚款。因此，一旦发现对方有违法行为，毕业生应积极维护自身的权益，及时向劳动部门投诉。

2. 招聘陷阱

招聘陷阱一般有两类：一是缴纳各种费用，如保证金、培训费、服装费、档案管理费等；二是将证件进行抵押，如身份证、毕业证等。《劳动合同法》第九条规定："用人单位招用毕业生，不得扣押毕业生的居民身份证和其他证件，不得要求毕业生提供担保或者以其他名义向毕业生收取财物。"

综合来看，"招聘陷阱"主要有以下四个特征。

（1）设置"招聘陷阱"的"用人单位"多为未经工商部门注册的非正规单位。对重点关注的就业信息，即使其来源可靠，网站内容丰富，毕业生也要对信息的内容做进一步核实，防止信息中包含夸大、不实的成分，可以托人打听，也可以向老师或学长咨询。当然，最让毕业生放心的还是眼见为实，自己到用人单位去看一看。

（2）提供的"职位"条件过于宽松。对专业、学历要求过于宽泛，甚至没有要求，这些通常不是"天赐良缘"，而是别有用心。

（3）提供的"职位"名称好听，但职能含糊，对工作内容和职责没有具体的说明，解释起来也是含糊其辞，让人一头雾水，不明就里。

（4）以高薪为诱饵吸引毕业生。人才也是种"商品"，用人单位为同样的"商品"开出高于常理的价码，蒙蔽了毕业生的双眼，容易使其落入"高薪诱惑"的陷阱。如果对方是高薪行业，对所有毕业生都给予优厚的待遇，则另当别论。

3. 传销陷阱

传销是指组织者发展人员，通过发展人员或者要求被发展人员以交纳一定费用为条件取得加入资格等方式获得财富的违法行为。近年来，非法传销组织将触角伸向了大学校园，以招聘为名，欺骗社会经验缺乏、求职心切的大学生。

传销是国家明令禁止和打击的行为，情节严重的应当追究刑事责任。传销陷阱主要表现为：① 以次充好，以价值很低的廉价产品冒充所谓的"高科技"产品，以洗涤类、营养类、药品类、健身类产品居多；② 信息的来源渠道多是通过电话或熟人传话；③ 夸大赚钱是如何容易；④ 要求事先交纳一定的会员费，或要求人先去了再说；⑤ 有时要扣押身份证或毕业证甚至控制人身自由。

毕业生在择业过程中一定要认清传销的违法本质，不轻信任何可疑的就业信息，同时在投简历前必须向有意向的单位所在地的主管人事部门或学校毕业生就业指导中心求证核实；对于用人单位提出的面试或实习要求，要征得学校的同意，离校之前必须留下尽可能多的联系方式；毕业生还要牢记学校、学院的毕业生就业联系方式，在求职过程中如果遇到麻烦，可随时与学校联系。

4. 试用期陷阱

试用期是指用人单位对新招收的职工进行思想品德、劳动态度、实际工作能力、身体情况等进行进一步考察的时间期限。《劳动法》设立试用期的目的在于给予双方以相互考察、相互了解的期限。"试用期陷阱"指的是企业用低廉员工为企业工作，在试用期即将结束本应与员工签订正式劳动合同时却将员工辞退，从而达到以低成本换取劳动的目的。

试用期陷阱有两种，一种是以各种理由告诉毕业生是不合格的，合同解聘也是无奈之举，从而再以很少的薪水继续招聘同样也不会熬过试用期的新人，周而复始，降低成本。另一种就是非法延长试用期，常常是半年的合同试用期就占了 3 个月。因此，面对这样的招聘，毕业生千万不要轻信用人单位的口头承诺，任何试用期的要求和考核都应该以书面形式表现。毕业生在签订试用期合同之前最好能通过各种途径了解一下对方企业的情况，主要打探该企业在务工人员心中的口碑、其目前是不是很需要招人、历年的招聘规模以及裁员规模等，对那些人员入职和离职频率非常高的公司就需要十分当心。

5. 合同陷阱

劳动合同是就业者维护自身权益的护身符。虽然法律规定了平等、自愿的原则，但在现实中，不少人为了找工作而委曲求全，一不小心就会掉进用人单位的劳动合同陷阱。常常有一些用人单位使用预先拟定好的"格式合同"，使劳动者的平等话语权往往被剥夺，这些条款中通常不乏"霸王条款"。

"格式合同"的不合理主要体现在：

（1）用人单位利用劳动者求职心切的心理，向劳动者收了押金、风险金、培训费、保证金等各种名目、数额不等的金钱，劳动者稍有违反管理的行为，用人单位即扣留这部分押金；

（2）用人单位回避提醒义务，使毕业生难以注意限制自身权利的条款；

（3）用人单位免除自身责任，如提出"工伤责任自负"等条款；

（4）用人单位注明劳动合同条款的最终解释权归自己拥有，一旦发生争议，毕业生往往由于已经承认格式条款而处于不利地位。

面对这样的合同，毕业生应该提高警惕，必要时应加以拒绝或询问是否能另外签订非格式合同。

作为大学毕业生，在进入企业以后，应该谨慎对待那些含有服务期限、违约责任以及违约金支付等条款的协议，一旦发生争议不要采取置法律于不顾的处理方式，应该积极运用法律手段保护自己。具体来说,目前大学生服务期内解除劳动合同的争议是最多的,解除劳动合同后涉及违约金的支付、培训费的赔偿,因此建议大学毕业生在就业后不要违法签订各种保证书,更不要擅自解除劳动合同,造成违约在先。

(五) 防范就业陷阱的方法

(1) 识别职业介绍所陷阱。首先,查看职业介绍所"四证"是否俱全,四证包括企业法人营业执照、职业介绍许可证(或人才中介服务许可证)、税务登记证、收费许可证。其次,注意职介所的服务、收费是否合理;注意职介所有无人事代理许可证。

(2) 识别用人单位陷阱。一般来讲,有陷阱的用人单位地点偏僻、员工诡异;还没工作,就先收钱;高薪聘请,轻易录用;每天在招人,索取身份证;利用职介所签订合同;签订非常规合同文件。

就业难,难在毕业生对社会、对自身的了解不够,毕业生应保持一种平和、阳光的心态,更重要的是要加强学习,务实基础,提升自己的时间能力,多和老师、同学交流,为进入社会做好准备。

 **知识拓展**

最低工资标准

最低工资是指劳动者在法定工作时间提供了正常劳动的前提下,其雇主(或用人单位)支付的最低金额的劳动报酬。最低工资不包括加班工资、特殊工作环境、特殊条件下的津贴,最低工资也不包括劳动者保险、福利待遇和各种非货币的收入,最低工资应以法定货币按时支付。

最低工资一般由一个国家或地区通过立法制定。在国外,除了政府可以制定最低工资之外,某些行业的组织也可以自行制定该行业的最低工资标准。最低工资可以用月薪制定,也可以用每小时的时薪制定。最低工资的制定反映了监管机构对劳动者权益的保护。

最低工资标准是国家为了保护劳动者的基本生活,在劳动者提供正常劳动的情况下,而强制规定用人单位必须支付给劳动者的最低工资报酬。《劳动法》第四十八条规定,国家实行最低工资保障制度。用人单位支付劳动者的工资不得低于当地最低工资标准。最低工资标准每年会随着生活费用水平、职工平均工资水平、经济发展水平的变化而由当地政府进行调整。

确定最低工资标准一般要考虑的因素有:当地城镇居民生活费用支出、职工个人缴纳社会保险费、住房公积金、职工平均工资、失业率、经济发展水平等。确定的方法通常有比重法和恩格尔系数法。比重法是确定一定比例的最低人均收入户为贫困户,再统计出其人均生活费用支出水平,乘以每一就业者的赡养系数,加上一个调整数。恩格尔系数法就是根据有关数据,计算出最低食物支出标准,除以恩格尔系数,再乘以赡养系数,加上调整数。

截至 2019 年 11 月份,上海、北京、广东、天津、江苏、浙江 6 省市的月最低工资标准超过 2000 元。全国各地区最低工资标准如表 7-1 所示。全国各地区非全日制小时最低工资标准如表 7-2 所示。

表 7－1　全国各地区最低工资标准

（注：上海、北京的最低工资均不含个人社保和住房公积金）

地区	实行日期	月最低工资标准（元/月）			
		一档	二档	三档	四档
北京	2019.07.01	2200			
天津	2017.07.01	2050			
河北	2016.07.01	1650	1590	1480	1380
山西	2017.10.01	1700	1600	1500	1400
内蒙古	2017.08.01	1760	1660	1560	1460
辽宁	2018.01.01	1620	1420	1300	1120
吉林	2017.10.01	1780	1680	1580	1480
黑龙江	2017.10.01	1680	1450	1270	
上海	2019.04.01	2480			
江苏	2018.08.01	2020	1830	1620	
浙江	2017.12.01	2010	1800	1660	1500
安徽	2015.11.01	1520	1350	1250	1150
福建	2017.07.01	1700	1650	1500	1380 1280
江西	2018.01.01	1680	1580	1470	
山东	2018.06.01	1910	1730	1550	
河南	2017.10.01	1720	1570	1420	
湖北	2017.11.01	1750	1500	1380	1250
湖南	2017.07.01	1580	1430	1280	1130
广东	2018.07.01	2100	1720	1550	1410
其中：深圳	2018.07.01	2200			
广西	2018.02.01	1680	1450	1300	
海南	2016.05.01	1430	1330	1280	
重庆	2019.01.01	1800	1700		
四川	2018.07.01	1780	1650	1550	
贵州	2017.07.01	1680	1570	1470	
云南	2018.05.01	1670	1500	1350	
西藏	2018.01.01	1650			
陕西	2019.05.01	1800	1700	1600	
甘肃	2017.06.01	1620	1570	1520	1470
青海	2017.05.01	1500			
宁夏	2017.10.01	1660	1560	1480	
新疆	2018.01.01	1820	1620	1540	1460

表 7 - 2　全国各地区非全日制小时最低工资标准

地区	实行日期	月最低工资标准（元/小时）			
		一档	二档	三档	四档
北京	2019.07.01	24			
天津	2017.07.01	20.8			
河北	2016.07.01	17	16	15	14
山西	2017.10.01	18.5	17.4	16.3	15.2
内蒙古	2017.08.01	18.6	17.6	11.7	10.9
辽宁	2018.01.01	16	14	11.8	10.6
吉林	2017.10.01	17	16	15	14
黑龙江	2017.10.01	16	13	12	
上海	2019.04.01	22			
江苏	2018.08.01	18.5	16.5	14.5	
浙江	2017.12.01	18.4	16.5	15	13.6
安徽	2015.11.01	16	14	13	12
福建	2017.07.01	18	17.5	16	14.6 13.6
江西	2018.01.01	16.8	15.8	14.7	
山东	2018.06.01	19.1	17.3	15.5	
河南	2017.10.01	16	14.5	13	
湖北	2017.11.01	18	16	14.5	13
湖南	2017.07.01	15	13.4	12.4	11.6
广东	2018.07.01	20.3	16.4	15.3	14
其中：深圳	2018.07.01	20.3			
广西	2018.02.01	16	14	12.5	
海南	2016.05.01	12.6	11.7	11.3	
重庆	2019.01.01	18	17		
四川	2018.07.01	18.7	17.4	16.3	
贵州	2017.07.01	18	17	16	
云南	2018.05.01	15	14	13	
西藏	2018.01.01	16			
陕西	2019.05.01	18	17	16	
甘肃	2017.06.01	17	16.5	15.9	15.4
青海	2017.05.01	15.2			
宁夏	2017.10.01	15.5	14.5	13.5	
新疆	2018.01.01	18.2	16.2	15.4	

1. 就业协议可以视同为劳动合同吗？二者有何区别？
2. 大学毕业生有哪些就业权益？如何有效地保障？
3. 简述大学生就业陷阱的主要特征。

本 章 小 结

　　本章主要介绍了就业协议与劳动合同的概念、区别，产生就业协议争议、劳动合同争议时的解决途径以及毕业生的基本就业权利等内容。现今，高校毕业生就业制度正逐步走向市场化、法制化。大学生在求职过程中要增强法律意识和就业权利意识，自觉遵守市场规则，加强自身防范意识，并懂得运用法律武器保护自己的合法权益。

第八章　就业新路——自主创业

学习目标

知识目标：

1. 了解我国当前大学生创业的基本情况以及国家鼓励大学生创业的优惠政策和措施；

2. 掌握大学生创业者应具备的基本素质；

3. 了解创业前应做哪些准备。

能力目标：通过学习，要懂得作为一个大学生创业者应具备的综合素质，并能运用到实践中。

核心概念：自主创业；素质要求；准备。

案例导入

2013年号称"史上最难就业季"，在电子科技大学中山学院的何嘉骏没有和同龄人一样千军万马奔赴各大招聘会和参加各级公务员考试，而是选择了创业。他的创业项目和其他同学相比有点不同，不是理科生擅长的信息技术方面，而是盯上了种植业——种植石斛。何嘉骏用了一年多的时间筹备，准备在10月底中山大学生创业农业孵化基地建成后就大规模种植。

2009年，还在上大一的何嘉骏无意中看到一档创业类节目介绍石斛种植，他觉得很不错，但当时只是想想。后来他遇到一位对石斛育种很有研究的老师，有了老师的技术支持，何嘉骏种植石斛的想法逐渐成形。2011年，何嘉骏上大三后开始筹备种植石斛的创业项目。

大四时，在同学的支持下，何嘉骏设计的"中山市宏斛种植基地"项目参加大学生创业大赛获得三等奖，除了获得几千元奖金，他还拿到十万元的贷款资格。

2013年中山市"大学生创业农业孵化基地"立项，何嘉骏碰巧遇上了这样的好时机。他准备9月份进驻"大学生创业农业孵化基地"的评选。如果通过评选，可获得1至3年入园孵化资格，免费使用农田和孵化基地其他设施，享受水电补贴、创业扶持奖励、小额担保贷款贴息、岗位补贴、社保补贴等各项扶持政策。其中，小额担保贷款贴息额高达10万元。

点评：大学生积极发现商机，转变就业观念，通过参加各类比赛活动，增强自己的实践能力，不断累积机会，才能更好地利用国家优惠政策实现自己的梦想。

想一想：

1. 何嘉骏就业的形势是什么？

2. 何嘉骏在自主创业前做了哪些准备？

在当前大学生就业难已经成为事实的情况下，大学生选择自主创业无疑是一条不错的出路。大学生创业，有梦想，有激情，然而要真正在激烈多变的市场环境中生存、发展却异常艰难、曲折。其中既有缺乏市场前景分析、缺乏资金等制约大学生创业"瓶颈"的客观因素的影响，也有大学生中普遍存在的畏难情绪、企业管理经验不足、经受不住挫折等主观因素干扰。但我们相信，只要大学生科学掌握创业的一般规律，并在创业实践中学会坚持，就定能走出一条比就业更加辉煌的创业新路。

第一节　创业的意义及对大学生的素质要求

一、大学生自主创业基本情况分析

当今中国的创业环境比以往任何时候都更为有利，具体原因如下。

1. 中国市场的发展催生创业

首先，经过 30 年的改革开放，我国的国家政策、政府职能逐步切实发挥起经济调节、市场监督、社会管理和公共服务的作用，一个统一、开放、竞争、有序的现代市场体系已逐步形成。有着良好政府监管与制度保障的优质市场体系的建立，客观上为自主创业的蓬勃发展提供了有利条件。其次，在中国创业的市场准入门槛相对较低。经过多年的发展，国内行业内的竞争日趋开放有序，依靠敢冒险、抓机会、凭关系取得高速发展的例子已经不多了，靠实力公平竞争成为当前业界的主流，这给更多的平民创业者提供了创业机会。此外，电子商务的兴起，使得相关的创业启动变得更加便利，创业成本限制大大减少，平民创业更为便利。中国新一轮的创业热潮中的创业主体仍兼具平民化、群体化特征。

2. 我国的经济结构调整需要创业

就中国来说，当前经济结构调整的重点是高新技术产业的发展和传统产业的升级改造，而科研成果转化型的创业企业，往往伴随着新的技术或工艺的产生和发展，这对我国科技水平和综合国力的提高有着巨大的推动作用。

3. 创业服务机构的发展推进创业

各类企业孵化器、创业园区、创业社区、创业指导服务中心等不断增加，风险投资机构、担保服务机构、顾问咨询等服务机构不断发展，这将对创业的启动与发展起到积极的促进作用。

中国现在正处于人口高峰期，现有人口 13 亿多，新生劳动力增长远远超过经济增长创造就业岗位的速度。大量的新增劳动力需要就业，就业岗位却增长缓慢，于是形成了经济增长与就业增长脱节的困难局面。1999 年各高等院校开始扩大招生，中国进入高等教育大众化时代。紧随其后的是每年有数百万的大学生涌入社会，社会就业压力凸显。中国的就业现状、政策的导向、经济大环境的催生、社会的转型、成功企业家的榜样作用等现实原因使得社会舆论迅速接受、认可自主创业理念，"用创业解决就业"更是成为当今社会响亮的口号，也已成为解决"大学生就业难"的重要途径之一。

（一）大学生自主创业概况

与国外相比，我国大学生创业热潮到来得较迟。1998 年 5 月，清华大学举行中国首届大学生创业计划大赛，迈出了我国高校大学生创业探索的步伐。1999 年 3 月，清华大学学生科技创业者协会又举办了第二届创业大赛，这次大赛诞生了一些学生公司，如"易得方舟""视美乐"等。2000 年 4 月，国家教育部为鼓励大学生创业，出台了一项政策：大学生、研究生（包括博士和硕士）可以休学保留学籍，创办高新技术企业。清华大学专门为学生创业开辟了清华创业园，复旦大学专门拨出 100 万元用于资助学生创业，并与张江高科技园区合作，为学生设立了 1000 万元的创业基金。之后，全国陆续有一些高校也组织了自己的创业大赛。其中覆盖全国各高校的"挑战杯"创业大赛，目前已成功举办了七届，参加院校近 400 所。近几年来，随着就业形势的严峻，国家鼓励政策的出台，税收优惠政策的扶持，网络、街区创业平台的搭建，为大学生自主创业提供了越来越多的便利。

然而，我们不得不清醒地意识到下面这几个问题。

1. 中国大学生创业的数量或成功数量远远不足

2007 年 1 月 3 日，国家发改委经济社会发展研究所副所长杨宜勇在中国社会科学院举行的 2008 年社会蓝皮书发布暨中国社会形势报告会上说："为什么大学生就业难？我看大学生创业不足是其中的一个核心原因。以清华大学为例，它当年毕业生中创业的人数不到 1%，而美国，这一比例一般占到 5%～23%。"多项调查表明，中国大学生创业成功率仅为 2%～5%，这远低于一般企业的创业成功率。

2. 中国大学生创业动机多元化

调查显示，与社会创业者明显不同，有多达 35.9% 的大学生创业者认为"创业"是为了"实现自我价值"，比"积累财富和经验"的选项还高了 7.6 个百分点。大学生受过高等教育，有着良好的自我意识，他们希望通过选择自主创业来证明能力，证明自己的存在。另外，由于所处环境的原因，大学生往往更容易接触一些新的发明和学术上的新成果，一部分人甚至本身拥有自主知识产权的科研成果，他们期望通过创办企业实现自己的专业理想，实现自我价值。财富与价值之间，大学生并不一味青睐前者。当然，传统的"积累财富和经验"动机仍然具有相当的影响力。部分大学生创业纯粹为了增加自己的实践经验，丰富自己的社会阅历，以及为以后的发展或实现某个目标做经济上的准备。这类以锻炼为目的的创业者往往承受失败的能力较强，同时失败和半途而废的比例也比较高。2003 年以来，我国每年有近三成的大学毕业生无法顺利就业，大学生就业形势相当严峻。在这种情况之下，一些大学生把创业当作就业出路。大学生创业其他动机接近 2%，如朋友邀请、偶像崇拜、认为自己能够经营得更好、虚荣心驱使等。

3. 缺乏企业运作与管理经验

有项目、有开发、有科研成果、有市场，却不了解行业背景、企业运营管理机制、市场走向规律是创业大学生的普遍状况。除经济和管理相关专业外，大学生普遍缺乏职业经历，对经济和市场比较陌生，尽管他们有独立创业的愿望与热情，但真正面对激烈的市场竞争局面时，常常因对经济规律与经济走向的把握不够或对企业的管理与运作不善而失败。

（二）大学生自主创业的优势与不足

大学生作为一个年轻的知识群体，在创业过程中有其独特的优势，也有其明显的不足，具体而言有以下几方面。

1. 优势方面

大学生具有较高的学历层次和科学文化素养，对事物有较强的领悟能力；自主学习能力较强，有母校作坚强的后盾，边学边干，边干边学，进步会很快；思维活跃，思想束缚少，头脑灵活，反应迅速，接受新事物快；应用 IT 技术能力强，能够通过互联网搜集到许多有用的信息，解决一部分难题，这些优势有利于大学生创业。

2. 不足方面

缺乏社会经验和职业经历，尤其缺乏人际关系和商业网络；缺乏真正有商业前景的创业项目，许多创业点子经不起市场的考验；融资渠道狭窄，导致资金运作困难；很难准确把握自身的创业特点，喜欢纸上谈兵，创业设想大而不当，市场预测普遍乐观；经营管理知识和法律法规知识欠缺，制约着创业的发展；独立人格没有完全形成，缺乏对于社会和个人的责任感，甚至毕业后有继续依赖父母过日子的想法；心理承受能力比较差，遇到挫折容易放弃。有的学生在前期听到创业艰难，没有尝试就轻易放弃；由于宣传不到位，以及相应的政策法规不健全，使得不少单位和个人对大学生创业所能承担的社会责任持怀疑态度，认为可信度低，风险大，因而不愿意和学生创办的公司打交道。

(三) 大学生自主创业的意义

1. 有利于缓解大学生就业压力

大学生的创业能力有利于解决大学生就业难的问题。创业能力是一个人在创业实践活动中的自我生存、自我发展的能力。一个创业能力很强的大学毕业生不但不会成为社会的就业压力，相反还能通过自主创业活动来增加就业岗位，缓解社会的就业压力。

2. 有利于大学生自我价值实现

大学毕业生通过自主创业，可以把自己的兴趣与职业紧密结合，做自己最感兴趣、最愿意做和自己认为最值得做的事情。当前社会鼓励大学生创业，虽然是从化解就业难的角度出发，但从大学生自身来说，其创业的主要原动力则在于谋求自我价值的实现。只有提高大学生创业的比例，整个社会才能形成创业的风气，才能建立"价值回报"的社会新秩序。

3. 有利于大学生自身素质的提高

我国高校扩招以后，伴随着就业压力，大学生素质与我国高等教育的水平一直为人所诟病。在提高大学教育管理水平与大学生素质的各类探索实践中，大学生创业无疑是最经济、最有效的办法之一。通过创业与创业实践，大学生可以充分调动自己的主观能动性，改变自身就业心态，自主学习，独立思考，并学会自我调节与控制。对于一个能自我学习，懂得如何管理自己的时间与财务，善于拓展人脉关系，并能够主动调适工作心态，积极适应社会的大学生，其就业将不存在任何问题。

4. 有利于培养大学生的创新精神

创新是一个民族的灵魂，是一个国家兴旺发达的不竭动力。青年大学生作为中国最具活力的群体，如果失去了创造的冲动和欲望，那么中华民族最终将失去发展的动力。大学生的创业活动，有利于培养开拓创新的精神，把就业压力转化为创业动力，培养出越来越多的各行各业的创业者。

二、大学生自主创业的优惠政策

为支持大学生就业创业，近年来，国家和地方政府及各部委都出台了一系列鼓励大学生创业的优惠政策，内容涉及融资、开业、税收、创业培训、创业指导等诸多方面。下面列举部分支持政策，为大学生创业者提供参考。

（1）注册资金分期到位。大学生毕业后两年内自主创业，到创业实体所在地工商部门办理营业执照，注册资金在 50 万元以下的，允许分期到位。首期到位资金不低于注册资本的 10％（出资额不低于 3 万元），1 年内实缴注册资本追加到 50％以上，余款可在 3 年内分期到位。

（2）大学生新办咨询业、信息业、技术服务业的企业或经营单位，经税务部门批准，免征企业所得税两年；新办从事交通运输、邮电通信的企业或经营单位，经税务部门批准，第一年免征企业所得税，第二年减半征收企业所得税；新办从事公用事业、商业、物资业、对外贸易业、旅游业、仓储业、居民服务业、饮食业、教育文化事业、卫生事业的企业或经营单位，经税务部门批准，免征企业所得税一年。

（3）各国有商业银行、股份制银行、城市商业银行和有条件的城市信用社要为自主创业的毕业生提供小额贷款，并简化程序，提供开户和结算便利，贷款额度在 2 万元左右。贷款期限最长为 2 年，到期需延长的，可申请延期一次。贷款利率按照中国人民银行公布的贷款利率确定，担保最高限额为担保基金的 5 倍，期限与贷款期限相同。

（4）政府人事行政部门所属的人才中介服务机构，免费为自主创业毕业生保管人事档案（包括代办社保、职称、档案工资等有关手续）2 年；提供免费查询人才、劳动力供求信息，免费发布招聘广告等服务；适当减免参加人才集市或人才劳务交流活动收费；为创办企业的员工提供一次培训和测评服务。

（5）鼓励创业风险投资优先投资大学生创业，国家对投资大学生创业的天使投资将给予更多的税收优惠。

另外，2015 年 4 月，国务院发布了关于支持大学生创业的 12 项优惠政策，主要为税收优惠、创业担保贷款和贴息、免收有关行政事业性收费、社会保险和教育培训补贴、免收创业咨询服务费、取消创业高校毕业生落户限制、创新人才培养机制建设、开设创新创业教育课程、强化创新创业实践、改革大学教学制度以利于创业人才培养、完善学籍管理制度等。

三、大学生创业者应具备的素质

创业是开创新的事业，是一项非常具有挑战性的社会活动，走的是一条全新的道路，对创业者自身智慧、能力、气魄、胆识的全方位考验。尽管有些经验可以借鉴，但创业的过程仍然是艰辛的、曲折的，并不是每一个大学生都适合创业。创业者要想取得成功，必须具备基本的创业素质。

1. 开拓创新精神

这是创业者的首要素质。所谓开拓创新，就是不断拓展新领域、创新理念和经营管理模式。在当前国际国内市场竞争十分激烈的条件下，开创一番新的事业绝非易事，必须实现"人无我有，人有我优"的不断超越，仅仅停留于按部就班是不可能成就大事业的，因此，要敢于冒险，勇于竞争，不惧失败，坚定自己的选择，与时俱进，开拓进取，这是创业者必备的首要素质。

2. 学习能力与洞察能力

学习能力即获取知识的能力，包括对知识的接受、转化与应用的能力。由一名大学生到一名创业者，需要学习的东西很多，如商业知识、管理知识、法律知识、国家政策知识、当代科技知识等，这些都需要创业者不断学习，从容驾驭。洞察力是大学生创业者需要重点培养和提高的。市场是无情的，也是瞬息万变的，如果缺乏对市场外部环境的敏锐洞察力，丧失一个关键的机会对创业者来说都可能是致命的。只有能感知市场的变化，并采取有效的措施应对，才能挺立在市场经济的潮头，否则只会被市场无情地吞噬。

3. 组织能力与领导能力

在企业管理和市场营销中，领导者的核心作用十分重要，在某种程度上来说，它指引着企业发展的方向，决定了企业的生命。不少创业团队在很短的时间就消亡了，很重要的原因在于该团队的领导者缺乏领导团队的素质和能力。作为创业团队的领导者，不仅要有感召他人的人格魅力，还要有合理整合并使用资源的组织能力，以及从容面对复杂局面正确决断的魄力。而这些素质和能力不是与生俱来的，是要在实践中不断学习和积累的。

4. 拼搏精神和团队意识

大学生创业不是简单的摆摊子、办企业，而是一个复杂的系统工程。爱拼才会赢，在创业的过程中，吃苦耐劳、奋力拼搏是少不了的"功课"。但是一个人的精力和能力是有限的。在新知识、新技术层出不穷、市场竞争日益激烈的今天，创业者不可能做到样样精通，事事亲为。相互支持、团结协作是解决问题的最好办法。协作是创业者事业成功的重要支持力量，是善于合作共事的优良心理品质，团队的合力是难以限量的，创业者应清楚"一加一大于二"的深刻道理，努力培养和加强自己的团队意识，扬长避短，优势互补，实现团队的最大效益。一意孤行、不善合作，终将会失败。

5. 心理素质与守法品质

创业是个艰难的开拓过程，其中充满着诸多不确定因素和潜在风险，创业过程中常常会遇到意想不到的困难和挫折，甚至是失败，这就需要创业者具备良好的心理素质和自我调节能力，拥有不惧失败、愈挫愈勇、坚韧不拔的毅力。风雨后方见彩虹，真正的创业成功往往都是经历了多次磨难后所取得的，因此准备创业的大学生应有意识地加强心理素质的培养和意志品质的锻炼，为将来成功打下良好的基础。同时，我们也应该看到创业的过程也是极具诱惑的，在市场经济的大潮中，充斥着形形色色的人和事，也隐含着不少的陷阱和暗礁，对初出茅庐的大学生创业者来说，应该坚守道德和法律的底线，自觉抵御不良诱惑的侵蚀，守法经营，依法维权，这是对每个创业者的基本要求。不懂法、不讲法、不守法势必付出高昂的代价。

第二节　大学生自主创业的准备

案例导入

创业的第一步，要从哪里开始？

胡某刚结束了在上海的四年大学生涯。四年时间，她眼睁睁地看着一个普通文秘岗位的工作竞争者由十几人变成上百人，工资待遇由 3000 元有余变成 1500 元以下。巨大的生存压力让她不得不放弃了这个"狂喜欢"的城市，回到长沙。在一次招聘会上，当记者问她打算的时候，她说"长沙也不是省油的灯啊，横竖找不到自己满意的工作。干脆自己在河西大学附近开个精品店算了。"她对自己的"时尚嗅觉"一向很得意，她觉得自己创业也不是一件很困难的事情。可是当记者进一步问她"你选择的创业领域有没有人脉资源？合作经营的伙伴如何选择？是否有基本的财务常识？"她一时没有答案。

对于目前的大学生创业，大学生有不同的想法，有的认为创业项目、形式相差不大，有的对自己抗风险能力信心不足。学生们最关心的问题多是假如创业失败了，他们能否承担起相关的责任和义务？面对创业，应当做好哪些准备呢？

一、知识和心理方面的准备

俗话说"厚积才能薄发"，作为一名大学生创业者，在求学生涯乃至创业过程中，需要做好知识和心理方面的准备。

创业仅有激情和胆识是远远不够的，还必须有足够的知识储备和创业过渡性的实践和训练。据统计，全国大学生自主创业成功的比例较低，究其原因主要是大学生缺乏创业知识、缺少管理经验以及心理准备不足等。因此准备创业的大学生在校期间就应该积极参加创业知识的学习及创业实务的训练。创业知识的学习是提高大学生创业基本素质、培养具有开拓型个性和创业精神的基本途径。在国家提出以创业带动就业的方针以及日益严峻的就业形势下，各级政府、各高等院校十分重视对大学生进行创业教育以及大学生创业平台的搭建，这为大学生了解创业知识提供了良好的环境。创业教育是大学生获取创业知识、培养创业精神、提高创业能力、历练创业品格的有效途径，它有利于改变创业者临阵磨枪的窘境，减少大学生在创业中所表现出的浮躁、盲目、脆弱、草率等现象。而参与创业计划大赛、到大学生创业园和创业实践基地进行见习等实务训练，更有利于大学生贴近实战、积累经验、增强自信，为日后的创业打下坚实的基础。

创业是一种创新，也是一种冒险。创业的道路上，充满荆棘和坎坷，如果没有良好的心态，面对困难，就容易犹豫、退缩甚至自乱阵脚。因此，大学生创业前，应该注意培养自己良好的心态。首先，要培养自信、乐观的心态，无论创业顺利与否，自信、乐观的心态始终是创业者必备的素质。如果创业者对自己选择的目标没有自信和激情，这样的选择是失败的。其次，要磨炼处变不惊、镇定自若的良好心态。90后的大学生，大多成长在条件比较优越的环境中，很少经历大的波折和困难，创业是他们真正独立面对社会的开始。创业是创业者自己的事情，一切责任、义务要由自己承担，加上创业的不确定因素很多，因此在创业伊始，创业者会感到压力特别大，没有固定的休息时间，加班是种常态；不论你喜欢不喜欢、熟悉不熟悉的工作内容，你都得去面对；公司运作过程中的诸如现金流中断、客户纠纷、团队成员之间矛盾等问题，都可能随时困扰创业者，使人感到有压力和无助。同时，创业还面临较大的风险，市场的无情，可能会使创业者的希望瞬间化为泡影，这些都需要提前做好思想准备，从而处变不惊，镇定自若。再次，创业成功还必须具备"归零"心态、学习心态和感恩心态。"归零"心态就是一切重新开始，第一次成功相对比较容易，第二次成功却不太容易，原因是不能归零。长安集团总裁在接受中央电视台《东方之子》栏目采访时说过一句话：一个企业的失败往往是因为它曾经的成功，过去成功的理由是今天失败的原因。学习心态就是在创业过程中虚心学习他人的成功经验，博采众长，为我所用，以减少摸索的时间，提高成功的概率。盈利不是创业的唯一目的，拥有社会责任感、懂得感恩的人，才是一个成熟的创业者，才可能实现真正的成功。因此创业者要有感恩的心态，感恩坎坷，感恩困难，感恩对手。事物不是孤立存在的，没有周围的一切，也就没有个人的成功。

良好的心态不是一朝一夕形成的，它需要在生活中磨炼，在实践中砥砺。因此大学生在日常的学习生活中应从大处着眼，培养宏观意识，从小处入手，踏实进取，积极参加社会公益活动和创新创业实践，勇敢应对各种挫折和挑战，及时总结经验，使自己不断成熟起来。

二、通过市场调查确立创业项目

选择什么项目作为自己的创业方向（行业）呢？这是创业者创业之初首先要考虑的问题。创业者要通过大量的市场调查，找准找好创业项目，一个好的创业项目就意味着成功了一半。

（一）大学生创业项目的来源

一般来说，大学生创业项目的来源主要有以下这样几个方面。

1. 实验及研究成果

实验及研究成果是指高校或研究机构自主研究开发的成果。这些成果具有一定的科技含量和市场运用前景，需要创业者有一定的专业知识作支撑，选择这些成果作为创业项目，将加快实验及研究成果的转化进程。

2. 大学生创业构思及创业计划大赛成果

大学生的创业构思是创业项目的重要来源。随着两年一度全国大学生"挑战杯"创业计划大赛如火如荼地进行以及国家以创业带动就业战略的实施，创新创业得到社会空前的重视和广大学生的认可。这些不但激发了大学生的创业意愿，培养了他们的创新能力，而且进一步促进了一些创业构思的诞生，有利于大学生创业计划的实施。

3. 各种发明和专利

发明和专利也是创业项目的重要来源。发明和专利成果以其独创性、新颖性、实用性和潜在的商业价值拥有不可比拟的市场竞争力，加上有国家专利法的保护，一旦开发成功，必然带来良好的经济效益。当然，也并不是说所有的发明和专利都能顺利地转化为实际的大规模生产，因为要实现产业化还受到许多条件和环境的制约。

4. 其他具有实际市场潜力的项目

有市场潜力的项目很多，只有适合自己的才是最好的，但创业者未必能抓得准。创业者可在充分调研和正确自我定位的基础上，选择其他具有市场潜力的创业项目。

（二）确立创业项目原则

一般来讲，确立创业项目有以下原则：

（1）选择自己熟悉的行业；

（2）选择资金周转周期短的行业；

（3）选择技术性要求不太高的行业；

（4）选择成长性的行业。

（三）创业项目领域

如今的创业市场虽然商机无限，但对资金、能力、经验都有限的大学生创业者来说，并非"弯腰就能拾到钱"。选择好的项目至关重要，近几年，好的项目主要集中在以下几个领域。

1. 高科技领域

一般来说，技术功底深厚、学科成绩出类拔萃的大学生才有成功的希望。大学生思维敏捷，年轻有活力，能跟上网络发展的步伐，容易发现互联网的商机，具备互联网创业的优势。另外，大学生多元化的个性比较适合互联网企业扁平化、相对自由的管理模式。

2. 智力服务领域

智力服务包括家教服务和设计。在智力服务领域创业，大学生游刃有余，智力是大学生创业最先掌握的资本。例如家教领域就非常适合大学生创业，特别是师范专业的大学生。

3. 连锁加盟领域

据调查，在相同的经营领域中，个人创业的成功率低于20％，而加盟创业的则高达80％。对创业资源十分有限的大学生来说，借助连锁加盟的品牌、技术、营销、设备优势，可以以较少的投资、较低的门槛实现自主创业。但连锁加盟并非"零风险"，在市场鱼龙混杂的现状下，大学生涉世不深，在选择加盟项目时更应注意规避风险。

4. 商铺经营

大学生经营商铺，一方面可充分利用高校的学生顾客资源；另一方面，由于熟悉同龄人的消费习惯，因此入门较为容易。正由于走"学生路线"，因此要靠价廉物美来吸引顾客。

5. 农村创业

很多人可能觉得大学生不适合到农村发展，其实事实并没有那么绝对。在我国农村还有大量的商机没有开发出来，大量的地方特产没有商品化。大学生凭借自己所学的知识，脚踏实地深入农村，特别是回到家乡，定能发现农村创业的巨大商机。

三、了解创业的基本程序

大学生创业并不存在固定不变的程序和步骤，如创业计划的拟定、创业项目的选定、企业取名和登记注册等，既可同时进行，也可先后排序。整体来讲，创业有以下一些基本程序：

1. 创业前期工作

（1）了解具体商品或服务的需求状况。主要有4点：

① 需求总量调查；

② 需求结构调查；

③ 需求季节调查；

④ 需求动机调查。

（2）了解具体商品或服务的竞争状况。

（3）做好价格预测。

（4）设定生产或经营的商品销路。

2. 筹措资金

（1）亲友投资和个人积蓄；

（2）风险投资；

（3）银行贷款；

（4）政府科研、创业基金或优惠贷款。

大学生创业还有其他的一些融资方式，如信托投资公司和典当行等非银行金融机构，这些金融机构都以融资方便、快捷而著称。合伙投资创业由于共同出资减少了风险，也广受大学生创业者欢迎。

3. 拟定创业计划

一个缜密翔实的计划是良好的开端。一个完整的创业计划包括：

（1）整体概念陈述；

（2）产品与服务；

（3）创业团队；

（4）商品、行业与市场；

（5）工作进度表。

4. 登记注册企业

1）法人登记

法人登记的主要程序有以下四点。

（1）申请开办。申请开办就是取得有关主管部门的批准。

（2）申请开业登记，在申请开办获得批准后，即可申请开业登记。

（3）领取营业执照，这是登记审批程序的最后一个环节。

（4）变更登记，如因企业生产经营需要或者其他原因需要变更登记事项时，就必须办理变更登记。

2）税务登记

（1）申请办理税务登记。

（2）审核税务登记表，填发税务登记证。

（3）在领到税务登记证之后悬挂在营业场所，亮证经营。

（4）定期验证和换证。

3）银行开户

企业在获得营业执照之后，应当选择当地银行或信用社开户。

5. 调适创业中的四种关系

（1）与政府机关的关系。大学生创业者与政府相关部门打交道，必须讲究艺术，切忌死板。

（2）与金融界的关系。大学生创业者与金融界打交道时需要注意以下问题：恪守信誉、加强沟通。

（3）与社区的关系。

（4）与同行的关系。

四、进行创业教育，培育合格的创业者

1. 当前我国高校创业教育主要类型

近年来，通过 9 所试点院校对创业教育的积极探索和实践，推动了全国高校创业教育的开展。目前，我国高校的创业教育大致可分为如下类型：

（1）以课堂教育为主导的创新创业教育。

（2）以提高学生创业知识、创业技能为重点的创新创业教育。

（3）充分利用地方特色开展创新创业教育。

（4）综合式的创新创业教育。

2. 创业教育的作用

创业教育的作用很大，通过创业教育，能够培育一批合格的创业者，培育他们的创业精神、创业能力、项目专家力、营销能力和行动力。

（1）创业精神的培育。创业精神是创业成功的无形资本，这种精神状态的好坏是一个人创业能否成功的重要条件。对于创业而言，创业精神是其底蕴，是创业起步的真正推动力。

（2）创业能力的培养。成为一个创业者，首先要具有基本的创业能力。

（3）项目专家力。一个成功的创业者，一定要时刻注重提高对创业项目的专业化认知能力，让自己成为创业项目的专家。

（4）营销力。企业的盈利是在商品交换中得来的，如果商品不能实现有效的交换，再好的企业也不能盈利。营销是创办企业的生命线，对于新生企业而言，有好的产品却不能进行有效营销，最终必将走向失败。

（5）行动力。俗话说：十个梦想比不上一个行动。因此，有创业梦想后还必须具备行动力。创业中真正难以修炼的不是项目专家力和营销力，而是根据不断变化的市场情况及时解决创业难题的行动能力。

五、积极防范创业风险

1. 创业风险及其类型

所谓创业风险，是指由于创业环境的不确定性，创业机会与创业企业的复杂性，创业者、创业团队与创业投资者的能力与实力的有限性而导致创业过程中存在的风险。

按创业风险的内容划分，创业风险可分为技术风险、市场风险、政治风险、管理风险、生产风险和经济风险。

2. 大学生创业的风险

大学生创业的风险主要有以下七个方面：

（1）管理风险。

（2）资金风险。

（3）竞争风险。

（4）团队分歧的风险。

（5）核心竞争力缺乏的风险。

（6）人力资源流失风险。

（7）意识上的风险。

值得一提的是，大学生创业过程中所遇到的风险并不仅仅限于这七个方面，在企业发展过程中，风险是时刻存在的，只要创业者注重学习、善于总结、坚持理性，一切都会慢慢好起来的，成功就是在不懈的追求之中最终实现的。

第三节　创业计划书的撰写

一、大学生创业竞赛简介

1. 竞赛背景

人类社会已经迈入崭新的 21 世纪，以信息技术和生物工程技术为代表的高技术竞争将成为新世纪国与国竞争的主要内容，这必将给处于改革攻坚阶段的中国带来巨大的机遇和严峻的挑战。2001 年 12 月 11 日，中国已正式加入世贸组织，在更高层次和更广领域直接面对全球技术、信息和资本市场的竞争。因此，大力推进技术创新和"科教兴国"战略实施，努力培养广大青年的创新、创业意识，造就一代适应未来挑战的高素质人才，已经成为新世纪实现中华民族伟大复兴的时代要求。

创业计划竞赛是近几年风靡全球高校的重要赛事。它借用风险投资的运作模式，要求参赛者组成优势互补的竞赛小组，提出一项具有市场前景的技术产品或者服务，并围绕这一产品或服务，以获得风险投资为目的，完成一份完整、具体、深入的创业计划。

创业计划竞赛起源于美国，又称商业计划竞赛，自 1983 年德州大学奥斯丁分校举办首届商业计划竞赛以来，美国已有包括麻省理工学院、斯坦福大学等世界一流大学在内的十多所大学每年举办这一竞赛。商业计划竞赛大大推动了高科技产业的发展，Netscape、Excite、Yahoo 等公司就是在美国大学的创业氛围中诞生的。

在中国，创业计划竞赛最早于 1998 年在清华大学举行。1999 年，由共青团中央、中国科协、全国学联主办，清华大学承办的首届"挑战杯"中国大学生创业计划竞赛成功举行。竞赛汇集了全国 120 余所高校的近 400 件作品，在全国高校掀起了创新、创业的热潮，产生了良好的社会影响。在社会各界的关心和支持下，一批创业计划进入了实际运行操作阶段，技术、资本与市场的结合向更深层次推进。

2002 年，第二届"挑战杯"中国大学生创业计划竞赛在上海交通大学成功举办，将大学生创业浪潮推向了新的高峰。经过几年的市场洗礼，一部分学生创业公司正在逐步走向成熟，创业计划竞赛使大学校园创新意识、创业能力的教育与培训工作得到了进一步发展，成为共青团、学生会组织参与素质教育的新载体，成为学生科技活动的新形式。

为进一步促进创新、创业活动在全国高校的开展，激发广大青年学生适应时代要求，勇于创新，勤奋学习，奋发成才，共青团中央、中国科协、全国学联已经将"挑战杯"中国大学生创业计划竞赛作为一项固定的赛事确定下来。

2. 竞赛口号

竞赛口号以浙江大学举办的第三届"挑战杯"中国大学生创业计划竞赛为例：

If we dream, everything will be possible!

创业之路就在我脚下！

光荣与梦想属于创业者！

好的创意＝好的未来！

创业＝未来！

3. 竞赛组织

主办单位：共青团中央、中国科协、全国学联。

4. 赛程安排

竞赛方式采用初赛、复赛和决赛三个阶段进行。初赛为竞赛报名及初赛期，采用网上报名方式。各省级赛区自行组织初赛评审和推荐参加复赛作品。入围复赛的参赛队在规定时间之前提交参赛作品（创业计划书及相关材料）的电子版和文字版。其中每个省（区、市）限报若干件作品。每个高校正式参赛作品不超过规定数量。经全国组委会同意后，跨校组队的可适当增加名额。复赛为复赛评审期。组委会将组织专家对入围作品进行评审，从中选出决赛入围作品。决赛：评委会将以书面评审、秘密答辩以及公开答辩相结合的方式，评出金银铜奖作品，并视各地预赛组织情况授予相关单位组织奖。

二、大学生创业计划书的内容要点

创业计划书是创业者计划创立的业务的书面摘要，是全面介绍创业公司和预实施项目运作情况，阐述产品或服务市场将面临的竞争、风险及企业未来发展的前景和融资需求的书面材料，是整个创业过程的灵魂。它用以描述与拟创办企业相关的内外部环境条件和要素特点，为业务的发展提供指示图和衡量业务进展情况的标准。通常创业计划是市场营销、财务、生产、人力资源等职能计划的综合。写好要思考的问题、关注产品、敢于竞争、了解市场、表明行动的方针、展示你的管理队伍、出色的计划摘要。

创业计划书的内容一般来说，应该包括创业的种类、资金规划及资金来源、资金总额的分配比例、阶段目标、财务预估、营销策略、可能风险评估、创业的动机、股东名册、预定员工人数、具体内容。

创业计划书一般包括以下 11 个方面。

（1）封面。封面的设计要有审美观和艺术性，一个好的封面会使阅读者产生最初的好感，形成良好的第一印象。

（2）计划摘要。它是创业计划书浓缩了的精华。计划摘要涵盖了计划的要点，以求一目了然，以便读者能在最短的时间内评审计划并作出判断。计划摘要一般包括以下内容：公司介绍、管理者及其组织、主要产品和业务范围、市场概貌、营销策略、销售计划、生产管理计划、财务计划、资金需求状况等。摘要要尽量简明、生动。特别要说明自身企业的不同之处。

（3）企业介绍。企业介绍部分的目的不是描述整个计划，也不是提供另外一个概要，而是对你的公司作出介绍，因而重点是你的公司理念和如何制订公司的战略目标。

（4）行业分析。在行业分析中，应该正确评价所选行业的基本特点、竞争状况以及未来的发展趋势等内容。关于行业分析的典型问题：该行业发展程度如何？现在的发展动态如何？创新和技术进步在该行业扮演着一个怎样的角色？该行业的总销售额有多少？总收入为多少？发展趋势怎样？价格趋向如何？经济发展对该行业的影响程度如何？政府是如何影响该行业的？是什么因素决定着它的发展？竞争的本质是什么？你将采取什么样的战略？进入该行业的障碍是什么？你将如何克服？该行业典型的回报率有多少？

（5）产品介绍。企业确定了创业目标，实际上也就确定了创业的产品或服务的项目。产品介绍一般包括以下内容：产品的概念、性能及特性，主要产品介绍，产品的市场竞力，产品的研究和开发过程，发展新产品的计划和成本分析；产品的市场前景预测、产品的品牌和专利等。在产品介绍部分，企业家要对产品做出详细的说明，说明要准确，也要通俗易懂，使不是专业人员的投资者也能明白。一般地，产品介绍都要附上产品原型、照片或其他介绍。

（6）人员及组织结构。在企业的生产活动中，存在着人力资源管理、技术管理、财务管理、作业管理、产品管理等。而人力资源管理是其中很重要的一个环节。因为社会发展到今天，人已经成为最宝贵的资源，这是由人的主动性和创造性决定的。企业要管理好这种资源，更是要遵循科学的原则和方法。必须要对主要管理人员加以阐明，介绍他们所具有的能力，他们在本企业中的职务和责任，他们过去的详细经历及背景。此外，在这部分中，还应对公司结构作简要介绍，包括公司的组织机构图；各部门的功能与责任；各部门的负责人及主要成员；公司的报酬体系；公司的股东名单，包括认股权、比例和特权；公司的董事会成员；各位董事的背景资料。

（7）市场预测。产品或服务项目的市场情况将决定未来企业的生产经营状况，没有市场需求的产品或服务是不可能有生命力的。因此，创业计划书上就要有对市场现状综述及预测；竞争企业的概览；目标顾客和目标市场；本企业产品的市场地位等。

（8）营销策略。营销策略对市场错误的认识是企业经营失败的最主要原因之一。营销策略应包括市场机构和营销渠道的选择；营销队伍和管理；促销计划和广告策略；价格决策。

（9）制造计划中的生产制造计划。产品制造和技术设备现状；新产品投产计划；技术提升和设备更新的要求；质量控制和质量改进计划。

（10）财务规划。创业计划要说明企业创业工作所需要的财务总预算及子项目的投入预算。其重点是现金流量表、资产负债表以及损益表的制备。流动资金是企业的生命线，因此企业在初创或扩大时，对流动资金需要预先有周详的计划和进行过程中的严格控制；损益表反映的是企业的盈利状况，它是企业在一段时间运作后的经营结果；资产负债表则反映在某时刻的企业状况，投资者可以用资产负债表中的数据得到的比率指标来衡量企业的经营状况以及可能的投资回报率。

（11）风险与风险管理。如果你的估计不那么准确，应该估计出你的误差范围到底有多大。如果可能的话，对你的关键性参数作最好和最坏的设定。

创业计划书的编写步骤：准备创业方案是一个展望项目的未来前景、细致探索其中的合理思路、确认实施项目所需的各种必要资源、再寻求所需支持的过程。需要注意的是，并非任何创业方案都要完全包括上述大纲中的全部内容。创业内容不同，相互之间差异也就很大。第一阶段：经验学习；第二阶段：创业构思；第三阶段：市场调研；第四阶段：方案起草；第五阶段：最后修饰阶段；第六阶段：检查写好全文，加上封面，将整个创业要点抽出来写成提要，然后要按下面的顺序将全套创业方案排列起来：市场机遇与谋略、经营管理、经营团队、财务预算、其他与听众有直接关系的信息和材料（如企业创始人、潜在投资人，甚至家庭成员和配偶）。

根据你的报告，把最主要的东西做成一个1~2页的摘要，放在前面。其次，检查一下，千万不要有错别字之类的错误，否则别人对你做事是否严谨会怀疑的。最后，设计一个漂亮的封面，编写目录与页码，然后打印、装订成册。可以从以下几个方面加以检查：你的创业计划书是否显示出你具有管理公司的经验；你的创业计划书是否显示了你有能力偿还借款；你的创业计划书是否显示出你已进行过完整的市场分析；你的创业计划书是否容易被投资者所领会；创业计划书应该备有索引和目录，以便投资者可以较容易地查阅各个章节；还应保证目录中的信息是有逻辑的和现实的；你的创业计划书中是否有计划摘要并放在了最前面，计划摘要相当于公司创业计划书的封面，投资者首先会看它；为了保持投资者的兴趣，计划摘要应写得引人入胜；你的创业计划书是否在文法上全部正确；你的创业计划书能否打消投资者对产品的疑虑；如果需要，你可以准备一件产品模型。

三、创业计划书写作指南

创业计划书分四部分，具体要求如下。

第一部分：封面设计，包括公司名称、公司性质、公司地址、邮编、公司负责人姓名、职务、电话、E-mail、公司网址、公司 LOGO。

第二部分：目录，包括概要、公司概述、产品与服务、市场分析、竞争分析、市场销售战略、财务分析、管理和关键人物背景、路线研究、机会和风险、资本需求。

第三部分：商业计划要点，包括运作概要、产业和公司及其产品和服务、市场研究和分析、生意的经济方面、营销计划、设计和发展计划、制造和运作计划、管理队伍、总的进度表、重要的风险、问题和假定、财政计划、公司所能提供的好处。

第四部分：创业计划的具体内容。

(1) 概要。

(2) 公司概述。公司的宗旨、公司的名称、公司的结构、公司经营理念、公司经营策略、相对价值增值、公司设施。

(3) 产品与服务。

(4) 市场分析。市场描述、目标市场、目标消费群、销售战略。

(5) 竞争分析。竞争描述、竞争战略/市场进入障碍。

(6) 营销策略及销售。营销计划、销售战略、分销渠道及合作伙伴、定价战略、市场沟通。

(7) 财务分析。收入预估表、资产负债表、现金流和盈亏平衡分析。

(8) 附录。

四、创办小企业的手续

创建一个小企业，它的开办与经营需要得到社会各个职能部门的认可与批准，需要办理各种手续。如验资，营业执照，银行开户，税务登记，安全、环保、卫生许可证等。只有把这些手续全部办完，才能成为一个合法的企业。

(1) 到会计师事务所验资。到会计事务所验资的材料包括① 资金来源根据：现款（存折、支票）、设备（购买设备的发票、财产转移单、房产权证明、无形资产评估）；② 企业章程；③ 上述条件经有关单位批准的文件。验资完毕，带验资报告及有关文件去工商部门申请登记。

(2) 到工商管理部门申请营业执照。① 向企业所在区的工商行政管理部门提出企业名称预选，核准申请书。经工商部门查阅核准后，给予认可。② 申请营业执照。申请营业执照时，须向工商部门提供下列情况：名称、地址、负责人、资金数额、经济性质、经营范围（主、兼营）、经营方式、经营期限（见原件复印件）和个人有效证件、照片、验资报告等。

（3）银行开户。经营者将所拥有的资金存进自己选定的银行，并开设银行账户。

（4）到技术监督局办理法人代码证书。根据现代化管理的需要和保护企业法人的权力不受侵犯，经营者还须到当地技术监督部门办理法人代码证书。

（5）到税务局办理税务登记。依法纳税是每一个企业应尽的义务。所以，当经营者一拿到营业执照时，应携带营业执照（副本）复印件、居民身份证复印件、经营场所房屋产权复印件或房屋租赁合同复印件到当地的地方税务局办理税务登记证。

（6）到卫生防疫部门办理卫生许可证。需体检的企业员工到所在地区的卫生局的卫生防疫部门进行培训，以便办理个人健康合格证。部分企业应向卫生防疫部门提出申请，办理卫生许可证。

（7）到环保局申请环保申报登记表。环境保护正成为全世界人民的共识。企业作为社会实体，更有义务和责任保护环境。

（8）到公安局办理特种行业经营许可证。保证企业的安全，加强与公安部门的联系，还须到企业所在地的公安部门办理特种行业经营许可证。

（9）其他手续。企业经营者还要去电力、供水、燃料等部门办理相应的手续。如果雇用外来人员，要去公安局办理临时户口；对育龄妇女，还要去企业所在街道办办理计划生育证。附设歌舞厅和卡拉 OK 等设备的要办理文化经营许可证。

（10）申请开办登记表。办理完以上手续后，标志着开设一个企业所需的各职能部门的批准已完成，即可到所在地的工商行政管理部门办理营业执照，准备开业。

 **知识拓展**

成功与失败的创业者的特点

创业有成功也有失败，有人分析了成功和失败的创业者的经验和教训，总结出创业成功人士和创业失败人士的几个特点，供创业参与者参考。

1. 创业成功人士的特点

（1）自主性强，愿意对每件事情都有自主权；

（2）喜欢有事情做，愿意从事具有明确目标的各种活动；

（3）有较强的自我把握力，有很强的成功欲望，能够自我激励；

（4）实行目标管理，能很快把握实现目标所必须解决的具体问题；

（5）善于分析机会；

（6）善于安排个人生活；

（7）具有创造性思维；

（8）善于解决问题；

（9）善于客观地看问题，不怕承认错误。

2. 创业失败者的特点

（1）事必躬亲，独断专行；

（2）遇事无断，优柔寡断；

（3）不思进取，知识匮乏；

（4）娇宠无度，坐享其成；

（5）奢靡蛮干，好大喜功。

1. 你认为作为一名大学生创业者，应该具备哪些方面的素质？

2. 根据创业计划书的内容要点和写作指南，试撰写一份完整的创业计划书。

本　章　小　结

　　本章主要介绍了当前我国大学生创业的基本情况以及国家鼓励大学生创业的一些优惠政策和措施；大学生创业者应具备的基本素质和创业前的准备工作。

第九章　关注就业中的弱势群体

学习目标

　　知识目标：

　　1.大学生就业弱势群体的概念；

　　2.了解大学生弱势群体的类型及特点；

　　3.掌握弱势群体的就业策略；

　　4.女大学生的就业状况；

　　5.贫困生的就业状况；

　　6.文科生的就业状况；

　　7.残疾人毕业生的就业状况。

　　能力目标：学习本章，使大学生在就业中克服客观因素提高自身能力。

　　核心概念：就业中弱势群体的概念；大学生弱势群体的类型及特点；弱势群体的就业策略。

案例导入

　　刘某，女，临床医学专业，应届大专毕业生。刘某来自云南的一个偏远山村，父亲是残疾人，家庭经济非常困难，性格内向。刘某在校期间学习刻苦努力，在校期间一直获得国家助学金。在就业初期刘某满怀信心，参加了多次招聘会，但由于性别限制、面试发挥失常等各方面原因，找过几家单位都碰了壁，看到周围同学一个个签约，甚至有些学习成绩不如自己都能签上较好的工作，刘某陷入极度苦恼之中。辅导员王老师获悉刘某情况后，积极引导王某树立自信心，总结应聘失败原因，学习面试技巧，不断提升自身就业能力，最终签约了一家不错的单位，顺利实现就业。

　　想一想：

　　1.刘某在就业中遇到了哪些困难？

　　2.结合自己，谈谈怎样提高自身就业能力。

　　在每年的毕业生人群中，有的大学生凭着自己出色的能力考上公务员或者进入名企，也有的进入学校当老师，有的通过家里的关系也找到工作，有的家庭条件好些的可以继续深造，可相当一部分处于弱势的毕业生还在茫茫的求职中……在这些人中还有一些大学生因为各方面原因，尽管已经非常努力了却总是很难找到工作。然而，找到一份可以谋生的工作，对于他们以及他们的家庭来说，却是非常的迫切和需要。

　　近几年来，大学生就业问题已经成为关系国家社稷的民生问题，随着高考扩招等因素的影响，据不完全统计，我国2018年有69.7万大学生未就业，面对严峻的数据，高校的就业工作任重而道远。在这些未就业的大学生中，有部分大学生是属于就业弱势群体。

什么是大学生就业弱势群体？大学生就业弱势群体是指大学生在就业过程中，由于主观或客观原因造成自身在就业竞争环境中处于劣势或在竞争能力上不足的群体。就业弱势群体最初体现为存在身体缺陷的学生在就业中存在较大的困难，随着就业竞争激烈程度的上升，已演变为学校知名度、专业状况、心理健康度、性别特点、学习能力、家庭经济状况、外貌、社会关系等多方面原因造成大学生在就业中出现了不同程度的弱势，这不论从内涵还是在外延上都有了质的区别。

第一节　大学生就业弱势群体的类型

弱势群体这个词，较早出现在我们社会政治生活中。在全国人大九届五次会议上所作的《政府工作报告》中，最先使用了"弱势群体"这个词，从而使得"弱势群体"成为一个引起广泛关注的词汇。关注弱势群体，成为公民的社会责任。而就业问题，又涉及百万大学生切身的民生问题。

大学生弱势群体是一个相对概念，是指在高校中由于性别、经济贫困、生理残疾、心理障碍、竞争失败等原因而处于不利境地，并且出现了学习、生活、就业困难等问题的大学生群体。如女大学生、贫困生、残疾生、有心理问题的学生等均属于"弱势大学生群体"。在"毕业即失业"已经不再是危言耸听、大学生就业形势日趋严峻的情况下，社会上存在的许许多多、或明或暗的漠视态度和歧视行为，使大学生弱势群体无法获得平等的就业权，被无情地剥夺了公平竞争的资格，引发了种种社会冲突和矛盾。大学生弱势群体就业难现状不利于社会的和谐稳定，更与构建社会主义和谐社会的目标背道而驰，这种现象不能不令人深思。在我国高等教育实现跨越式发展的同时，由于资金投入、质量监控、专业规划等相应措施未能科学配套，让人忧心忡忡的很多社会问题相伴而生，其中大学生"就业难"问题尤为凸显。而大学生弱势群体由于受到社会的歧视和漠视，其就业问题显得难上加难。我们从一些有代表性的弱势群体就业现状中可以看出，大学生弱势群体就业难问题已成为制约个体发展的"瓶颈"因素和影响社会和谐稳定的"难题"之一。

一、大学生就业弱势群体的负面影响

大学生弱势群体在就业中遇到的种种不公平待遇引发了全社会的关注。他们在历经数年的寒窗苦读，付出了常人数倍的努力和艰辛之后，非常渴望能够寻找到理想的工作，以回报家人和社会，实现自己的人生价值。但坎坷的就业之路既损害了他们的身心健康，也影响了社会的和谐稳定和公众的安全感。

（1）就业中遭遇歧视的痛苦体验容易使大学生弱势群体形成错误的价值观和人生观，甚至产生对社会的仇视和对抗心理。

大学期间是大学生人生观和价值观形成的关键时期，处于这个阶段的大学生具有稳定性弱、波动性大、抗干扰性差、情绪性强、易冲动等特点，也最易受到外界因素的干扰和影响。大学生弱势群体在求学阶段，由于生活在学校这相对封闭的环境中，对社会现状缺乏了解，使他们对未来生活满怀憧憬，他们希望社会能给他们一个展示才华的舞台，以充分展示自己的个性，实现自己的人生价值，但就业中遭受的冷遇、白眼、讥讽等歧视行为却让他们感受到现实社会的冷酷无情、世态炎凉，从而使他们对社会产生困惑，对大学教育产生怀疑，对原有的道德要求、价值标准、为人处世的原则产生动摇，产生悲观失望情绪。在屡屡受挫、彻底绝望的情况下，如若没有及时地对这种情绪加以正确的引导、缓解和调适，就有可能发展成为对社会的仇视、对抗和报复心理，甚至走上犯罪道路，成为社会不安定因素之一。

（2）大学生弱势群体在就业中被歧视的现象，有悖于道德准则和法律规范。

我国《宪法》第 33 条规定："任何公民享有宪法和法律规定的权利……"这种权利包括政治的、经济的、文化的、社会的各个方面，其中就包含着平等的就业权利。《中华人民共和国劳动法》同样也规定了"劳动者都享有平等的就业机会"。这就意味着我国公民在就业过程中处于同等的地位，具有相同的人格，相同的发展机会和同等的待遇，不能因身高、性别、容貌等差别，歧视和剥夺他人的就业权利。就业市场对弱势大学生群体的歧视和排斥，封杀了他们就业机会和发展机遇，违背了道德和宪法、法律的基本准则。

（3）大学生弱势群体在就业中被歧视的现象，严重损害了社会的公平原则，也影响了社会的安定团结。

平等是公民依法享受的基本权利，是文明社会的标志之一。对大学生来说，他们不仅追求教育机会的平等，更追求教育结果和发展机会的平等，这对大学生弱势群体来说更为重要。大学生弱势群体在就业中遭遇的种种歧视，在客观上被剥夺了平等参与社会竞争的机会，造成了就业机会的不公平，这与人人享有平等的发展权利、就业权利的社会公正原则不符。这种行为对一所大学来说可能只占毕业生总数的百分之一，但对一个家庭来说，就是百分之百。在当前实行高等教育成本分担制度的情况下，对大多数家庭来说，资助一个孩子上学将是笔不小的开支。特别是贫困家庭，供子女上大学很不容易，本希望毕业后能够提高生活质量和改变家庭命运，而就业歧视使他们的希望完全落空，加上职业搜寻成本增加，无疑会加大他们的经济负担。另外就业中屡屡受到的歧视经历，给学生和家人带来巨大的困惑、恐慌和心理压力，这些都是违背社会公正、平等原则的。

（4）大学生弱势群体在就业中被歧视的现象，易使他们产生强烈的受挫情绪和沉重的心理负担，引发各种心理问题。

大学生心理问题不容忽视。据统计，约有 24% 的在校大学生有不同程度的心理问题，当前就业形势的严峻和择业竞争的激烈，造成大学生的心理压力越来越大。毕业生在就业时感到烦躁、紧张和无奈。由此可见，面对就业，大学生存在着巨大的心理压力。而弱势群体本来就是心理疾病和心理问题的高发人群，是高校心理健康教育的薄弱环节。生活的不幸已给他们带来了巨大的心理压力，很容易产生自卑、焦虑、敏感、多疑、抑郁、孤僻等心理和行为。遭遇就业歧视的打击更使他们脆弱的心理雪上加霜，极易产生认识偏差。如不及时加以自我调适、矫正和进行心理危机干预，这些心理疾患极易在他们身上爆发，严重的会诱发犯罪。

就业关系到一个人生存的状态，应予以格外地重视。生命对每个人只有一次，一个人不管先天或后天有什么样的缺陷，都有追求基本生存的权利，歧视现象的存在在一定程度上剥夺了一个人的生存权，这种现象不允许长期存在。

二、大学生就业弱势群体的类型

大学生就业弱势群体的类型，不单单指的是传统认识中的女生、残疾生等。从不同的纬度看，有不同的分类。

（一）从客观因素的分类

（1）家庭经济困难型，指那些来自农村贫困家庭、城镇低保、单亲或孤儿及由于突然的变故导致家庭经济困难的学生。他们在就业竞争中处于相对劣势地位。求职过程中又限于择业成本，无法跑更多更远的地方，参加更多的招聘会，使他们在择业信息和择业范围上处于劣势。

（2）生理缺陷型，主要是指那些因相貌、身体疾患、肢体残疾等方面在就业中处于劣势的学生。

（3）专业受限型，主要指那些所学专业过于冷门或市场需求量相对较少的学生。在专业有限的情况下，增加冷门专业的招生人数，间接导致了学生就业困难。

（4）学校名气型，主要是指那些因就读学校在社会上的名气太小而产生就业难的学生。普通高校或民办高校的毕业生则处于相对不利的地位。

（5）性别特点型，主要指那些因性别不同在就业竞争中处于相对劣势的学生，主要表现为对女性学生的歧视。

（6）社会关系型，主要指因缺少必要的社会关系的支持而在就业竞争中处于劣势的学生。在我国当前的就业市场环境下，社会关系是获取真实有效的就业信息的重要渠道。

（7）学历层次型，主要是受学历层次高低的影响而在就业竞争中缺乏优势的学生。

（二）从主观因素的分类

（1）心理弱势型，主要是指因种种原因产生信心不足、焦虑、怯懦等状况，致使其不敢参与就业竞争或因职业价值定位过高、盲目攀比而产生就业困难的学生。但随着这种心理状态和困难境地的持续，他们可能逐渐失去与命运抗争的勇气和动力，甚至"破罐子破摔"，丧失对就业的热情和希望。

（2）成绩弱势型，主要是指那些因自身原因导致学习成绩较差而在就业中缺乏竞争力的学生。随着高校改革的推荐，不少延长学制的学生，在社会上往往受到用人单位的歧视。

（3）性格弱势型，主要是指那些因性格内向、不善言谈而导致就业竞争力减弱的学生。

除此之外，大学生弱势群体的分类还有很多，在此不一一介绍。

第二节　女大学生群体的就业策略

随着大学生就业的市场化和用人自主权的扩大，女大学生就业难有愈演愈烈的趋势。与男生相比，女大学生在就业中处于弱势地位已是不争的事实。在计划经济体制下，女大学生与男生相比，其毕业分配就已经处于不利地位，用人单位要求男女生搭配就说明了一切。时至今日，随着大学生就业的市场化和用人自主权的扩大，"女大学生就业难"不绝于耳，女大学生在男女不平等的就业现实面前无可奈何。在人才市场上，许多用人单位招聘毕业生时常常以工作需要为借口，打出"只招男生"的招牌，将众多优秀的女大学生拒之门外，即使没有明确规定"只招男生"，"同等条件下男生优先"也早已成为他们的心理定势。据北京大学课题组对我国东、中、西部 16 个省份 34 所高校 2005 届毕业生就业情况的调查表明："毕业生的起薪性别差异显著。男性平均起薪为 1631 元，女性平均为 1507 元，两者相差 124 元。与 2003 年相比，男性的起薪上升，而女性的起薪下降。"忽略其他影响因素，性别在求职与收入方面的显著差异，无可辩驳地说明作为"弱势群体"的女性毕业生的就业压力更大，心里更"痛"。

女大学生在就业中处于弱势地位具体表现为以下几个方面。

（1）录用标准高。调查显示，60％的女大学生在求职过程中曾因性别原因遇到用人单位的拒绝，其中 35％的女生有过多次被拒绝的经历。有许多单位虽然表面上没有对性别作限制，但在录用时采用各种隐蔽的方式和手段故意刁难女生，提高条件。即便女生被用人单位接受，也往往受到些苛刻条件的限制，如"单身条款""禁孕条款"等歧视性条件，更有甚者要求签订一份书面协议，保证一定期间内不得结婚生育，使女性必须在工作与结婚、怀孕之间作出取舍。

（2）就业质量低。据福建省女性发展研究中心的调查显示，女大学生的就业质量低于男生，有 8.3％的女生认为实际签约情况与就业理想不相符的主要原因在于性别本身；女大学生的工资预期也因性别差异被降低，用人单位签约时拟付工资低于 3000 元的女生占女大学生总数的 78.8％，高出男生 11.3％；拟付工资 2000 元以下的女生达 64.8％，超出男生 14％；在控制其他影响因素作用的前提下，签约单位对男生拟付的工资水平高出女生11％。相对男性来说，女性的职业生涯较短，工作的连续性相对较差，特别是由于人为的歧视因素，女性获取高层次职位的机会远远少于男性。从总体上看，女性在智力型职业中的比例小，在体力型职业中所占比例大。在智力型职业中，女性就业比例仅为男性的50％。特别是在领导岗位上的女性仅占总数的 11.8％，男女比例将近 9∶1。

（3）就业数量少。当前我国女大学生就业数量低于男生，一次性就业率呈下降趋势。据部分院校提供的截至 2008 年 9 月底的就业情况，在已经落实就业单位的毕业生中，男生比例要高于女生，女生的初次就业率仅相当于男生的 86.3％（个别专业除外），而在未签约的毕业生中，女生竟占到 70％。据厦门大学的一份毕业生就业调查报告显示，在相同条件下，女生的就业机会为 63.4％，只相当于男生的 87％左右。纵观全国各省大学毕业生统计数据，女大学生就业率普遍低于男大学生就业率。

一、女大学生就业难的原因

女大学生在求职方面的"弱势"，是由多方面因素造成的，既有社会的、学校的原因，也有女大学生自身的原因。

1. 传统文化偏见的存在

我国封建社会所形成的"男尊女卑""男强女弱""男主外，女主内"等思想依然存在。一方面，社会普遍认为女性的优势在于心细，有着较强的记忆和学习能力，但是却缺乏创新精神和开拓力。在市场经济条件下，创新精神和开拓力恰恰是一个企业在竞争中获胜的法宝，因此一些企业尽量避免录用女性应聘者。另一方面，长期以来，社会对女性的期待更多的是遵守传统、相夫教子，认为女性在结婚之后会把主要精力放在家庭上，不能专心工作和开拓事业，这使得许多单位不太愿意接受女性。

2. 社会客观现实的推动

一方面，随着高校连年扩招，我国劳动力市场存在供大于求的矛盾，为用人单位人为地提高就业门槛、设置性别限制提供了可能。另一方面，目前国家或地区的相关法律法规、就业政策缺位，保障妇女劳动权益的法律法规的规定也较为笼统，缺乏相应的和具体的配套措施，缺乏有效的监督。此外，由于我国社会保障制度还不够健全，如一些单位女性在生育期间的工资和福利还必须由用人单位来承担，女性因为生育暂时离岗后，所空岗位必须另外落实人员完成相关的任务，这个另外落实的人员工资单位必须支付。因此，从经济利益角度考虑，招收男性员工则没有这么多的负担，必然导致许多单位不愿意招收女性员工。

3. 高等教育培养的脱节

一方面，高校培养机制与市场需求脱轨。由于种种原因，我国高等教育的学科结构和培养模式不尽合理，对人才的培养和学科的设置往往滞后于市场经济发展要求。在教学过程中重理论轻实践，重知识轻能力。这就使很多女大学生，虽然学习成绩不错但动手实践能力较弱，不符合市场对人才的需求。另一方面，一些高校就业指导工作未能针对女生的自身特点进行具体的指导，影响了女生自身水平的发挥。

4. 女大学生自身的原因

一方面，由于自身生理因素的影响，大多数女性在体力和精力上往往不如男性。同时女性承担着生育孩子和哺乳的任务，由此必然造成女性职业生涯的中断。这种生理上的差异与传统的家庭角色观念相结合，造成了女性在就业中的不利地位。另一方面，部分女大学生依赖性较强，在就业过程中职业理想比较模糊，成就动机不足，喜欢稳定、舒适的工作；就业期望值较高，择业范围狭窄，追求热门行业，对冷门的职业不屑一顾；在就业过程中挑三拣四，害怕吃苦，不愿到基层锻炼，这些都对女生的就业造成了不利的影响。

二、女大学生的就业对策

1. 提高自身素质，增强就业能力

女大学生作为女性中素质较高的群体，要适应时代发展的需要，自觉培养"四有"（有理想、有道德、有文化、有纪律）、"四自"（自尊、自信、自立、自强）、"三创"（创新、创造、创业）精神，树立主动学习、超前学习、终身学习的理念，在学习中扩大视野、振奋精神、提升能力、丰富生活、提高素质，以素质树地位，以素质求平等。要避免专业知识丰富而人文知识贫乏，应广泛涉猎与专业相关的知识，汲取本专业前沿的信息，拓宽知识面，培养创新意识和创新能力；同时，要注重提高社会实践能力，在竞争中信心坚定，充分展现自己的独特优势，以知识实力和工作能力实现就业。

2. 摆脱陈旧观念的束缚

女大学生应更新自己的就业观念，革除传统的"干得好不如嫁得好""就业终身职业"的观念，使自己从那些条条框框中解脱出来，把目光由原来的国家机关、重点单位转向那些民营企业和"三资"企业，就业地区由经济发达地区转向经济欠发达地区。要清醒地认识到，我国机关事业单位用人数量是很有限的，企业才是吸纳毕业生的主渠道，特别是民营企业将成为今后毕业生就业的主要阵地。

3. 调整好就业期望值

女大学生要认真研究自己的职业兴趣、专业特长、社会对毕业生的需求情况及国家就业政策，结合自己的实际能力及时修正和调整自己的期望值，既不能有"自卑"心理，对自己评价过低，失去竞争的信心，也不能过高地估计自己的能力，对用人单位过于挑剔，导

致丧失良机。如果有发展前景并看好的合适的工作，可以考虑暂时放弃继续求学而先工作，等有了一定工作经验后再考研或读博，这样高学历与职业经验结合更能使自己在现代职场立于不败之地。树立"先就业，后择业"的理念，能够帮助自己实现技能、人脉、资金或其他资源的积累，为获取自己职业的长远发展奠定深厚的基础。

4. 发挥女性自身优势

作为女大学生，在就业方面存在许多男生不具备的优势。一是语言能力的优势使她们更适合于从事文字编辑、翻译、教育等工作。二是思维能力的优势，女生在形象思维以及思考问题的细致周全上具有优势，适合形象设计方面的工作。三是管理能力的优势。女大学生受到过良好的教育，具有较好的个人修养。具有良好的合作精神和较强的交往能力，适合行政管理、办公室、公关等工作。四是忍耐力的优势，在相对单调的工作环境中，能任劳任怨，孜孜不倦地长期工作，工作稳定性强且具有较强的责任心。女大学生如果能正确发挥以上自身优势，将会比男生具有更强的竞争力。

5. 培养单位和企业使用女大学毕业生的社会责任感

建立激励机制，采取具体奖助措施，鼓励用人单位录用女大学生，对吸纳女性就业比例高的单位给予奖励，激励用人单位承担起相应的社会责任。

6. 为女大学生就业创业创造更好的文化环境

把建设先进的性别文化纳入文化大繁荣大发展之中，在全社会倡导和树立男女平等社会风尚，消除文化思想领域对女性的性别歧视。全面深入开展男女平等基本国策的宣传教育，形成支持女大学生就业创业的文化动力和社会舆论，使女性有更多的精力投入工作。

7. 加强对女大学生的高校课程设置改革和职业规划

建立高校教育与市场需求互动机制，促进高等教育人才培养机制与市场需求衔接；政府有关部门和用人单位要及时反馈人才需求特别是基于性别比例的人才需求信息，促进高校及时采取措施调整专业课程设置。

8. 努力提高女大学生积极应对市场机制的能力

进一步通过政府、企业帮助高校建立女大学生就业创业实践基地，提供有效的职业指导、创业咨询和就业服务。开展女大学生择业观念、就业技能、自主创业等方面的教育培训，增强女大学生求职技能和主动就业意识、就业维权意识和就业竞争能力。

9. 加快立法，建立完善的社会法制体系

平等、公平、公正是人类文明的始终追求。目前我国还没有一部完整的有关就业工作的法规，虽然在《劳动法》《残疾人保护法》《妇女权益保障法》中有相关的法律条文，但这些规定的原则性太强，在法律实践中的可操作性不强，对用人单位的歧视行为无法起到应有的约束作用，其中对如何解决有关就业歧视问题的规定涉猎较少且不够具体，对鼓励和扶持社会弱势群体统业的力度不够。如在公务员或企业录用中，设立的就业条件哪些合法、哪些构成歧视均没有明确规定。总体上看，我们有关就业的立法已经跟不上社会经济和就业形势发展的需要，因此有必要加快立法的步伐，制定《就业保障法》《公平就业法》等，不断构建多层次的社会法律保障体系，并加大就业政策的监管执行力度，严肃查处就业中出现的各种歧视行为，保障大学生就业的公平、公正。

第三节　贫困生群体的就业策略

　　贫困，对于大学毕业生群体来讲，往往表现为经济资源的匮乏、机会的缺乏甚至心理上的贫困。从普遍意义上来讲，贫困家庭毕业生在就业过程中，除了会遭遇到就业市场中大学生无不面对的竞争压力、择业劣势外，还存在着因其群体特性而带来的系列问题。

　　据教育部一项统计，由于区域发展不平衡、贫富悬殊等原因，目前我国高校家庭经济困难学生总数已高达 400 多万人，占在校生总数的 20％～25％，家庭经济特别困难学生占在校生总数的 8％～10％。其中，我国每年有近万名贫困大学生就业出现困难。解决贫困大学生就业困难问题比解决普通大学生就业困难问题更为严峻和重要，因为贫困大学生就业的问题既关系到贫困生个人及其家庭的生计，也关系到学校与教育的使命，更关系到社会的和谐与国家的未来。

　　中国扶贫基金会新长城项目 2005 年公布的《中国优秀贫困生调查报告》提供的数据表明："我国在校贫困生比例为 20％，特困生为 5％～10％。"中国自古以来就盛行"万般皆下品，唯有读书高"的思想和通过学习"光宗耀祖"的追求，即通过教育获得人力资本提升，取得社会地位和收益的提高，同时可取得精神的满足。可见对许多处于社会较低阶层的家庭来说，子女上大学不仅意味着未来经济地位的提高，也意味着对精神满足和获得社会尊重的追求。基于此，这些贫困生家庭在"读书改变命运"的感召下，不惜倾家荡产，靠借贷资助子女完成学业。但在就业时，却因"贫困"而遭遇尴尬，陷入被动。不仅就学期间花费很大，就是择业过程中花费也较大，这主要包括通信费、制作简历费、交通费、自我形象包装费、培训费等，这些已成为贫困生的另一个经济负担。据《中国大学生就业》杂志社对全国高校毕业生的调查表明："有 43.5％的在校生求职花费在 600 元以上。"与其他学生相比，贫困生更渴望能获得一个理想的工作，以便早日获得经济报酬，回报家庭。他们希望以最小的投入换取最大的回报，但就业难的现实，使求职成本不断攀升。面对稍纵即逝的就业机遇，贫困生因较大的求职花费和"囊中羞涩"的现实矛盾而无所适从，因"费用"不足而与机会无缘的事例比比皆是。因而贫困生在毕业之际，常终日坐卧不宁，饱尝就业之"痛"。

一、贫困生就业难的原因

1. 综合素质相对不强

　　贫困大学生大多来自边远农村或者城市下岗职工家庭，从小接受的教育质量相对发达地区和城市要差一些，这个群体和非贫困生相比，往往在社交能力、语言表达能力、沟通能力、实践操作能力等方面表现出些许不足。因此在就业竞争中容易给用人单位留下技能单一、缺乏特长的印象。

2. 社会资源缺乏

　　经济贫困的家庭，一般来说拥有的社会资源也是缺乏的。贫困群体主要集中在农民阶层和城镇普通市民阶层，他们在文化、社会资源占有量上明显处于劣势，这种劣势也体现在他们子女就业机会的不平等上。国人人际关系取向的文化习惯决定了大学毕业生在求职过程中社会资源的重要性。没有一定的社会资源，缺乏需要的"人脉关系"，要获得一份理想的职业还真需要下不少工夫。

3. 用人单位公正选才方面的缺陷

随着毕业生就业制度的改革，供需见面，双向选择日益为求职择业的学子们所熟悉。但在平等竞争的用人机制尚未健全的今天，学生背后的各种社会关系对其就业常有着很大的影响。一些地方或单位领导常优先招录与自己有关系的毕业生。这样就使得那些既无关系又无后台的贫困学生多半只能求职无门，望洋兴叹，进而使初涉世事、心理准备不足的他们心灵受到打击和伤害，产生悲观消极的情绪与心理。

4."贫困心理"的影响

贫困作为一种生存状况，给了贫困学子以深深的精神束缚。一是恐惧贫困。由于对贫困刻骨铭心的体验，不少贫困生将择业作为自己告别贫困的最后机会，一心要"跳出农门"，不愿意下基层、到边远地区和艰苦行业，害怕到了不理想的单位丢了面子，害怕单位解散或倒闭使自己再次陷入贫困。二是自卑心理。在竞争激烈的求职场上，家庭经济贫困造成就业成本拮据，缺乏相对有效的就业信息资源帮助，贫困生求职屡次受挫，产生强烈的自卑感，并进而转化为自卑心理。有这种心理的毕业生往往没有信心和勇气面对用人单位，不能适当地向用人单位展示自身的长处，从而严重影响了就业与择业。

二、贫困生的就业对策

政策帮助是解决贫困大学生就业问题的有效渠道，更重要的是贫困大学生自己通过自强、自立，提高就业能力。对于贫困大学生自己来说，在大学四年里要发挥吃苦耐劳、积极向上的精神，除了专业知识扎实，还要积极参加社团活动，通过参加以提升和拓展就业能力为主题的课外活动来提高自己的沟通能力、适应能力、人际交往能力以及自我推销的能力，从而完善自己的综合素质。

1. 要建立合理的知识结构

在当今社会的用人需求下，合理的知识结构是职业岗位的必要条件。所以贫困大学生必须在学习中就要意识到社会的发展需要，从而塑造自己，发展自己，建立合理的知识结构，适应社会就业的要求。

2. 要培养良好的实践能力

由于只拥有专业知识并不等于已经适应了社会的需求，所以贫困大学生在完成应有学习任务的情况下，更应争取培养一些适应社会需要的能力。只有将合理的知识结构和适应社会需要的各种能力统一起来才能更好地就业与择业。

3. 培养过硬的就业心理素质

培养过硬的就业心理素质包括：（1）避免从众心理。毕业生处在择业的洪流中，择业目标的确立会受到其他择业者的影响。虚荣心、侥幸心理会使他们改变原有的择业目标而采取不切实际的从众行为。在正确的就业中要避免盲目攀比，因为这样往往不利于自身价值的实现和长远发展。（2）避免理想主义。期望值居高不下，已经影响到毕业生顺利就业。要及时调整自己的就业期望值使其符合社会要求。

4. 积极响应国家政策，到基层去、到祖国最需要的地方去

近年来大学毕业生的数量每年都在以几十万人的速度递增，今后几年这种情况还将延续下去。在城市就业已趋于饱和的情况下，这意味着大学生选择到基层就业是理性的，现实的。在这种情况下，本就来自基层的贫困大学生要有成大才、做大事的意识，不要将就业仅仅看作是找工作，要将人生的目标抬"高"。基层的天地广阔，蕴藏着无数的机会，贫困大学生完全可以把到基层就业视为创业的起步、成才的开始，通过了解国情民意，积累经验、增长才干，为将来获得成功打下坚实的基础。须知，我国现在很多政界、商界精英都有过基层工作的经历。实践证明，基层是锻炼人的地方，也是出人才的地方。

家庭的贫穷和成长的艰辛，造就了贫困生坚韧的品质和不屈的个性，他们始终坚持自己的追求和信念，奋发向上，积极进取，敢于拼搏，勇于竞争，对自己的前途充满信心。在严峻的就业形势下，贫困生主动求职，准确定位，不怕遭受挫折，最终必能找到一份属于自己的工作。

第四节 文科毕业生群体的就业策略

随着我国城市化进程的快速推进，进城务工人员数量大幅增加，高校毕业生的数量更是一路攀升，高校毕业生成了重要的就业群体，也成了社会劳动者的中坚力量。然而，随着高校扩招和学科专业的不断增多，社会需求与高校培养之间存在着严重的断层，高校毕业生就业问题成了社会关注的焦点。在此问题之中更为明显的就是高校文科毕业生的就业问题。近年来很多高校都适应教育改革的需要将自己发展成为综合性高校，同时很多文科类高校也不断壮大，使得文科毕业生的数量激增。文科生就业问题成了就业难问题的难中之难，众多文科类高校毕业生面临着毕业即失业的就业危机。

高校文科生的就业问题由来已久，尤其是在高校扩招以来伴随着文科专业的增多和文科招生人数的增加，高校文科毕业生的就业问题就开始变得越来越突出。文科生就业难问题与国家政策、社会发展需求、各单位用人标准等方面有关，但高校在文科专业学生的培养上不重视社会的需求，学习内容脱离实际，实践教学滞后也是重要影响因素。

高校文科毕业生就业呈现两大特点：毕业生数量呈上升趋势；就业困难的情况越来越突出。"从学科专业上看，连续三年的就业排行榜没有改变：工科生最高，文科生最低。文科学生就业面相对理工科学生较窄，文科专业总体就业率低于理工科，在激烈的就业竞争中处于相对'弱势'地位。"

从文科专业内部来看，很多就业困难的文科专业的就业率低于50%，甚至更低。而文科女大学生和来自农村、偏远地区的大学生也成了待业大军的重要群体。文科类大学生就业困境问题已经从教育、择业的问题演变成了关乎社会发展的重要问题，其对社会治安的稳定、教育的良性发展和青年一代的健康成长都带来了挑战，其影响不容忽视。

一、文科生就业难的原因

（一）文科毕业生人数逐年增多，就业压力不断增加

根据教育部的统计，2018年全国高校普通本专科毕业生753万人。其中，文科类本科毕业生总数增速远远超过理工类。就业最为困难的文科类专业，却恰恰是学生增长幅度最高的专业。文科毕业生人数的急速增加与高校扩招文科生密切相关。自1999年国家推行高校扩招政策以来，全国几乎所有院校都加入扩招的热潮当中。增设文科专业，扩招文科专业成为众多院校的共同选择。这也是造成当前现状的主要原因。

（二）文科毕业生受专业限制大，可从事的职业相对有限

高校文科毕业生对口的职业多是语言文字类或教育类工作，社会对这类职位的需求并不大，且社会需求增长也相对缓慢。众多的文科生毕业后面临着岗位饱和与无业可就的境地。文科专业大多缺乏专业技能，一些本应专属于文科生才能从事的岗位，面临着理科生的强力挑战。文科专业的学生在校学习的内容主要是基本的理论知识，而专业技能的学习不受重视。一方面是一些文科专业本身就侧重于理论，比如基础文科（文学、历史、哲学）的大多专业；另一方面，受传统教育观念、教师自身实践能力及教学条件方面的限制，高校往往轻视对文科专业学生专业技能的训练。在我国，高校招生严格按照专业目录来进行。仅限文科生的专业领域大概有文、史、哲、法、教育类。而经济、管理等门类虽在高校专业目录中属文科类，但其中的专业大多属于文理兼收的类型，专业人数的限制使得一部分文科生不能从事这两个门类的学习。而理学、工学、农学、医学等学科门类，包含着普通高校 2/3 的本科专业，理科生选择面较广。不能否认高校之所以这样招生与高中阶段文理分科造成的学生基础不同及文理科学生人数的巨大差异有关。

（三）文科毕业生实践能力相对薄弱

当前，我国高校在文科专业课程设置多是一些理论性的课程，这种课程多侧重于对理论内容的阐述而较少涉及理论的具体应用。教师在日常的授课中主要以讲授理论为主，导致了学生掌握了基础理论知识，但是对于理论知识有什么用、应该怎样用并不清楚。一些学校自己没有实习基地，又没有与社会的相关单位建立合作关系，导致学生实习时无处可去。有的学校则干脆让学生自己联系实习单位，进行自主实习，难以保证实习质量。另外，高校文科专业学生的实习还存在着实习岗位专业不对口的问题。像中文、文秘等专业缺乏明确的对口单位，法学专业的学生也很难进入公、检、法部门实习。而对于那些进入到对口单位实习的学生只能从事一般事务性工作。

二、文科生的就业对策

面对新形势，高校及文科生要主动适应"新常态"对人才的要求，采取行之有效的措施。改善文科生就业困难状况。切实解决就业困难的内在关键问题。

（1）改革人才培养模式，提升人才培养质量，高校文科教育应以市场需求为导向设置专业和课程。对文科生的教育培养要注重理论和实际的有机结合，增强学校与社会的有机衔接，提高理论知识的实际运用。注重文科生文理知识的交融教育，在专业教育中注入实践精神，将有助于突破文科生的就业瓶颈，拓宽就业空间，增强就业竞争力。尽可能地提供在校实践岗位鼓励文科生参加就业见习，使他们在毕业后能够更快地与社会相整合，更好地被用人单位接纳。加强实习实践环节的培养，搭建校企合作平台，既促进学生就业，又满足企业用人需求。

（2）注重创新精神的培养，提高学生综合素质，培养学生创新意识。首先要保护学生作为独立主体的独有个性，给予学生发挥个性的自由空间，在激活学生已有知识存量的基础上，尝试外围知识的综合运用。触类旁通产生新的思想，促使学生敢想敢干敢创新。其次要引导学生通过探究性学习激发兴趣，掌握知识。训练技能，从而提升能力。此外，还可通过各项素质教育活动，创造条件吸引学生参与，开拓学生思维，养成勇于创新的企业家

精神，精益求精的"工匠精神"，为岗位创新和自主创业打下良好基础。

（3）加强就业指导，构建科学指导体系，为促进地方文科生更好地就业，要求高校做好就业指导工作。要让学生了解就业形势，社会经济发展状况、产业结构特点、市场需求。引导学生树立正确的就业观。通过就业指导讲座、企业 HR 进校园等活动，让学生了解进入职场必须具备的素质和能力。要提高学生专业认识。学生对所学专业了解得越多，其职业方向就越明确。职业方向越明确，人生发展路径就越清晰，"就业力"就越强。通过"职业生涯人物访谈""职业规划设计大赛""简历制作大赛"等形式多样的校园文化活动，将学生就业问题由被动变主动。要引导学生调整就业心态，合理定位职业目标。引导文科生树立科学的就业观，逐步淡化专业概念，摒弃学管理就是从事社会地位高、体面的管理类型工作的心理误区，挖掘身潜力，从自己实际情况出发，争取更多就业机会，理性就业。

第五节 残疾人毕业生的就业策略

现阶段，残疾人大学生就业出现了很大的不利局面，如社会和企事业单位对残疾人大学生的偏见，残疾人大学生自身的就业思想理念。就业是民生之本，通过就业能够帮助残疾人大学生提高自身的物质生活水平，更好地参与社会化生产，实现自身价值。推动残疾人大学生就业形势的改善，可以在一定程度上激励残疾人家庭增加对子女进行更优质的教育资源及资金的投入力度，能够推动残疾人教育事业更好地发展，实现人力资源的合理配置。

从招生数量看，随着越来越多的高校招收残疾学生，残疾人进入高等院校学习的人数呈现连年增长趋势。但是从比例上看，残疾大学生占全部大学生的比例相当低且就读的高校多为非 211 大学。由于人数相对较少，在大学生就业普遍困难的背景下，残疾大学生的就业问题往往被社会所忽视。然而相较于健全大学生，残疾大学生的就业问题更为严峻。以 2014 年为例，当年高校残疾毕业生为 8115 人，其中普通高校 7122 人，特教学院 993人。按照关于做好 2014 年残疾高校毕业生就业工作的通知要求，应届大学毕业生就业率应不低于 70%，照此计算，2014 年各地应安排应届毕业生不低于 5680 人就业。但是截止到2014 年底，全国残疾大学生安排就业的人数不到 2500 人，全国残疾大学生未就业率超过三分之一。从地区看，残疾大学生的就业率存在较大差别，有些省市的残疾大学生就业率在 90% 以上，有些省市的残疾大学生就业率低于 40%，甚至只有 30%。其中辽宁、内蒙古和河北三省的未就业率超过三分之二，四川和山东两省的残疾大学生未就业率低于 10%。

就残疾大学生就业政策和服务支持现状客观地说，政府和残联部门对残疾大学生的就业问题高度重视，出台了许多规章制度促进残疾大学生就业。这些政策主要有以下方面：出台优惠政策，鼓励用人单位雇用残疾大学生。2009 年，人力资源和社会保障部、教育部、财政部、中国残疾人联合会联合发布《关于进一步做好高等学校残疾人毕业生就业工作的通知》（残联发〔2009〕8 号〕）（以下简称《通知》），要求"本着优先、优惠、优质的原则，把高校残疾人毕业生作为就业困难人员，给予优先扶持，实施重点援助。"为鼓励用人单位录用残疾大学生，《通知》列出了优惠条件，包括用人单位安排高校残疾毕业生就业超过比例的，给予奖励；用人单位每安排一名高校残疾毕业生就业，按安排两名残疾人计入所安排的残疾人职工人数之内；县级以上残联及直属单位新录用、聘用工作人员中，高校残疾毕业生不得少于 20％；社会管理和公共服务岗位优先录用高校残疾毕业生；鼓励创业，按规定享受培训补贴。

一、残疾大学生就业难的原因

即使采取了多种措施，地方政府也开展了多样性服务，但是残疾大学生就业问题仍显严峻，造成这种现象的原因是多方面的。从宏观方面看，当前经济增速下滑，大学生就业普遍困难；从微观方面看，残疾大学生专业与职业不匹配，就业信息难获得，对职业有过高期望等。但是归纳起来，主要有以下三个方面的原因。

1. 对残疾大学生的就业歧视

受传统残疾观的影响，社会公众普遍把残疾等同于"残废"，认为残疾人就业能力差，甚至没有就业能力。无论是政府部门还是企业，在雇用残疾人上采取歧视的态度，或者宁愿缴纳高额的残疾人就业保障金，也不愿雇用残疾人。

2. 按比例安置就业政策落实不到位

根据《中华人民共和国残疾人就业条例》规定，用人单位安排残疾人就业的比例不得低于本单位在职职工总数的 1.5％。根据国家统计局发布的数据，2013 年城镇就业人员达到 38 240 万人，从理论上讲，全国可以安置 573.6 万残疾人按比例就业。那么城镇有劳动能力的残疾人有多少呢？根据第二次全国残疾人抽样调查数据显示，城镇残疾人口为 2071 万人。这表明部分地区和部分单位未严格按照法律规定的比例安置残疾人就业。

3. 针对残疾大学生的就业服务体系不完善

目前，各个高校把大学生的就业率看成是衡量办学成功与否的重要标志，把毕业生的就业工作摆在更加突出的位置，建立了相应的就业服务机构，配备了工作人员，开展就业服务指导工作。残疾大学生是就业困难群体，尤其需要专业的就业指导和就业援助。但是目前国内高校残疾学生所占比例极低，再加上缺乏相应专业知识的工作人员，针对残疾学生的就业服务体系基本没有建立起来，针对残疾学生提供有针对性的专业服务也无从谈起。而社会上提供的大学生就业服务，包括人力资源和社会保障部门、民政等部门，由于缺乏针对性，残疾大学生很少利用；各级残联部门设有残疾人就业服务中心，少数地方还专门开展了针对残疾大学生的就业服务，如北京市每年由市残联、市劳动和社会保障局、北京联合大学特教学院等单位共同召开残疾大学生专场招聘会，提高了残疾大学生的就业率。

但是多数地方残联的工作没有进入到高校，既不了解残疾大学生的就业需求，也很难提供有针对性且具专业性的就业咨询和培训。事实上，还有相当一部分残疾大学生对残联组织和残疾就业服务机构并不了解，根据中国残联联合发布的残疾大学生就业状况白皮书，有近 40％的残疾大学生不知道有专门的残疾人服务机构，对残联的服务利用率也不高。

二、残疾大学生的就业对策

促进残疾大学生就业，不仅需要残疾大学生转变观念，全社会转变残疾理念，更需要改革政策，加大政府支持。具体来说，主要有以下两个方面。

(一) 完善按比例就业政策促进残疾大学生就业, 最重要的措施是增加就业岗位

从现有的就业渠道看, 福利企业的规模、数量以及安置就业的残疾人数量均呈现稳步下降趋势; 自主择业则属于非正规就业, 非残疾大学生的择业主流。因此, 残疾人就业岗位的拓展主要来自按比例安置就业渠道。

1. 严格执法

要进一步细化残疾人就业条例处罚条款, 明确执法主体; 各级残工委定期依法曝光违反残疾人就业条例的机构和企业名单, 无论是机关、事业单位, 还是企业, 均应一视同仁。

2. 改革安置比例

1995 年财政部发布的《残疾人就业保障金管理暂行规定》第二条规定:"凡安排残疾人达不到本省、自治区、直辖市人民政府规定比例的机关、团体、企业事业单位和城乡集体经济组织, 根据地方有关法规的规定, 按照年差额人数和上年度本地区职工年平均工资计算交纳用于残疾人就业的专项资金。"也就是说, 残疾人就业保障实行均一费率, 这种规定不能体现不同单位在安排残疾人就业中的不同责任。建议在残疾人就业保障金的征缴中实行差别费率:国家机关、全额拨款的事业单位、国有企业残疾人安置比例为 2%;其他事业单位、企业、社会组织等机构残疾人安置比例为 1%;20 人以下单位实行自愿安置, 安置残疾人给予减税或补贴。

3. 实行累进税

将残疾人就业保障金计算基数统一为 1%, 年度差额人数 (即应安置人数减去已安置人数)越多, 残疾人就业保障金征缴比例越高。具体计算方法如下:第 1～10 人, 按每人 0.2% 的比例增加;第 11～20 人, 按每人 0.15% 的比例增加;第 21～30 人, 按每人 0.1% 的比例增加, 年度差额人数超过 30 人的, 按 5% 征缴。

(二) 加强残疾大学生就业服务

由于身体残疾或心理障碍, 残疾大学生比普通大学生更依赖于就业服务, 这是我国高校普遍存在的弱项。解决这一问题, 需要从以下两个方面入手。

1. 在有条件的大学设立残疾大学生服务机构

在发达国家, 多数大学建立了为残疾学生服务的机构, 如在美国有的学校设立有全校性的残疾人服务机构, 也有学院级的残疾人服务机构, 为残疾学生提供住宿、就业、公共生活、学习指导、事务管理、辅助技术的应用和意见投诉等事务。受历史原因的影响, 我国高校均没有针对残疾学生建立相应的服务机构借鉴国外经验, 建议在有条件的大学建立残疾学生服务中心, 为当地残疾大学生提供生活起居、学习辅导、心理疏导、就业帮助等方面的服务。服务中心的经费来源于高等学校、政府财政拨款以及残联的资助。

2. 在有条件的大学建立残疾大学生就业指导中心

目前, 各高校普遍设立了大学生就业指导中心, 为大学生就业提供指导、咨询和信息服务。残疾大学生具有特殊性, 高校设立的大学生就业指导中心基本没有专业人员能给他们提供就业指导和职业规划, 导致残疾学生的求职之路更加艰辛。有些学生广撒网, 见单位就投简历, 但是一个面试的机会也没有得到;有些学生对职业、薪水和就业地点有过高期望, 错过了许多宝贵机会, 最终不能就业;有些学生缺乏自信心, 一面试就露怯;有些学生不知道自己的特长, 没有明确的职业规划和求职目标。上述表现导致残疾大学生获得工作的机会大大下降，甚至有些学生投了上千份简历也没有收获一份回报，还有些学生因为接连失败而彻底放弃寻找工作。因此，加强残疾学生的求职指导和职业规划具有重要的现实意义。建议首先在残疾大学生较多的省市，由政府资助，在有条件的大学设立残疾大学生就业指导中心，其职责是为本地区的残疾大学生提供职业规划、求职指导咨询、举办残疾大学生招聘专场、提供就业信息、培训等。为稳妥起见，建议首先在国内选择一所在人力资源管理和残疾人理论研究具有优势的大学建立一个示范性的就业指导中心，由学校出场地和人员，由政府提供财政拨款或政府购买服务，同时残联部门给予补助，为全国的残疾大学生提供咨询、培训和信息服务。

 **知识拓展**

应届毕业生求职的自身优势

目前每年大学毕业生越来越多，就业压力也越来越大，就业形势严峻。为了提高就业率，国家对国有企业、公务员和公共机构，特别是就业稳定、工资较高的机构的招聘作出了明确规定。尤其是近年来，国家政策的帮助有助于应届毕业生自身。参加国考、省考、银行、国企、企业各类招聘考试后，你一定会发现一点，省考和国考中，一些职位只有应届生可以报考。而银行、国企校园招聘中，最重要的一点要求是应届生报考，无需经验门槛，可以直接报名。而且很多单位对于应届生的要求会放低很多，这也是应届生求职中的最大优势。当然除了这些政策优势我们也必须看到自身的一些优势。

一、可塑性强，工作选择范围广

俗话说，一张白纸可以画出最美、最好的画。应届毕业生既然没什么工作经验，也就说明有更多的工作可以使他们有勇气、有兴趣去尝试一下，生产、营销、人力资源等环节的工作都能成为一个应届毕业生的选择目标，房地产、金融、旅游酒店、连锁超市、制造业等行业都可以让应届毕业生一显身手，这本身就是应届毕业生求职的优势之一。

二、激情最宝贵，企业不会拒绝有干劲的员工

朝气和活力无疑是一种优势，应届毕业生的朝气和活力是不加粉饰、自然表露的，是质朴的朝气和质朴的活力，真正成为求职的优势，更具感染力，更能打动招聘单位。没有经验其实一点也不可怕，只要有工作激情，不会的东西在工作中都可以学到。

三、薪酬要求相对较低

当几个人都可以胜任某职位时，用人单位往往会选择薪酬要求相对较低者，应届毕业生相对于有一定工作经验的求职者而言，在这方面的优势是明显的。

四、成见少，更具包容性

应届毕业生接触社会少，工作经验少，自然成见也少，在心态上更具包容性、更为谦虚，较少与用人单位发生观念上、文化上的分歧。恰恰是一些有工作经验的求职者，往往受过往经验的影响，看问题不够客观，容易引起招聘单位的质疑，给求职造成障碍。

五、没有经验，更易"入模子"

没有工作经验通常被认为是应届生求职的弱点，但没有经验也有优势，也就是人们常说的"一张白纸，能画最新最美的图画。"应届生招聘进入企业，用全新的眼光，学习的心态对待工作，能够没有保留地接受与融入企业文化，不会带着以前工作经验的影响，用句俗话说，就是更容易入企业文化的"模子"。

六、没有家庭负担，可以全身心地投入地工作

应届生一般没有结婚生育，父母一般也还年轻，不需要照顾，因此可以全身心地投入工作，而不需要在事业与家庭之间找平衡。这也是许多企业看中的优势，在企业中的某些工作就是需要超常规的投入精力才能出成果。

七、年轻就是资本，失败后可以重来

年轻就是资本，即使跌倒了也可以重来，应届生刚刚开始职业生涯，在初期求职过程中出现一些失误，通常容易得到谅解。无论是工作中的小失误，还是跳槽，企业的接受度相对都大一些。

1. 简述大学生就业弱势群体类型。
2. 简述女大学生就业策略。
3. 贫困生如何提高自身就业能力？
4. 简述文科生的就业对策。
5. 简述残疾人毕业生的就业策略。

本　章　小　结

本章主要讲述了大学生就业弱势群体的概念、类型和就业策略；女大学生群体的就业策略；贫困生群体的就业策略。

第十章　从校园到职场——寻求步入社会的成功之路

学习目标

　　知识目标：

　　1. 了解大学生走向社会需要做哪些准备；

　　2. 区别学生角色与社会职业人角色；

　　3. 了解新入职场的困境。

　　能力目标：1. 掌握走向职业成功的方法；2. 掌握职场礼仪。

　　核心概念：就业角色认知；就业角色转换；职场礼仪；职业道德。

案例导入

　　在某医院工作的小王，毕业初期，怀着对医生工作的向往，干劲十足。可是她渐渐发现许多工作无法按照自己的意愿进行，经常值夜班，处理病患，建病案，写病历，忙于日常工作之余，还得向领导汇报，协助同事工作等，远比学校里复杂。郁闷时，她更加怀念大学生活，感叹好日子一去不复返。

　　想一想：

　　1. 造成小王困扰的原因是什么？

　　2. 从校园进入职场，我们需要做哪些准备？

　　告别美好纯真的校园生活，步入丰富多彩的社会舞台，这是人生发展的必经之路，也是一次重大的转折。每一个大学生都渴望将自己的学识和本领服务于社会，成就一番事业，因此在这个转折的关键时刻，我们应该在较短的时间内适应新的环境，打造成功的职业生涯开端，顺利地完成从大学生到职业人的社会角色转变。

　　从迈出大学校园到踏入职场，仅仅一步之遥，但是这一步的迈出对很多大学生来说却很艰难。对涉世不深、缺乏职业规划能力的毕业生来说，第一份工作存在着相当大的压力。从高高的象牙塔走下来的他们怀抱的是理想化的思维方式，是指点江山的做事方法。然而就业压力大，选择余地小，这些残酷的现实使他们感受到理想与现实之间的落差。面对这些，职场新人们必须要成功"转型"，只有完成了从"学校人"到"职场人"转型的过渡过程，才能搭起一架走向成功的桥梁。

第一节　大学毕业生走向社会的准备

一、大学毕业生要做好走向社会的准备

　　每年毕业在即，会有一批毕业生走出校园，走向社会，历经一个从校园到社会的转变。

无论是毕业生还是非毕业生，从校园人到社会人的转变都是一个必将经历的过程，面对这样一个转变，我们应该做好哪些方面的准备呢？

思想与道德素质准备。总体上讲，大学生要树立科学、求实的职业理想；脚踏实地，培养良好的敬业精神；拓展社会视野、增强竞争意识；树立面向基层、艰苦创业的思想。

知识结构方面的准备。合理的知识结构是取得成功的重要基础之一，构建合理知识结构要遵循广博性与精深性相结合，理论与实践相结合，层次性与比例性相结合，知识的积累与调节相结合的原则。同时，要根据自身情况确定准备选择的职业目标，并以此确定自己知识结构的类型；根据拟构建的知识结构模式，将自己已有的知识按系统、层次进行优化组合，并构建出一种属于自己的知识结构雏形；根据自身特点在就业岗位工作实践中不断地调整知识结构，使之更加趋于合理。

现代职业对求职者知识结构有一些共性的要求，如宽厚扎实的基础知识，广博的专业知识，较强的英语、计算机知识，现代管理和社会人文科学知识，大容量的新信息、新知识等。

能力方面的准备。学习能力、适应能力、人际交往与沟通能力、开拓创新能力、表达能力、实际动手能力、组织管理能力和决策能力是大学毕业生应具备的能力。大学毕业生应通过努力学好理论知识；积极参加实践活动，向有经验的人直接学习实践经验；积极参加课外科技文化活动；通过培养各种兴趣和爱好等方式来培养、锻炼和提高这些能力。

心理方面的准备。心理准备包括：培养良好的就业心理品质；正确评价自己，树立自信意识；正视社会现实，培养变通和适应能力；强化竞争意识，培养积极的就业心态；培养机遇意识，适时推销自己；正确对待挫折，培养较强的心理承受能力；放眼未来，调整自己的择业观。

调整自我，做好入职准备。大学毕业生应该做好心理上的调整，学会沟通，学会关心；树立独立意识，培养协作精神；主动调整生活节奏和习惯；养成与职业作息时间相符的作息时间习惯。做好入职准备：了解职业的历史和现状；了解与不同职业相关联的各项规章制度；了解自己将要从事职业的工作内容；了解与自己专业相关职业的评价标准。

二、大学毕业生应该坦然面对人生

大学生在走向社会的时候，最先学会的应该是坦然面对生活的一种态度。

具体来讲，大学毕业生应该坦然面对竞争、坦然面对失业、坦然面对各种挫折。

（一）大学生要坦然面对社会竞争压力

当今社会是一个快节奏、高信息、强竞争的社会，大学毕业生要承受越来越多的竞争压力。在激烈的社会竞争中，大学生要坦然面对，要学会自信而不自傲，自谦而不自卑，自强而不自弃，自尊而不自贬，有理有节、沉着冷静、不卑不亢、胸有成竹地面对每次挑战。

（二）大学生要坦然面对各种挫折和失败

失败并不可怕，可怕的是对于失败我们并不能坦然以对，不能认识到失败的价值，不能舍弃怨天尤人、自怨自艾的态度。世界上没有哪个人会一帆风顺，一个人追求越多，遇到的困难、挫败也就越多。当大学生们踏入社会，就不能不向社会索取物质财富和精神财富，而向社会索取就难免会遭到挫折。所以，面对失败，面对逆境，我们要做到坦然以对。

爱迪生说："失败也是我们需要的，它和成功对我们一样有价值。只有在我们知道一切做不好的方法以后，我们才知道做好一件工作的方法是什么。"失败是我们学习的大好机会，如果我们不能从失败中总结经验教训，那才真的叫一无所获。

三、大学毕业生要积极搭建自己的发展平台

大学生要积极搭建自己的发展平台，最主要的要做到以下两点。

（1）要树立终生学习的观念，在工作实践中不断提高自己，主动为实现自己的职业理想创建平台。

斗转星移，日新月异，人类知识的更新换代速度日益加快。人类知识翻倍在半个多世纪前可能需要三十年左右的时间，而到了今天却只需要三年左右的时间。这也就意味着毕业三年后不学习就有一半的东西不懂了，再过三年懂的就只剩四分之一了。由此可知，对现代人而言，怎么学习已经成了一个很重要的问题，"终生学习"的观念也被越来越多的现代人所接受。

大学阶段的所学在专业上来说都是基础性的、理论性的东西，再加上有的学校教材陈旧，知识老化，而实际工作中则更强调专业性、应用性的知识，因此，对大学生来讲，踏踏实实地学习不仅必要，而且必须。

（2）要理性谨慎地面对跳槽的诱惑，须知跳槽不是目的，它只是搭建自己发展平台的一种手段。

以麦可思发布的《2019年大学生就业报告（就业蓝皮书）》（以下简称《报告》）来看，2018届大学毕业生半年内的离职率多在两成以上，《报告》显示，诸多专业的学生在毕业三年内的平均雇主数都在2～3个之间。有关资料和报道表明，初涉职场的大学生跳槽率和跳槽欲望很高。

不能否认，跳槽是接近个人职业目标的方法之一，但并不是目的。当你跳槽的时候，首先必须了解，自己想要的究竟是什么？应该怎么去追求自己想得到的目标？这一次跳槽是不是一块很好的跳板，跳向你幸福的未来？没有明确目的就跳来跳去，并在同一平面上重复变动，也许会导致你在今后的职业生涯中停滞不前。

人往高处走，古今同理。但如今大学生跳槽频率直线上扬的现象还是值得我们关注和思考。不可否认，现在大学生择业还存在这样种现象：志大才疏，眼高手低，大事做不来，小事不肯做。大学生在择业时挑肥拣瘦，这山望着那山高，到头来却两手空空，一事无成。因此，求职者在择业前，应把自己的专业特长与用人单位的需求实际结合起来，对照衡量后再去择业。

还有一些大学生错误地把工作经验当成了工作经历。认为多进几家企业多换几份工作，那么再找工作时就可以说曾经在哪些公司任过职，希望给企业的感觉就是你工作经验很丰富。殊不知企业不需要这样频频跳槽的人才，因为你有的只是工作经历而非工作经验，因为你频频跳槽学到的只是表面的不实用的东西。这就像挖井一样，挖一会换一个地方，永远也挖不到水。

频繁盲目的跳槽对自己和企业的发展都没有什么帮助。对于大学生来说，过多的跳槽，不仅会浪费了自己积累起来的人脉和资源，而且会使用人单位因为害怕而选择了不使用。频繁跳槽使得大学生在用人单位眼里的形象变差，甚至波及以后大学生的求职。所以，

好不容易有了工作的大学生，应当慎重地使用跳槽这个动作。

发展好的企业，会尽量挽留自己的员工，减少员工的流动。比如有些企业提出的宗旨是：选才、用才、育才和留才。人才是企业的生存之本，是企业的最大价值所在，有的企业能在进程上突飞猛进，长盛不衰。就是他的人事阶梯建设完善，有充足的后备人才库。并且此公司有完善的薪资制度、福利待遇、发展空间等。以精神激励和经济激励相结合，实行制度管理和感情管理相配套，让员工有强烈的归属感。大学生在选择就业时不妨睁大眼睛，多关注这样优秀的企业。

第二节 大学生就业后的成功之路

一、大学毕业生就业后的角色认知与角色转换（该部分以医学生为例进行阐述）

所谓社会角色，顾名思义，就是一个人在社会中"扮演"的角色，简单地说就是一个人的身份，具体而言是指人们所处的特定社会地位和身份所决定的一整套规范与行为模式，是人们对具有特定地位的人的行为的一种期望，是社会群体的基础。

从医学生到医务工作者的转变过程，是一个渐进的漫长过程。怎样才能尽快从医学生转变为合格的临床医务工作者呢？作为一个医学生，应该进行包括思想、工作、学习、服务等多方面的锻炼与提高。

（一）遵守职业道德规范，提高服务意识

医疗服务的主体是患者。为人民健康服务是卫生工作者的基本信念与行为准则。准备从事医疗卫生服务的医学生应该时刻遵守职业道德规范，不断加强学习，提高自身素质和修养，树立以人为本、无私奉献的服务意识。为了达到这一目标，应该做到以下几点。

1. 展现良好的医德

高尚的医德是医务工作者提高医疗服务技术的内在动力。作为人类社会道德观念组成部分的医德，是医务工作者在生活和医疗实践中不断培养和形成的。"医乃仁术"，这是中国古代对医学道德最著名的概括，既表明医学技术是"生生之具，活人之术"，又体现了中国古代医师的道德信念，通过行医施药实行仁者爱人、济世救人的高尚理想。医学生在开始进入临床工作时，就应当树立一个信念——一切为患者，不计名利、不计得失，为医学事业发展和患者健康作出毕生贡献。

2. 树立正确的服务意识

对待患者要树立正确的服务意识和奉献精神，应围绕"为了一切患者，一切为了患者，为了患者一切"开展医疗工作。在医疗过程中，始终视患者为亲人，急患者之所急，想患者之所想，关怀并体贴患者，努力培养出良好的敬业精神和服务态度。

3. 培养高度的责任感和使命感

人命关天，生命重于泰山，任何生命对于家庭来说都是擎天柱。作为医务工作者更是责任重大，面对患者必须认真对待，科学诊断，用药合理而准确，治疗及时有效，决不能因为医疗工作疏忽和失误而延误对患者的诊治。因此，必须要有高度的责任心和强烈的使命感，勤奋工作，刻苦钻研，为患者早日康复做最大的努力。

4. 严格遵守纪律, 培养良好的工作习惯

作为医学生应该从参加工作开始就严格要求自己, 培养自己的自律性, 遵守单位的工作制度, 坚守岗位, 不迟到、不早退, 尊重上级医师, 团结同事, 具备良好的团队意识和协作精神。

(二) 强化"三基"训练, 建立知识平台

医学是实践性很强的学科。医学知识浩如烟海, 诊疗过程涉及多个学科知识。医学生刚进入临床工作时会有茫然不适感, 究其原因, 主要是知识面狭窄, 基础理论不扎实和缺乏临床经验。因此, 需要医学生有计划、有重点、有针对性地加强对专业基础理论、基础知识和基本技能的训练和相关知识的继续学习。通过"三基"训练, 使自己不断熟练和规范基本操作技能, 提高实际动手能力, 增强综合判断、分析和解决问题的能力, 迅速提高业务技术能力和水平。

(三) 加强医患沟通, 提供优质服务

医患沟通是根据患者的健康需要进行的, 可使医患双方充分、有效地表达对医疗活动的理解、意愿和要求。良好的医患沟通不仅能使医生更全面了解患者的整个病史, 做出准确的诊断和及时的治疗, 还能使患者更好地配合医疗活动, 从而使患者得到满意的服务。怎样才能达到和谐的医患沟通呢? 首先, 理解入院患者焦虑不安的心理, 真诚地关心和问候患者, 让患者有被关注、被重视的感觉。其次, 医务工作者工作时应该着装得体、仪态庄重, 交流时讲究语言艺术, 表达清晰、交谈亲切。由于患者对医学知识缺乏认识和了解, 因此在沟通中语言应当通俗易懂, 尽量不使用医学术语, 使患者容易理解和接受。采集病史时要认真、耐心地倾听患者的述说, 并不时应答、复述, 使患者从医生的回答中知道医生在认真听、想, 不要因为患者的陈述冗长、杂乱而不耐烦或简单臆断, 尽量不要干扰患者对身体症状和内心痛苦的述说。另外, 在诊断过程中, 必须尊重患者的选择权和知情权, 让患者明白检查、诊断、用药、治疗及预后情况等, 并详细提供各种不同的诊疗方案的优点和缺点, 让患者做适当的选择。

(四) 规范病历书写, 培养严谨作风

病历是医务人员在医疗活动中形成的文字、符号、图表、影像、病理等资料的总和, 包括门(急)诊病历和住院病历。病历的记录与疾病的诊疗过程是同步进行的, 它客观、完整、连续不断地记录了患者的症状、体征、检查结果、治疗效果、病情变化等, 因此病历是伴随着疾病诊疗过程而形成的。病历不但能反映医疗服务的水平和医务人员的基本素质, 而且也是医疗、教学、科研的第一手资料和评估医院医疗质量的重要依据, 同时还是医疗纠纷和医疗保险理赔的重要法律依据。病历书写是指医务人员的问诊、体格检查、辅助检查、诊断、治疗、护理等医疗活动过程中获得有关资料, 并进行归纳、分析、整理形成医疗活动记录的行为。通过病历书写能锻炼、培养医生的综合思维能力和诊断能力。而目前处理医疗纠纷中的举证责任倒置更要求医务工作者要学会搜集证据, 特别是病历中的知情同意书、患者对治疗的自主决定签字、急危重症患者的通知书和签字等。因此, 医学生应该提高对病历书写的重视程度, 以高度负责的敬业精神、实事求是的科学态度, 适时、客观、准确、完整地写好每一份病历。

二、大学毕业生就业后的职业适应与社会适应

职业只有分工不同，没有高低贵贱之分。大学生应根据社会的需要，选择适合自己的职业，在最大限度地发挥才能的过程中逐步适应全新的职业。

刚走向职业岗位的大学生，一般会对自己从事的职业有以下几方面的不适应。

（1）不满意工作单位，产生失落感。刚刚进入职场的大学生。每个人都有很高的理想抱负，期望一开始就脱颖而出，但真正开始工作后，由于种种原因，部分毕业生认为自己所落实的工作岗位不够理想，与原来设想中的岗位相差甚远，不甘于平庸，却又无法改变现状，因而容易产生失落心理。

（2）不适应新的环境而产生畏难心理。有的大学生在进入新的工作单位后，缩手缩脚，不敢大胆开展工作，究其原因，很大程度上是因为面对新的环境，不知道如何着手开展工作，另一方面是因为现在的大学生多是独生子女，从小到大的人生轨迹均由父母设计，独立处理问题的经验较少，又担心自己做错了事，会造成不好的印象，因而难以进入状态，总觉得不适应，这样往往就产生了急躁、畏难心理。

（3）自以为是，过高估计自己而表现出自傲心理。有些大学生自视甚高，认为自己接受过高等教育，肚子里装了很多高层知识，在工作中不去认真地了解、熟悉工作单位的情况，却常常对一些管理方式随意发表高论，或者轻视实践，不愿意到基层去锻炼，认为自己从事底层工作是大材小用，这种心理产生的后果就是眼高手低，在实际工作中表现为大事做不了，小事又不做，从而很难完成角色转换。只要大学生能端正心态，脚踏实地地开展工作，一般都能在很短的时间内适应并干好自己所从事的职业。

当前的中国整体处在社会转型期，中国社会转型主要有四种趋势：从计划经济向市场经济转变、从农村社会向城市社会转变、从工业社会向信息社会转变、从贫困社会向富裕社会转变。在社会发展的进程中，转型期是社会安全问题的易发期、社会矛盾的凸显期、价值观念的蜕变和重塑期。

初出校园的学生，面对社会转型期的种种挑战与机遇，要做到：

（1）正确地认识自己，并给自己以客观的定位，要清楚地认识到自己在社会上的位置。

（2）放低姿态，放平心态，能吃苦耐劳，虚心向别人请教（因为是初出校园的大学生，很多事情并不真的了解与懂得）。

（3）要树立正确的择业观与创业观。

三、建立和谐的职场人际关系

职场人际关系十分微妙复杂，稍有不慎，就会陷于被动，可以说每个在职场上摸爬滚打过的人都会对此深有感触。而及时检讨、反省自己的行为，进行积极有效的心理调整，让自己适应多变的人际关系，不失为一个增强生存能力的好办法。

对于刚进入职场的大学生来讲，和谐的人际关系对他们意义更加重大：

（1）和谐的人际关系能消除孤独和陌生感；

（2）和谐的人际关系能保持心情愉快；

（3）和谐的人际关系能确保工作顺心；

（4）和谐的人际关系能增进团结友谊。

大学生离开学校后进入了新的工作环境，遇到了新的人际关系，必须注意的是社会中的人际关系要远比校园中的人际关系复杂。要正确处理好人际关系，既要遵循一般人际关系的处理原则，也要看到不同的组织文化有着不同的人际关系特点，如有的单位严格正统些，有的单位自由宽松些，要有入乡随俗的意识，主动地适应环境，而不是让环境来适应你。要想建立良好的人际关系，应该注意以下几个方面。

（1）主动随和，诚实守信。谦虚随和、平易近人，容易给人一种较亲近的感觉。大学生到了新单位后要主动与领导、同事进行交往，乐于与大家打成一片，不能故步自封。平等对人，不卑不亢，无论是上级还是下级，既不过于谦卑，也不能盛气凌人。要远离是非，不参与议论，更不要散布传言，卷入是非漩涡。还应恪守信用，言行一致。这种作风既表现出自己对工作、对生活的严肃态度，又表现出在交往中对别人的尊重，容易赢得别人的好感。

（2）处理好与领导之间的关系。在工作中重要的人际关系主要是同领导之间的关系和同事之间的关系。上下级之间的关系，在工作上是管理与被管理的关系。在职场中，毕业生要学会尊重与服从领导。受雇于他人，为他人工作的人假如总是与上司的意见相左，他的工作就不可能顺利做好。

在下级与上级的沟通过程中，毕业生一定要积极、主动，这是一个基本的做事法则。你不应当因为害羞或胆怯而延误工作，"早请示，晚汇报"适合于任何企业与时代。毕业生应当养成非常好的职业习惯：工作每进行到一个阶段，都需要向领导汇报；在遇到问题或有不同见解时，应当主动与领导沟通和探讨，以免延误工作；对于领导交代的任务应当快速反应并完成。

（3）处理好与同事之间的关系。对同事要坦诚相待、一视同仁，要不卑不亢，既不自惭形秽，自己看不起自己，也不傲慢无礼，自以为是。要培养自己的"归属感"。在思想上、感情上、行动上想集体之所想，主动热情地为同事排忧解难。

第三节　职场必备的礼仪与道德

一、职场必备的礼仪

职场有职场的规则，单纯讲礼貌是不够的。身处其中，一言一行、一举一动都要符合职场规范。礼仪是构成形象的一个广泛的概念，包括了语言、表情、行为、环境、习惯等。简单地讲，礼仪是指人们在社会交往中，为表示、表现相互尊敬、友好而实施礼貌、礼节活动的程式和规范。相信没有人愿意自己在社交场合上因为失礼而成为众人关注的焦点，并因此给人们留下不良的印象。职业礼仪是在人际交往中，以约定俗成的程序、方式来表现的律己、敬人的过程。从个人修养的角度来看，礼仪是一个人内在修养和素质的外在表现；从人际交往的角度来看，礼仪体现的是约定俗成的、对人尊重、友好的习惯做法。

（一）职业人的仪表

职业人必须仪表端庄、整洁。工作场所的服装应清洁、方便，不追求修饰，着装颜色全身一般在三种以内。

1. 着正规西服套装，平整、清洁

以深色为主，避免穿着有花格子或者颜色非常艳丽的西服。西服上口袋不要插笔，两侧口袋不要因放东西而鼓出来。

衬衫的领口、袖口无污迹，颜色和西装整体的颜色要协调。如果在衬衫上打领带，衬衫上所有的纽扣，包括领口、袖口的纽扣，都应该系好。

领带的颜色要与衬衫、西服颜色相互配合，要注意紧贴领口。领带的长度应该是正好抵达腰带的上方，或者有一两厘米的距离，最为适宜。

一般在穿西服、打领带时，要配以皮鞋，杜绝配穿运动鞋、凉鞋或者布鞋。要注意袜子的颜色必须保持和西装的整体颜色相协调。

2. 着正规套装或套裙，干净整洁、大方得体

女士在着正规的商务套装的时候，应尽量避免无领、无袖，或者是领口开得太低、裙子长度超短的服饰。衣服的款式要尽量合身，不宜穿过紧、过长、过大的服装，衣服不宜过分华丽。

注意最好选择与肤色相同的丝袜，无破洞，长度一定要高于裙子的下摆。在选择皮鞋的时候应该尽量避免鞋跟过高、过细。

（二）职业人的仪态

1. 站姿

古人云：站如松。联系现代职场，正确的站姿是抬头，目视前方，挺胸直腰，肩平，双臂自然下垂，收腹，身体重心放到两脚中间，双手交叉放在体前或体后。男士主要体现出阳刚之美，抬头挺胸，双脚大约与肩膀同宽站立，重心自然落于双脚中间，肩膀放松。女士则体现出柔和与轻盈，丁字步站立。

站着谈话时，要面对对方，保持一定的距离。尽量保持身体的挺直，不可歪斜。依靠着墙壁、桌椅而站，双手抱肘、叉腰或放在口袋，双腿分开的距离过大、交叉，都是不雅观和失礼的行为。手中也不要玩弄物品，那样显得心不在焉，是不礼貌的行为。

2. 坐姿

男士，入座时要轻，至少要坐满椅子的 2/3，后背轻靠椅背，双膝自然并拢，也可略分开，不能抖脚。身体可稍向前倾，表示尊重和谦虚。

女士，一般从位置的左侧入座，走到位置前，然后再转身，动作应保持自然轻巧。入座前应用手背扶裙，坐下后将裙角收拢，两腿并齐，大腿、膝盖、脚跟都不分开，双脚同时向左或向右放，两手叠放于腿上，保持上半身的正直。

3. 行走

保持上身和脖子的挺直，目视前方，靠道路的右侧行走，遇到同事要主动问好。在行走的过程中，应避免吸烟、吃东西、吹口哨、唱歌或整理衣服等行为。上下楼梯时，应让尊者、女士先行。多人行走时，注意不要因并排行走而占据路面。

二、职场必备的道德——职业道德

所谓职业道德，是指人们在一定的职业活动中所遵循的具有自身职业特征的道德规范以及与之相适应的道德观念、情操和品质。

在中国，历朝历代都在造就优秀的职业品德，诸如"天行健，君子以自强不息""先天下之忧而忧，后天下之乐而乐""人生自古谁无死，留取丹心照汗青"等，尽管表达方式各不相同，但其精神实质都是一样的，即都是要以自己的努力工作为国家和民族作出最大的贡献。

在当今中国，作为一名职业人，应该具备怎样的职业道德呢？我国在加强社会主义精神文明建设的决议中，将职业道德概括为爱岗敬业、诚实守信、办事公道、服务群众、奉献社会。

医学生除了要了解关于职业道德的整体认识和规定外，还要清楚知道医学行业特殊的职业道德规定，即医护工作者职业道德特点：防病治病，救死扶伤。

医护工作者从事的工作是一种维护人的生命和增进人类健康的服务工作。医护工作者的职责和义务、态度和医术直接关系到人民群众的生命安危，涉及千家万户。无数事实证明，医德高尚，对病人极端负责，就能有效地减轻或解除患者的病痛；反之，就会造成患者的终身痛苦或损失。因此，医护工作者的神圣的职业道德特点就是防病治病，救死扶伤。

不同的职业其职业道德具体标准是不一样的，从事任何一项职业，我们都应该在第一时间了解它们，这既是职业的要求，也是我们实现报效祖国、服务社会这一人生目标所必不可少的重要内容之一。

 **知识拓展**

什么是单位

你不种地，但你有吃有喝；你不织布，但你衣着华丽；你不造车，但你以车代步；你不盖楼，但你家居安泰；你不是权贵，但许多人尊重你；你相貌平平，但你的爱人喜欢你；你能力一般，但你的儿女崇拜你。

这是为什么呢？

你是依靠什么去和他人进行交换？你是依靠什么获得你需要的生活物品？你是依靠什么赢得社会的尊重？——那就是单位。

单位是你和社会之间和他人之间进行交换的桥梁；单位是你显示自己存在的舞台；单位是你美好家庭的后台；单位是你的竞技场、练兵站、美容室、大学校！单位是你提升身价的增值器，单位是你安身立命的客栈，单位是你和你的另一半对峙的有力武器，单位是你在家庭和社会上的发言权。

一、在单位要学会珍惜

一是，珍惜工作。工作就是职责，职责就是担当，担当就是价值。

感谢那些让你独当一面的人，感谢那些给你压力的人，感谢给你平台的人。因为那是机会，是信任，是平台，是发言权。

二是，珍惜关系。单位的各种关系一定要珍惜，宁可自己受委屈也尽量不争高低。

一个人只有能够处理好和自己有工作关系的关系才叫能力。没有工作关系的关系，只是吃吃喝喝、玩玩要要。

三是，珍惜已有的。在单位你已经拥有的，一定要珍惜。

也许时间久了，你会感到厌烦。要学会及时调整自己，使自己在枯燥无味的工作面前，有一种常新的感觉。

二、在单位最忌讳三点

一是，把工作推给别人。

工作是你的职责，是你立足单位的基础。把属于自己的工作推给别人，不是聪明，而是愚蠢，除非是你不能胜任它。

推诿工作是一种逃避，是不负责任，更是无能，这会让别人从内心深处瞧不起你。

二是，愚弄他人。

愚弄别人是一种真正的愚蠢，是对自己的不负责任。尤其是对那些信任你的人，万万不可耍小聪明。

长期在一起共事，让人感动的是诚恳，让人厌恶的是愚弄和虚伪。

三是，沉不下心来。

沉不下心来是在单位工作的大忌。单位不是走马观花，而很有可能是一生的根据地，是一个人一辈子存在的证明。要沉下心慢慢干。有机会了也不要得意忘形。没有机会或者错过了一个机会也不要患得患失。最后的赢家往往是那些慢慢走过来的人。

三、立足单位的"七多七少"

一是，多琢磨事少琢磨人。

要珍视岗位，牢记责任，勤勤恳恳，专心致志于事业。不要嫉贤妒能，搬弄是非，甚至诬告陷害，挖空心思算计他人。

二是，多向前看少往后看。

要志存高远，本着一致的目标、共同的事业追求，不懈奋斗。不要把过去的得失、荣辱、恩怨，常挂在嘴上、记在心里。

三是，多当面说少背后议。

对上对下要一致，敢于不卑不亢，直言相谏，善于诚心诚意指出错误，切勿阳奉阴违，当面不说，背后乱说。

四是，多换位思考少本位至上。

要真正树立单位建设是一个整体、个人所负责的工作是为整体服务的思想。不能仅从局部利益出发谋对策，以自己的利益得失为标准，凭小团体的利益得失定取舍。

五是，多补台少拆台。

要注意维护单位和同事之间的威信、形象，工作中相互支持配合，生活中相互关心帮助，碰到困难时主动予以协助，解决棘手问题时大家一起上阵。

六是，多理解少指责。

要视同事如兄弟，能容人之异，容人之长，容人之短。切忌心胸狭窄、小肚鸡肠，用放大镜看别人的问题和不足。

七是，多揽过少争功。

要有为了工作、为了大局甘愿吃亏的精神，有了成绩多看他人的力量，有了失误多想自己的责任，不能看成绩你小我大，论教训你多我少。

在单位要克勤克敬、兢兢业业，而不是耍赖撒泼、妄自尊大。单位的本质从来不按年龄的大小排序，而是按职务排序。在单位，老年人有老年人的优势，年轻人有年轻人的优势。万万不可互相轻视，那是自相残杀。

在单位能多干一点就多干一点，总有人会记得你的好。在单位千万不可以带一个不好的头，不要破坏单位的规则。那样就是拆一把手的台，也就是拆自己的台。

一定要把属于私人的事限制在私人的空间。否则，关键时刻没有人认可你。

在单位要尽量远离那些鼓动你不工作的人，鼓动你闹矛盾的人，那是在让你饮鸩止渴。

维护自己的单位，维护自己的工作，维护自己的职业。你若是单位的草，那单位就是你的地。单位离开谁都能运转，但你离不开单位，你要努力证明，你在单位很重要。

1. 大学生要成功走向社会需要做哪些方面的准备？
2. 大学毕业生如何才能很好地做到从学生到职业人的角色转换？
3. 如何才能建立和谐的职场人际关系？
4. 现代中国职场必备的礼仪包括哪些方面？具体内容是什么？
5. 你认为新时期的医学生应该具备怎样的职业道德？

本 章 小 结

本章从三个方面来学习了解"从校园到职场寻求步入社会的成功之路"：一是大学生步入社会需要做的准备；二是大学生就业后的成功之路；三是进入职场必备的礼仪与道德。作为一名医学生，只有充分做好进入社会的各种准备，并且有较为全面的角色认知与角色转换，才能完成从医学生到合格的、优秀的医务工作者的转变。

参 考 文 献

[1] 高振岗. 大学生就业指南[M]. 西安：西安电子科技大学出版社，2012.

[2] 鞠殿民，张金明，付忠臣. 大学生就业指导[M]. 西安：西安电子科技大学出版社，2016.

[3] 廖忠明，廖华. 大学生就业指导实用教程[M]. 西安：西安电子科技大学出版社，2018.

[4] 吴秀娟，钟莹，郑栋之. 新编大学生就业指导[M]. 上海：上海交通大学出版社，2018.

[5] 林佩静. 刘荣. 大学生职业生涯规划与就业创业指导[M]. 西安：西安电子科技大学出版社，2017.

[6] 张志宏，崔爱惠，刘轶群. 高职生就业与创业指导教程[M]. 北京：北京现代教育出版社，2014.

[7] 聂强，朱毓高，陈兴国. 大学生职业生涯规划与就业指导[M]. 上海：上海交通大学出版社，2017.

[8] 佚名. 人事代理个人服务及相关案例[EB/OL]. 百度文库，教育专区，高等教育，2011.8/2020.2

[9] 王晋. 大学生就业与创业指导[M]. 北京：清华大学出版社，2013.

[10] 曲振国. 大学生就业指导与职业生涯规划[M]. 北京：清华大学出版社，2008.

[11] 帕金斯. 求职教你如何打动面试官[M]. 寿志刚，译. 北京：华夏出版社，2009.

[12] 张厚粲. 实用心理评估[M]. 北京：中国轻工业出版社，2005.

[13] 卡耐基. 卡耐基成功之道全书[M]. 沈阳：沈阳出版社，1996.

[14] 陈社育. 大学生职业心理辅导[M]. 北京：北京出版社，2003.

[15] 陈浩明，吕京宝，张长青. 大学生就业与创业指导教程[M]. 北京：中国传媒大学出版社，2011.

[16] 陈浩明，史继敏. 大学生职业生涯规划与就业指导教程[M]. 北京：中国传媒大学出版社，2011.

[17] 李国雄，冯志强. 大学生职业生涯规划与就业指导教程[M]. 北京：中国传媒大学出版社，2012.

[18] 惠珍，张天骄. 大学生就业与创业指导[M]. 北京：国防工业出版社，2012.

[19] 顾珂. 大学生就业指导手册[M]. 郑州：郑州大学出版社，2012.

[20] 罗晓东. 大学生职业发展与就业指导：大学生就业指导[M]. 北京：北京理工大学出版社，2012.

[21] 河南省高校就业指导统编教材编写组. 大学生职业发展与就业指导：医药类专科[M]. 郑州：河南大学出版社，2016.

[22] 贾强，包有或. 大学生就业创业指导[M]. 北京：中国医药科技出版社，2017.

[23] 张卿，郭忠会.大学生职业规划与创业指导[M].北京：教育科学出版社，2014.

[24] 李伯枫，张戈，邢希娜.大学生就业弱势群体透视及扶植途径[J].现代企业教育，2007(07X)：93-94.

[25] 彭军.大学生就业群体的社会心理和思想状态[J].绵阳师范学院学报，2007(7)：146-149.

[26] 张红鑫.贫困大学生充分就业的实现途径[J].湖北社会科学，2007(8)：179-180.

[27] 赵雄辉，曹中平.大学生就业弱势群体特征的调查研究[J].高等教育研究，2006，27(2)：80-84.

[28] 王志伟.文科生就业难现状与分析[J].潍坊工程职业学院学报，2016，29(4)：12-14.

[29] 杨立雄.残疾大学生就业问题与对策研究[J].残疾人研究，2016，0(2)：12-19.

[30] 王邦田，刘海峰.医学生就业指导[M].广州：广东高等教育出版社，2014.

[31] 刘立富，季春元.医学生职业生涯规划与就业创业教育[M].北京：高等教育出版社，2016.

[32] 尹华北.大学生职业规划与就业创业指导[M].北京：中国人民大学出版社，2016.

[33] 钟谷兰，杨开.大学生职业生涯发展与规划[M].2版.上海：华东师范大学出版社，2016.

[34] 石笑寒，张艺.大学生职业生涯发展与规划[M].北京：清华大学出版社，2017.

[35] 汤锐华.大学生职业规划与发展：职业规划与职业素养[M].3版.北京：高等教育出版社，2018.